政治的密码

KEY CONCEPTS IN POLITICS

[英] 安德鲁·海伍德（Andrew Heywood） 著
吴勇 译

中国人民大学出版社
·北京·

目　　录

第一部分

理解政治的密码：政治概念

引　言

概念对于理解政治具有特殊的重要性。可以毫不夸张地说，政治问题的争论往往可以归结为关于“术语”真正含义的争辩。相互争论、对抗甚至交战的敌对双方都宣称自己是“捍卫自由”、“支持民主”或“匡扶正义”的一方。这里的问题就在于，诸如“自由”、“民主”和“正义”之类的概念对于不同的人具有不同的意义，以至于概念本身就显得有问题。

我们至少可以提出三个原因来解释概念在政治分析中异乎寻常的重要性。第一，政治分析注重归纳。只要考虑到政治学与历史学在这方面的差异，这一点的重要性就能显现出来了。历史学家很想搞清楚特定事件（如法国革命、俄国革命、1989—1991的东欧革命），而政治分析家则很可能把此类事件当成更广泛或一般的现象（如“革命”）来加以研究和理解。对于历史学家来说，对“革命”这一概念进行专门研究并没有多大的价值，因为他们感兴趣的主要是一系列特定事件的不同甚至独特之处。但对政治分析家来说，对“革命”这一概念的研究不仅是必要的，而且它本身就是使政治研究得以进行的恰切步骤。

第二，政治学人所使用的语言，与政治实践家尤其是职业政治家所使用的语言，在很大程度上是相同的。但是，由于后者感兴趣的主要是政治鼓动而不是政治理解，他们就有用语言来操纵有时甚至迷惑听众的强烈冲动。这反过来又迫使政治学人在使用语言时要格外地小心谨慎：他们必须清晰地定义“术语”，精确地提炼概念，以免受日常政治争论中经常出现的歪曲的影响。

最后一个原因是：政治概念常常和带有意识形态性质的信仰纠缠在一起。自18世纪末19世纪初现代政治意识形态形成以来，不仅出现了一种新的进行政治对话的语言，而且就连政治辩论中使用的术语和概念也渗入了复杂且常常相互冲突的意义。因此，政治概念是特别令人费解的东西：它们含糊不清，常常成为敌对和争论的主题；它们可能还“荷载”着连其使用者也不甚了然的价值判断和意识形态韵味。

什么是概念？

概念是对事物的总体性概括，通常用单词或短语来表达。概念不仅仅是名词或一个事物的名称。例如，谈论一只猫（一只特定的猫）和下一个“猫”的定义（观念中的猫）就不一样。“猫”的概念不是一个“事物”（thing），而是一种“观念”（idea），它由各种使猫具有鲜明特征的属性构成：“有毛皮的哺乳动物”、“体型较小”、“家养的”、“会捉老鼠”等等。同样，“总统”这一概念也不是指任何一位特定的总统，而是指关于行政权力组织的一套观念。因此，概念具有概括性，即它们可以指许多事物，实际上可以指代任何符合概念本身的事物。

那么，概念的价值何在呢？概念的构造是推理过程中必不可少的步骤。它们是我们进行思考、批评、辩论、解释和分析的“工具”（tools）。仅有对外部世界的感知本身是不足以获得关于外部世界的知识的。为了认识世界，我们就必须在某种意义上赋予它特定的含义，而这一任务是通过建构概念来完成的。简单地说，要把一只猫视为“猫”，我们就必须首先获得“猫”是什么的概念。政治推理的过程与此完全相同：要形成关于政治世界的知识，不能只靠观察，还要开发和提炼可以帮助我们理解它的概念。概念，在此意义上，实际上是构建人类知识大厦的基石。然而，概念也可能是很不好拿捏的东西，政治概念尤其如此。政治概念造成的问题包括：它们常常负载着价值；它们的含义可能会成为争辩的主题；有时它们被赋予的实质内容和重要性要比它们实际所具有的更多和更大。

规范性概念和描述性概念

规范性概念常常被描述为不同的“价值”；它们所指的是道德原则和道德理想，即那些应该（*should*）、本当（*ought*）或必须（*must*）产生的东西。在此意义上，许多政治概念都负载着价值，如自由、权利、正义、平等、宽容等等。所以，价值或规范性概念是用来促进和限制某种行为方式的，而不是用于描述特定事件和事实的。正因为如此，我们有时很难把政治价值与那些推进这些价值的人所持有的伦理、哲学和意识形态的信念区分开来。相反，描述性概念（或实证性概念）指的是那些被认定为客观且能显示其存在的“事实”，即指“是”什么。在此意义上，诸如“权力”、“权威”、“命令”和“法律”之类的概念是描述性而非规范性的，因为其存在与否是可以被追究的。

对事实和价值的区别对待通常被认为是进行清晰思考的必要的前提。价值可以归属于意见性问题，而事实却可以被证明是真的或是假的。基于此，描述性概念被认为是“中性的”或价值中立的：它们经得起严格的科学检验。的确，在实证主义影响下发展政治科学的压力，使得规范性概念在20世纪中叶常常被当作“形而上学”的从而是无意义的东西而被抛弃。然而，政治概念的问题在于，事实与价值总是相互联系的，即使看起来明显是描述性的概念也“荷载”了一系列道德和意识形态的韵味。例如，“权威”的概念就是如此。如果把“权威”定义为“影响他人行为的权利”，当然就可以用这一概念来描述性地说明谁有权威和谁没有权威，并考察权威得以运用的基础。但是，权威应当在什么时候、以什么方式和理由来运用呢？关于这些问题的价值判断是不可能与概念本身完全分开的。简言之，关于权威，是没有人可以中立的。例如，强调上级命令重要性的保守主义者认为，权威是正当的和有益的；而那些将政府和法律视为邪恶的无政府主义者却把权威看成是赤裸裸的压迫。因此，包括描述性概念和规范性概念在内的所有政治概念，都必须从其使用者的意识形态角度来加以理解。

20世纪后期以来，在对政治概念的“价值负载”特征所做出的回应中影响特别大的，是在语言使用中坚持“政治正确”（political correctness）的运动。政治正确（有时被缩写成PC）得到了女权主义者、民权活动家以及少数人群体代表的拥护，他们都希望肃清语言中那些种族主义的、男性至上主义的和其他带有侮辱与贬损意义的成分。政治正确运动是以这样一种信念为基础的：语言必然反映整个社会的权力结构，并因而含有歧视——对支配性群体褒，对从属性群体贬。明显的例子包括：用“Man”或“mankind”来表示人类，用“黑人”或“有色人种”来称呼少数民族，以及用“第三世界”或“不发达”来描述发展中世界的国家，而“发展中世界”一词也因其暗含西方发展模式适用于全世界的意味而遭到抨击。“政治正确”运动的目的在于发展无歧视术语，从而使政治争论能在非歧视性的语言中进行。然而，这一立场的困难在于，对于非歧视性和客观的政治对话语言的期望是虚幻的。人们最多是用“积极”的术语来代替“消极”的术语，例如，“残疾的”可以用“能力不同的”来表示；“黑人”则可以用“黑肤色人种”来替代。“政治正确”运动的批评者进而指出，这一运动给语言套上了意识形态的紧身衣，它不仅使语言失去了描述力，同时也妨碍了那些所谓“不正确”的观点的表达。

争议性概念

更进一步的问题是，政治概念常常成为学术和意识形态争论的主题。如上所述，拥护相同原则或具有相同理想的人们之间发生政治争论，也并不是什么新鲜事。因此，概念上的分歧也是政治本身的战场之一。人们为建立一种独特的客观上正确的概念的构想——如“真正”的民主、“真正”的自由、“真正”的正义等——所作的努力就体现了这一点。W. B. 加利（W. B. Gallie）提出了一种摆脱此种困境的方法。他认为“权力”、“正义”和“自由”等概念的争议太深，以至永远不能达成中立的或稳妥的定义，因此主张将这些概念视为“本质上有争议的概念”（essentially contested concepts）。事实上，每个术语都有着一些互不相容的概念，其中任何一个都难以被接受为该术语的真正含义。然而，承认一个概念“本质上有争议”，并不是要放弃理解它的努力，而是要明白：概念的各种相互竞争的版本都同样是有效的。

特伦斯·鲍尔，明尼苏达大学政治学教授，著有《转换政治话语》一书，曾主编《政治理论与实践》、《马克思之后》和《政治创新与概念变革》等书。

但是，这种把大多数概念（如果不是全部的话）视为“多义”或“本质上有争议”的观点，也遭到了批判，尤其是**特伦斯·鲍尔**（Terence Ball，1988）的批判。批判是从两个侧面展开的。首先要注意的是，许多试图运用加利见解的理论家（例如在 1974 年提出有关“权力”概念的卢克斯），仍在不断捍卫着他们对某一概念的最佳解释，并反对与之竞争的解释。这等于拒绝承认概念的各种版本均同样有效的观点。这一拒绝导致了持续不断的辩论并引出了一个论点：在未来的某个阶段，唯一的、被一致接受的概念是会出现的。换言之，对抗和分歧对把握概念的本质是重要的，但这并不意味着有什么“本质上”有争议的概念。其次，加利的分析是非历史性的。某些以前被普遍认可的概念，在今天则充满了争议。例如，值得注意的是，在现代围绕“民主”展开的广泛而深刻的争论，只是在 18 世纪末以来才随着新的意识形态的形成而兴起。作为讨论的结果，我们或许最好把争议性概念视为“通常”有争议的（Birch，1993）或“偶尔”有争议的（Ball，1997）。

词与物

关于概念的最后一个问题可以被称为概念拜物教问题。当人们把概念当成是某种独立于、在一定意义上甚至超越于使用它们的人类的一种具体存在时，概念拜物教便产生了。简言之，它把概念视为事物，而不是理解事物的方法。马克斯·韦伯（Max Weber，1864—1920）曾致力于解决这一问题，他把某些特殊的概念归为“理想类型”（ideal types）。理想类型是一种试图通过引入一项逻辑大前提来从另一个几乎无限复杂的现实中抽象出内涵的精神构造。因此，理想类型是解释的工具，而不是现实的近似值；它们既不“穷尽事实”，也不提供道德理想。所以，诸如“民主”、“人权”和“资本主义”此类的概念要比它们试图描述的不成样子的现实更为完美和连贯。韦伯自己就把“权威”和“官僚制”视为理想类型。承认某些特殊概念是理想类型的意义在于，它强调了一个事实：概念只是用来分析的工具。正因为如此，我们最好不要以“对”和“错”的绝对标准，而只应以“有效性”的大小为标准，来看待概念或理想类型。

所谓的后现代主义者进一步强调了政治概念的有条件性。他们攻击了“传统的”探求每个人都能接受的普遍价值的倾向。其理由是：这种探求假设存在一个道德和理性的制高点——在这个制高点上，一切价值观和有关知识的断言都可以得到裁定。但针对这一制高点位置的根本性争议的持续存在却表明，世界上正当的道德和政治立场是多样性的，我们的语言和政治概念只有在其产生和被使用的场合中才是有效的。然而，对概念的最激进的批评可能来自大乘佛教哲学（Mahayana Buddhism）。它区分了两种真实：“平常”真实和“绝对”真实。前者只不过是一种约定俗成的书面语常规，因为它依凭人们之间以某种独特方式使用概念的意愿；后者则需要通过直接的经验来洞察事实，因而也就超越了概念化的过程。从这种观点来看，各种思想只相当于投射到现实表面的影像，因而也就有某种形式的误解。正如禅宗佛教所言，如果我们把概念误认为是事实，我们就将处于危险之中，就像把指向月亮的手指误认为是月亮本身一样。

如何使用这本书

本书旨在向读者介绍理解政治的主要概念。每个概念都分为两个部分来讨论。第一部分为定义，考察所讨论概念的最重要含义和用法，以及它在何处，被如何使用过。第二部分标题为“意义”（*significance*），探讨概念在理解政治过程中更为广泛的重要性。该部分主要考察概念的起源和发展，以及影响其作用和地位的历史、意识形态和其他因素等问题。但是，这种讨论并不力求达到详尽无遗的地步。读者可以从本书中获得关于概念的含义、用法和应用的有效知识，但如果想要获得更为详尽的知识和更为深入的解释，就应参考附在每部分后面的阅读书目。

本书按字母顺序将概念编排为七个部分——基本概念、意识形态、方法、价值、制度、结构和层次。这种安排出于两个考虑：一是引导读者注意每个概念的综合特征和功能；二是方便读者对具有相似特征和功能的概念进行比较和对照。各个部分的重点如下：

- 基本概念：阐述那些讨论政治的性质和政治分析总体特征的核心概念。
- 意识形态：探讨那些代表广泛的政治思想传统并常常为政治理解提供独特视角的概念。
- 方法：解读关于如何研究政治和如何获得政治理解的概念。
- 价值：讨论作为规范性原则或政治理想的概念。在很多情况下，这些概念是各种意识形态传统的基石。
- 制度：审视涉及政治权力的组织或更为宽泛的政府制度安排方面的概念。
- 结构：考察代表特定制度或治理实体（它们通常是构成系统的要件）的概念。
- 层次：诠释与政治统治之不同地理单元有关的概念以及政治权威在（或应当在）何种层次上运用的概念。

然而，也请不要忘记，这种编排政治概念的方式有两个保留。第一，虽然这种分类可能在突出一个概念的某些特征方面是有效的，但它也许会形成误导。尤其是，不同部分的划分并非绝对，它们之间可以相互渗透。例如，意识形态在许多情况下也是方法；层次在某种程度上与制度重叠；制度和结构总是同价值纠缠不清。这就自然引出了第二个问题，即特定概念在某部分中的位置，有时是可以争论的，而说到底则简直是武断的。“共产主义”可以被合理地视为一种价值、一种意识形态和一种制度；“民主”显然既是一种价值，又是一种制度；“精英主义”在这里被视为一种制度，而它同样也可以被看成是一种价值甚或一种意识形态。这个单子还可以继续罗列下去。因此，重要的是，读者须将不同的部分当作一种有益的引导（通常如此），而不应将各个部分当成铁板一块从而使每个概念就只有单维度的特征和功能。事实上，这种混淆性和复杂性在哪里出现，我们通常就会在讨论概念本身的地方对其加以说明。

为了便于前后对照并避免不必要的重复，在对每个概念进行讨论时，我们将用星号（*）标明那些在书中别的地方已有定义的术语。这些术语可以通过目录来查找。为确保对概念含义和意义的不懈关注，书中没有出现有关主要政治思想家除生卒年代之外的任何信息。最后，本书在最后附有主要政治思想家集注，扼要地介绍了他们的生平和观点。

进一步阅读的书目

Ball，T.，Farr，J. and Hanson，R. L.（eds），*Political Innovation and Conceptual Change*（Cambridge：Cambridge University Press，1989）

Bellamy，R.（ed.），*Theories and Concepts of Politics*：*An Introduction*（Manchester and New York：Manchester University Press，1993）

Birch，A. H.，*The Concepts and Theories of Modern Democracy*（London and New York：Routledge，1993）

Gallie，W. B.，“Essentially Contested Concepts”，*Proceedings of the Aristotelian Society*，56，1955/6，pp. 157－97

Heywood，A.，*Political Theory*：*An Introduction*（London：Macmillan，1999）

Rorty，R.（ed.），*The Linguistic Turn*（Chicago：University of Chicago Press，1967）

White，J. B.，*When Words Lose Their Meaning*（Chicago：University of Chicago Press，1984）

Williams，P.，*Mahayana Buddhism*（London and New York：Routledge，1989）

第二部分

基本概念

此部分阐述了那些讨论政治的性质和政治分析总体特征的核心概念。

权 威

宽泛地说，权威（authority）是权力*的一种形式，有时被当成一种“合法的权力”（legitimate power）。如果说权力是影响他人行为的能力，那么权威就是影响他人行为的权利。因此，权威是基于被认可的服从义务，而不是任何形式的强迫或操纵。在这个意义上，权威就是披上了合法性*和公正性外衣的权力。但是，“权威”既可以作为规范性概念也可以作为描述性概念来使用。权威，作为政治哲学家使用的规范性概念，指的是一种以道德主张形式呈现出来的“统治的权利”（right to rule）。这意味着“权威应该被（*should be*）遵从”比“权威被（*is*）遵从了”更重要。例如，在这个意义上，领导者可以基于选举结果、宪法规则和神圣权利或别的什么，不断地宣称自己拥有统治的权利，尽管大多数人并不认可这种权利。

然而，政治科学家和社会学家将权威视为描述性概念。马克斯·韦伯认为权威仅仅与人们的“公正”信条相关，而不管这种信条的来源以及它在道德上是否能够成立。在这种意义上，权威就是“合法的权力”。韦伯根据服从得以建立的不同基础把权威分成三种形式。**传统型权威**（*traditional authority*），植根于历史与传统；**魅力型权威**（*charismatic authority*），源于人格力量；**法理型权威**（*legal-rational authority*），则是基于与某个职位有关的一整套非人格化的规则，而与该职位的占有者无关。另一种分法是将权威区分为法律上的权威与事实上的权威。**法律权威**（*de jure authority*），是按照一套指明的“谁拥有权威、在何种问题上拥有权威”的程序和规则来运行的。所谓的“掌权者”就可以被认为拥有了法律上的权威：他们的“权力”来源于某个特定的职位。传统型权威和法理型权威都可以被视为不同形式的法律权威。**事实权威**（*de facto authority*）或实际权威，产生于权威行使的环境，而无须溯源于一套程序性规则。它既包括各种形式的魅力型权威，也包括人们所称之专业权威，即某个人纯粹因为其拥有的专业技能和知识而被视为“权威”。

意 义

权威是政治分析中最基本和最持久的议题之一。在某种意义上，一切关于政府*

或国家*的研究，事实上都是对于政治权威的本质及其运作的考察。的确，如果不行使一定程度的权威，任何统治系统恐怕都难以存活，因为单独用权力进行统治需要巨大的强制性资源，而这是无法持续的。然而，关于权威本质及其价值的争论却反复出现。自由主义者和社会主义者倾向于将权威视为工具，坚信权威“自下”而成，建立在被统治者同意*的基础上。依这种观点看来，权威是理性的、果决的和有限的。这种看法反映了人们对法理型权威和公共回应*的偏爱。保守主义者则与之相反，他们认为权威源于自然需要，是“自上”行使的，依凭的是经验、社会地位和智慧的不平衡分布。拥有权威的人为他人的利益自上行使权威，但（他人）又不能为权威设定明确的限制和制约，这可能会使权威与权威主义*之间的区别变得模糊起来。

关于权威正当性的最根本的理由是：它是维持秩序*的基本条件，因此也是人们摆脱野蛮和不公正的**“自然状态”**（state of nature）——一种没有政治统治的社会——的唯一手段。权威还建立了使社会得以凝聚的共同规范和价值，并因此为人们提供了社会认同感和根源感。但权威的批评者，尤其是自由主义者和无政府主义者指出，权威本质上是自由*的敌人；它要求绝对的服从，从而对理性和批判性见解构成了威胁；而且权威在心理上或许在道德上都是腐蚀性的，它使人们习惯于控制或支配他人。

“自然状态”，英国唯物主义哲学家和政治思想家霍布斯假设在国家成立以前，人类生活在一种自然状态中。在自然状态下，人们具有同等的自然权利，不仅是平等的，而且是自由的，但由于人们具有趋利避害的利己本性，因此这种自由又平等的状态充满了战争。因此，人们将自然法的规诫作为行动指南，走出战争状态，成立国家。

市民社会

市民社会（civil society）① 有多种定义。最初它指的是“政治共同体”，即一种在

① “civil society”有“市民社会”、“公民社会”和“民间社会”等译法。关于这些译法的争论大大超越了该词的词源、词义和语言转换的范围，成为了关于中国市民社会（公民社会）问题大讨论的重要议题之一。本书作者用该词来表示“一个自治性团体和组织的领域”，因此译者采取了与之对应的“市民社会”的译法。对相关研究和争论有兴趣的读者可参见：邓正来、景跃进：《建构中国的市民社会》，载《中国社会科学季刊》，1992（1）；邓正来：《台湾民间社会语式的研究》，载《中国社会科学季刊》，1993（5）；俞可平等：《中国公民社会的兴起与治理的变迁》，北京，社会科学文献出版社，2002；周国文：《公民社会概念的溯源及研究述评》，载《哲学动态》，2006（3）；张康之、张乾友：《对“市民社会”和“公民国家”的历史考察》，载《中国社会科学》，2008（3）。——译者注

> **G. F. 黑格尔**，德国哲学家。黑格尔是现代自由主义的主要奠基人，他提出了一种国家有机体理论，将国家描绘成人类自由的最高表现形式。他的主要著作包括《精神现象学》（*Phenomenology of Spirit*，1807）和《权利哲学》（*Philosophy of Right*，1821）。

国家*权威下通过法律来治理的社会形态。但在更普遍的意义上，市民社会不同于国家，它被用来描述一个由自治性团体和组织构成的领域，如企业、压力集团*、俱乐部和家庭等。因此，它是由埃德蒙·伯克（Edmund Burke，1729—1797）所谓的“小群”（little platoons）组成的。在这个意义上，市民社会与国家之间的划分反映的是公共领域和私人领域之间的界分；市民社会由“私人的”机构组成，这些机构独立于政府之外，是人们为了追求各自的目标而组织起来的。另一方面，**G. F. 黑格尔**（G. F. Hegel，1770—1831）却认为市民社会不仅有别于国家，而且有别于家庭。他把市民社会视为一个“普遍利己主义”（universal egoism）的领域，在这一领域中，人们优先考虑的是自己而非他人的利益；而国家和家庭则分别以“普遍的利他主义”（universal altruism）和“特殊的利他主义”（particular altruism）为特征。

意　义

市民社会被广泛地当作一个用于评估国家权威与私人实体及组织之间的平衡问题的描述性概念。例如，极权主义*被定义为市民社会的废除，而后共产主义社会中私人组织和俱乐部、院外活动集团以及独立工会的发展则被描述为市民社会的复兴。然而在多数情况下，市民社会常常被赋予某种规范性和意识形态的含义。从传统的自由主义观点来看，市民社会是一个有选择权、个人自由*和个体责任的领域。与国家通过强制性的权威来运行不同，市民社会允许个人塑造自己的命运。这就解释了为什么一个强大而健康的市民社会被视为自由民主制*的本质特征，也解释了为什么古典自由主义者在伦理上将市民社会置于国家之上的偏好，这体现在他们使公共权威领域最小化和使私人领域最大化的渴求之中。与之相反，对该词的黑格尔式用法则是消极的，因为市民社会中的利己主义与家庭和国家培育出来的利他主义是对立的。马克思主义者和社会主义者看待市民社会时常有一种不祥之感，尤其是把它与阶级权力的不平等和社会的不公正联系在一起时。此类观点，为推翻现存的市民社会，或通过扩大国家的支配和规制来缩小市民社会，都提供了根据。

共　识

共识（consensus）是一项协议，但却是一项特殊的协议。首先，它指的是一项其条款能得到个人和组织广泛认可的广义的协议。其次，与那种内容精确具体的协议相对应，它指的是关于根本性或基础性原则的协议。换句话说，共识允许在侧重点和细节上存在不同意见。“共识政治”（consensus politics）这一词语的用法可以有两种。**程序性**（*procedural*）**共识**是指通过政党*之间或政府*与主要的利益集团之间的磋商和讨价还价以做出决定的意愿。**实质性**（*substantive*）**共识**则是指两党或多党之间在意识形态取向上的重叠，表现为它们在根本政策目标上的一致，如 1945 年后英国的社会—民主共识和德国的社会—市场共识。

意　义

共识通常被视为政治*的真正要义，因为至少在某种意义上政治是一种特殊的冲突解决的非暴力方式。假设个人利益和集团利益的不同是人类生活的永久性特征的话，那么和平共处只有通过协商、调解与妥协的过程（简言之，即共识建构）才能实现。因此，程序性共识体现了这样的认识，即不进行讨价还价与妥协，就得面对公开的且多半是暴力性的冲突。共识政治很可能是成熟的多元民主政治的特征之一，因为实质性共识在选举联盟和联合*普遍存在的政治体系中经常出现。然而，共识政治也会遭到批评，理由是：它鼓励无原则的妥协；它阻碍了对那些大胆且有争议的政策动议的研究；它倾向于确立中立派的意识形态优先权。

政府与治理

从最宽泛的意义上讲，“to govern”就意味着支配或控制他人。因此，“government”可以包括任何能够维持有序统治的机制，其核心特征就是形成集体决策的能力与实施决策的权能。从这个意义上讲，几乎在所有的社会机构（家庭、学校、企业、工会等）中都可以看到某种形式的掌控机制。但是，“政府”（government）更普遍地被理解为在国家层面上运行的用来维持秩序和促进集体行动的正式制度过程。因此，政府的核心功能就是制定法律（立法）、实施法律（行政）和解释法律（司法）。在某些情况下，政府的行政机关*被单独用来指代“政府”，这里的“政府”与总统制政体下的“行政当局”（the Administration）相当。当然，政府过程也同样在超国家的、区域的和地方的层面上起作用。

“治理”（governance）是一个比“政府”更为宽泛的概念。其最广的含义是指协调社会生活的各种方法和途径。因此，政府可以被视为包括在治理中的组织形式之一。换言之，“没有政府的治理”（governance without government）是可能的。治理的主要模式包括市场*、等级和网络。市场利用由供求力量形成的价格机制来协调社会生活。等级，包括官僚制*和政府组织的传统形式，是通过“自上而下”的权威体系来发挥作用的。网络则是一种“平面的”组织形式，它以实质上平等的行动者或社会机构之间的非正式关系为特征。

意　义

亚里士多德，古希腊哲学家。他的著作涉及物理学、数学、气象学、生物学、伦理学和政治学等各种领域。这些著作成为伊斯兰哲学的基础，后来又被基督教理论吸收。他最有名的政治学著作是《政治学》（*Politics*）。

在传统上，政府是政治分析的主要对象。的确，有人认为政治*与政府就是一码事，他们将政治活动当作政府的统治艺术，即通过制定和实施集体决策来控制社会。这种对政府的压倒性关注在政治哲学*和政治科学*中都是显而易见的。**亚里士多德**（Aristotle, 384－322 BC）之后的政治哲学家依据规范性标准对各种政府形式进行了评估，以图找到理想的宪政*。类似地，社会契约论者也把政治分析的重点放在政府权威的本质和公民对政府承担义务*的基础上。那些采用宪政—制度的方法（曾居主导地位，至今影响犹存）来研究政治的政治科学家，也都同意政府的核心作用。这些人或者分析政府的立法、行政和司法过程，并考察政府不同层次之间的关系；或者对比不同的政府体制，以进行更为普遍的政府系统分类或凸显每一种体制的特色。

然而，一些政治思想家怀疑政府对于政治是否具有核心作用。依无政府主义*的观点来看，政府在根本上是邪恶和不必要的东西，因而应当加以抵制，政治活动应集中于制定和实施废除政府的战略。自由主义者虽然认为政府必不可少，但鉴于它潜在的实行暴政的可能性，也强调要对政府加以制约和限制。马克思主义者和女权主义者都倾向于将政府视为一个在更广泛的政治系统（分别为阶级政治系统或性别政治系统）内产生和运行的次要的政治构成。学术机构中的政治科学家也放眼于比政府更大的范围。例如，系统理论*考察的不是政府机制本身，而是这一机制与更大的社会相互作用的结构和过程；政治社会学则从更广泛的社会结构和权力系统来解释政府运作。

“治理”一词自 20 世纪 80 年代以来越来越流行，这反映了政府和更广泛的社会中所发生的一系列变化。这些变化包括：新公共管理形式的发展，在这种模式下，政府的职责日益被限定为“掌舵”（即确定目标和战略任务）而非“划船”（即实际经营和服务提供）；政府和市场的界线越来越难以区分，这是由公共领域与私人领域合作关系的增强和“内部市场”的兴起而导致的；所谓的“政策网络”（policy networks）对于政策形成的重要性得到了承认；以及多层次的政府系统的兴起，这是在超国家主义*、权力下放*和联邦制*的影响下出现的。然而，“治理”一词仍然没有固定的或一致的定义。对某些人来说，它表达的是对于最低限度国家或“少一些政府”的意识形态的一种偏好。

资料链接

习近平引用的关于治理的古诗词

为之于未有，治之于未乱。

——习近平：《干在实处　走在前列》

官之至难者，令也。

——习近平：《摆脱贫困·从政杂谈》

四维不张，国乃灭亡。

——习近平在北京大学师生座谈会上的讲话（2014 年 5 月 4 日）

尚贤者，政之本也。

——习近平在全国组织工作会议上的讲话（2013 年 6 月 28 日）

国皆有法，而无使法必行之法。

——习近平：《之江新语·弘扬法治精神，形成法治风尚》

治乱绳，不可急。

——习近平：《摆脱贫困·从政杂谈》

大鹏之动，非一羽之轻也；骐骥之速，非一足之力也。

——习近平：《切实把思想统一到党的十八届三中全会精神上来》

理国要道，在于公平正直。

——习近平在中央政法工作会议上的讲话（2014 年 1 月 7 日）

子产治郑，民不能欺；子贱治单父，民不忍欺；西门豹治邺，民不敢欺。

——习近平：《干在实处　走在前列》

法令既行，纪律自正，则无不治之国，无不化之民。

——习近平：《摆脱贫困·从政杂谈》

诚欲正朝廷以正百官，当以激浊扬清为第一要义。

——习近平：《干在实处　走在前列·从政体会漫谈》

人　性

人性（human nature）指全人类所具有的基本的不可改变的特征。它强调的是人类生活中内在的、“天生”的而非通过教育和社会经验获得的东西。但是，这并不意味着那些相信人类行为更主要的是由社会生活塑造而非由不变的先天特征所决定的人，就抛弃了人性论的观点。恰恰相反，这种观点对人类的内在品质作了清晰的假定，即人类具有接受外部因素影响和塑造的能力。而且，人性概念也没有将人类生活简约为一幅单维漫画。大多数政治思想家都意识到人是复杂、多面的生灵，是由生物、物理、心理、智能、社会或许还有精神因素共同构成的。人性概念并没有那么多地掩盖或忽视这种复杂性，以至试图通过将人类的某些特征指定为先天的或“本质的”来强行简明化这一复杂性。尽管这种人的“内核”通常会在人类行为中显现出来，但这并非必然。比如，腐败社会中的有权势者就可能会怂恿人去否定自己的“真正”本性。

意 义

几乎所有的政治学说和信仰都建立在某种人性论基础之上，有时是清晰系统的表述，而更多的时候则仅仅是一种含蓄的示意。对人性内容的假定以多种重要方式整合着对政治的探索。其中最为显著的是所谓“后天与先天”（nurture/nature）的争论，即人性的基本核心究竟是固定的，还是赋予的；是由“天性”造就的，还是由社会经验或“教养”塑造出来的。例如，大多数自由主义者和保守主义者都强调“先天”的重要性，认为“个人”是理解社会的钥匙：社会和政治生活最终反映的是每个人内在的特征和行为方式。这一点在方法论个人主义*中就很明显。另一方面，包括社会主义者、共产主义者和无政府主义者在内的“后天”论者则认为，人性是“可塑的”，人类的特征和感情可以通过社会的重建而得到升华。从这个意义上讲，社会为我们提供了理解个人的钥匙。

> **让-保罗·萨特**，法国20世纪最重要的哲学家之一，法国无神论存在主义的主要代表人物，西方社会主义最积极的鼓吹者之一，也是优秀的文学家、戏剧家、评论家和社会活动家。

另一场关于人性的重要争论，是以竞争与合作的相对重要性为中心的。许多自由主义意识形态*和一般的社会科学及政治科学*观点，都反映了一种关于人类行为是追求私利与以自我为中心的假定。如果人类在本质上是贪婪的和竞争性的，那么资本主义经济制度的形成就是自然的与不可避免的。然而，社会主义者却一贯强调，人类天生就是社交性、合作性与集体性的，并且受利他主义和社会责任感的驱动。从这一观点来看，资本主义*只不过是压抑了我们对共同的人类努力的热心和对平等*的偏好，从而腐蚀了人性。公开拒绝使用“人性”观点的政治思想家十分有限。但是，**让-保罗·萨特**（Jean-Paul Sartre，1905—1980）却认为，“存在先于本质”（existence comes before essence），意思是人类拥有通过其行动和业绩自我定义的自由*。如果是这样的话，那么对人性概念的任何断言都是对这种自由的冒犯。

意识形态

意识形态（ideology）是最具争议的政治学概念之一。目前，这一概念在社会—

科学的意义上被广泛地用来表示旨在为某种有组织的政治行动提供依据的一套或多或少具有连贯性的观念。因此，在这种意义上，所有意识形态首先都以“世界观”（world view）的形式为人们提供对现存秩序的说明和批评；其次，它提供一个令人期待的未来模型，即“美好社会”的景象；最后，它提供政治变革能够和应当如何发生的基本轮廓（见图 2—1）。这样，意识形态就横跨了规范性与描述性思想以及理论与实践的通常界限。然而，德斯蒂·德·特拉西（Destutt de Tracy，1754—1836）最初新创的“意识形态”一词，用来描述的是一种新的“观念科学”（science of ideas）——按其字面意思就是一门观念学（idea-ology）。卡尔·马克思（Karl Marx，1818—1883）用该词来表示那些通过遮蔽阶级社会矛盾并进而在从属阶级中促成虚假意识和政治冷漠来为统治阶级利益服务的观点。依照这种观点，意识形态和科学是可以划清界限的，二者分别代表着谬误和真理。后来，马克思主义者采用了中性的意识形态概念，将其视为任何阶级（包括统治阶级）的独特观念。一些自由主义者（尤其是在冷战期间）将意识形态视为官方准许的信仰体系，这种体系常常通过谎谈科学而宣告对真理的独占。保守的思想家有时也会采取迈克尔·奥克肖特（Michael Oakeshott，1901—1990）的观点，把意识形态看成导引政治脱离现实和历史背景从而追求抽象目标和原则的精心制作的思想体系。

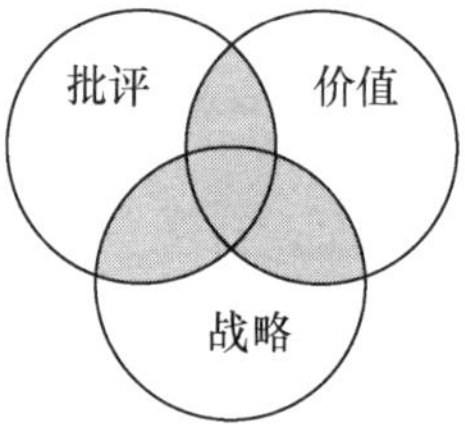

图 2—1　政治意识形态

意　义

“意识形态”概念有一个充满了争议的发展历程。在其历史上，意识形态大都带有贬损的意味，常常被当成批判和谴责敌对立场的政治武器。的确，这一概念在意义和用法上的变化是与政治对抗方式的转变相联系的。例如，马克思主义者把自由主义*、保守主义*和法西斯主义*解释为用于迷惑与支配受压迫的无产者的“资产阶级意识形态”的不同形式。马克思主义者对意识形态的兴趣，与**安东尼奥·葛兰西**（Antonio

Gramsci，1891—1937）的意识形态霸权*理论相关联，并在20世纪当他们试图对马克思关于无产阶级革命预言的失败做出解释时得到了明显的增强。20世纪50年代冷战的到来，鼓动了自由主义理论家去找出法西斯主义与共产主义*之间的相似之处。他们认为二者都是内在的具有压迫性的“官方”意识形态，都压制反对力量并要求系统化的服从。但是，在20世纪五六十年代也有越来越多的人声称，意识形态已经成为过时和多余的东西，其中丹尼尔·贝尔（Daniel Bell，1960）提出的“意识形态终结”（end of ideology）的命题最为直率。这种观点不仅反映了马克思主义、法西斯主义等意识形态的重要性在西方的减弱，而且也反映了自由主义、保守主义和社会主义*之间的相似之处与不同之处相比已经变得更加明显这样一个事实。

安东尼奥·葛兰西，意大利共产党创始人之一，意大利马克思主义者和社会理论家。他反对“科学决定论”，通过霸权理论强调政治和学术斗争的重要性。他领导参加反法西斯斗争，被捕入狱达十年之久。《狱中札记》是其最著名的代表作。

然而，意识形态衰亡的断言根本没能成为现实。20世纪60年代以来，意识形态在政治分析中的地位由于一些缘故而变得更加重要和稳固了起来。第一，对意识形态的社会—科学定义的更广泛的使用意味着，这一术语不再背负政治包袱并可用于所有的“主义”或行动导向的政治哲学。第二，一些新的意识形态不断出现，包括20世纪60年代的女权主义*与生态主义*、20世纪70年代的新右派*和20世纪80年代的宗教原教旨主义*。第三，简单化的行为主义政治研究方法的衰落，增强了人们对于意识形态的兴趣。意识形态不仅被视为一种推论政治行动在多大程度上取决于政治行为者的信仰与价值的方法，也被当成一种承认政治分析总会打上分析者自身价值观和假定之烙印的方式。

法 律

法律（law）是普遍应用于政治共同体*中的一套可以强制实行的公共规则。法律与其他社会规则的区别表现在四个方面。第一，法律是由政府*制定的，反映的是“国家意志”（will of the state），因而优先于其他所有的规范和社会规则。第二，法律是强制性的，公民无权选择遵守或忽视某项法律，因为支撑法律的是一个具有强制性和惩罚性的系统。第三，法律存在于公开发布与公认的规则之中。这些规则是经过正式的、通常也是公开的立法程序制定出来的。第四，法律通常被认为对其适用者具有实际约束力。于是，法律体现着道德上的要求，亦即法律规则应当得到遵守。

柏拉图，希腊哲学家。他告诫人们，物质世界是对抽象的、永久的“观念”的不完美的复制，并以正义理论的形式描述了“理想状态”。他的主要著作包括《理想国》（*The Republic*）和《法律篇》（*The Laws*）。

自然法通常是与实在法相对而言的。**自然法**（*natural law*）是与更高的道德和宗教原则相一致的法则，意即法律是表达与保障正义*的工具。自然法学说可以追溯到**柏拉图**（Plato，427—347 BC）和亚里士多德，以及现代社会早期关于上帝赋予“自然权利”的思想。在20世纪，这类学说与公民自由*和人权*思想建立了联系，并再度流行开来。**实在法**（*positive law*）是以其被制定和实施的这一事实来定义的。此法之所以为法，是因为它被遵守了。因此，“实证法学派”（science of positive law）摆脱了从道德的、宗教的以及神秘主义的假定来理解法律的状况。这是奥斯汀（John Austin，1790—1859）纳入“法律实证主义”（legal positivism）中的一个观点。H. L. A. 哈特（H. L. A. Hart，1961）通过将法律区分为初级法和二级法改善了“法律实证主义”。初级法的作用是调节社会行为，这些法则被认为是法律体系（如“刑法”）的“内容”。二级法是授予政府机构权力的规则，它们确定第一层次规则如何被制定、实施和调整，从而也就决定了它们的正当性。另一种分法是将法律分为公法和私法。**公法**（*public law*）确定政府主体的权力和义务，并建立国家*与其公民之间的法律关系。它包括宪法和行政法、税法和福利法，刑法通常也被包含在内。**私法**（*private law*）则用来界定公民个人的权利*和责任，并建立市民社会*内部的法律关系。它包括合同法和财产法。

意　义

法律存在于所有现代社会之中，往往被视为文明化了的生活的基础。但是，有关法律与政治*之间的实然和应然关系问题（体现在法律的本质、功能及其恰当范围上），却引发了深刻的争议。自由主义论者将法律描述为稳定和秩序*的根本保证，认为法律的作用就在于保护每个社会成员免遭其他成员的伤害，从而也保护他们的权利免受侵犯。正如约翰·洛克（John Locke，1632—1704）所说的，“没有法律就没有自由”（without law there is no liberty）。法律平等地适用于所有公民并由司法机关*公

> **J. S. 密尔**，英国经济学家、政治家、古典自由主义思想家，西方近代自由主义最重要的代表人物之一。基于对个性的信奉，他反对集体主义倾向和传统。主要著作有《论自由》、《功利主义》、《代议制政府》等。

正地执行，因而在这个意义上它应该“高于”政治。这体现的是法治原则，即法律的“统治”。其含义是由法律提供一个框架，所有的做法和行为都必须与其一致，政府官员与普通公民、富人和穷人以及男人和女人概无差别。然而，由于相信法律的核心目标是保护自由，自由主义论者始终坚持必须将法律限制在适当的范围之内。对这一立场的经典解释是 **J. S. 密尔**（J. S. Mill，1806—1873）提出的“伤害原则”（harm principle），即法律的唯一正当的用途就是防止“对他人的伤害”。

保守主义论者恰恰相反，他们把法律与秩序更紧密地联系在一起，甚至到了认为“法律与秩序”是一个熔铸为一体的单一概念的程度。这种看法源于一种比较悲观的甚至是霍布斯（Hobbes，1588—1679）式的人性*观，也源于这样一个信念：社会的稳定取决于共享价值和共同文化的存在。因此，帕特里克·德弗林（Patrick Devlin，1968）主张社会有权通过法律的实施来加强“公共道德”。这种观点显然已经超出了密尔的意志自由论*。例如，这种观点暗示社会有权保护自己免遭诸如同性恋和吸毒等“非共识”行为的伤害。20 世纪八九十年代，新右派*采取了与之非常接近的立场，他们不仅赞美“传统道德”（traditional morality）和“家庭价值”（family values），还确信这些美好的东西应当通过法律的权威*来加以维护。马克思主义者、女权主义者和无政府主义者则提出了另外的也是更具批判性的法律观。马克思主义者历来认为，阶级偏见是由对财产权*与资本主义*法律体系的支持所引起的。女权主义者将法律与父权制*联系在一起，认为法律是使妇女沉默和处于从属地位的主要工具之一。无政府主义者把法律描绘为不必要的和本质上具有压迫性的东西，并因而期望建立一个没有法律、单靠理性和人类的同情心来调节的社会。

资料链接

约翰·洛克及其思想

洛克是英国“光荣革命”时期伟大的思想家、哲学家和政治家。他的思想对于后代政治哲学的发展产生了巨大影响，并且被广泛视为启蒙时代最具影响力的思想家和自由主义者。洛克是第一个系统阐述宪政民主政治以及提倡人的“自然权利”的人，主张捍卫人的生命权、自由权和财产权。他的政治理念深深地影响了托马斯·杰斐逊等美国政治家，并且在美洲引发了一场轰轰烈烈的革命浪潮。他的自由主义思想被美国奉为神圣，成为民族理想。洛克的影响在法国则更为激烈。伏尔泰是第一个将洛克等人的思想传到法国的人，法国后来的启蒙运动乃至法国大革命都与洛克的思想不无关系。洛克的主要著作有《人类理解论》、《政府论》以及《论宽容》等。

左派和右派

左派和右派（left/right），扼要表示政治家、政党* 和政治运动的意识形态立场，是描述政治理念与信仰的简略术语。它们通常被理解为在某一政治谱系中的对立两极，以便人们讨论“中左”、“极右”等派别。最常见的左派与右派的划分，是按照从左翼到右翼的顺序以线性政治谱系形式来进行的（见图 2—2）。

共产主义　社会主义　自由主义　保守主义　法西斯主义

图 2—2　线性谱系

然而，左派与右派并没有确切的含义。从狭义上讲，上述政治谱系是对各种有关经济和国家作用的看法的概要表述：左翼支持国家干预和集体主义*，右翼则偏爱市场* 调节和个人主义*。这种划分，即使不够完美，也能在更深层次上大体反映出各种派别在意识形态和价值观上的不同。通常认为，自由*、平等*、友爱、权利*、进步、改革和国际主义* 等观念带有左翼特征；而权威*、等级*、秩序*、义务、传统*、复辟和民族主义* 等观念带有右翼特征。在某些情况下，“左派”和“右派”也被用来指代那些因相似的意识形态立场而联合起来的由个人、群体和政党组成的集体。

意　义

左派与右派概念的起源，可以回溯到法国大革命和 1789 年第一次三级会议上贵族和激进派采用的座位安排方式。因此，左派与右派的划分最初是在革命与复辟之间所进行的一种僵硬的选择。这两个术语的广泛应用，显示了它们在定位政治和意识形态立场方面所具有的普遍价值。但由于它们过于简化和概括，我们在使用时总得小心谨慎。传统的左派与右派的划分存在的问题包括：它好像没有为既可能极左又可能极右的无政府主义* 提供位置；它忽视了共产主义和法西斯主义因共同倾向于极权主义* 而形成的一定程度的类似性；它试图把政治归结为单维的市场—国家划分，并因而忽略了诸如自由主义—权威主义、专制的—民主的等其他政治区别。由于这些问题的存在，人们提出了各种马蹄形的和二维的谱系，试图形成关于意识形态立场的更完整的画面（见图 2—3 和图 2—4）。最后，有人还指出，传统政治谱系完全不能用于区分新兴的政治观点，如女权主义*、生态主义* 和动物权利等，而且“第三条道路*”政治的成型，也在很大程度上使左派和右派的划分不再合于时宜。

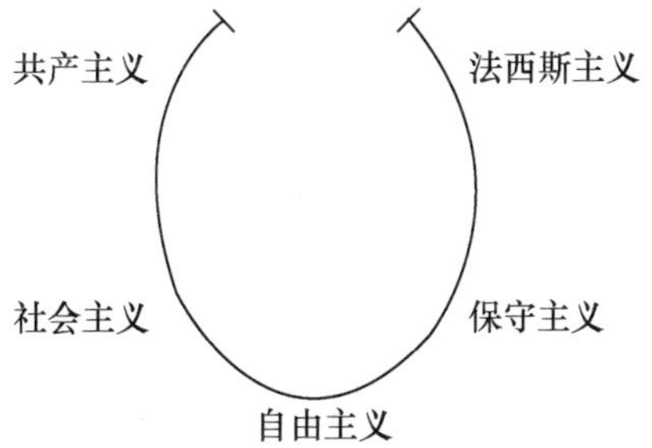

图 2—3　马蹄形谱系

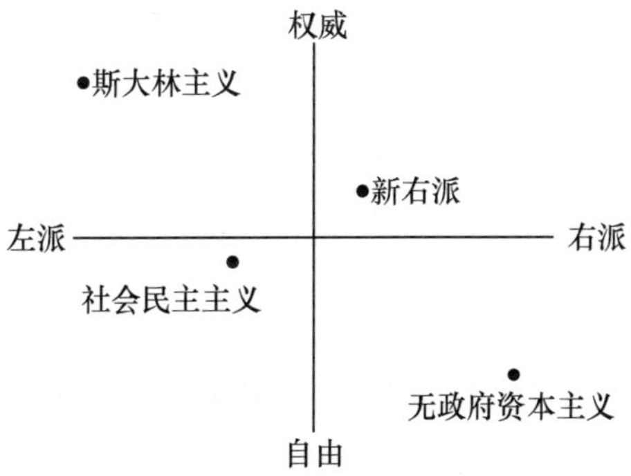

图 2—4　二维谱系

合法性

合法性（legitimacy），源于拉丁文 *legitimare*，意思是“声明合法”（to declare lawful），一般表示正当性。它赋予命令以权威或约束力的特性，从而将权力* 转化为权威*。合法性与“法律性”（legality）① 不同，因为后者并不能必然保证政府* 受到尊重，或者公民认可服从的义务。然而，合法性概念在政治哲学* 和政治科学* 中的用法也并不一致。政治哲学家一般将合法性视为道德或理性原则，以及政府可以要求公民服从的根据。因此，对合法性的宣称（*claim*）要比公民服从的事实（*fact*）更为重要。政治科学家则通常从社会学角度来理解合法性，将其当成是依从某个统治系统的意愿，而不管该系统是怎么建立起来的。正如马克斯·韦伯所言，这种视野下的合法性，表示的是对合法性的一种信仰（*belief*），即对“统治之权利”（right to rule）的信仰。

意　义

合法性问题与关于政治义务* 的论战（最古老、最根本的政治争论）相联系。在考察公民是否有义务尊重国家* 和服从法律* 的过程中，霍布斯和洛克等社会契约论者就在考虑这样一个问题，即在何时以及在何种基础上，政府才可以对社会实施合法的权威？然而，在现代的政治争论中，合法性不再从抽象意义上理会人们为何应该（*should*）服从国家，而开始关注人们为何确实（*do*）服从于某个特定的国家或统治系统。从社会学角度对合法性进行经典解释的是韦伯，他把政治合法性分为三种类型，它们分别建立在历史与习俗（传统型权威）、人格力量（个人魅力型权威）和正式的法规框架（法理型权威）的基础上。在韦伯看来，法理型权威的实施以及一种源于对正式的并常常是法律的规则之尊重的合法性已经日益成为现代社会的重要特征。

新马克思主义者提出了另一种分析合法性的路径。他们主要关注资本主义社会据

---

① “legality”，也可译为“合法性”或“守法性”。——译者注

以抑制阶级对抗的机制，即通过民主* 和社会改革的扩展来营建同意*。因此，合法性是和意识形态霸权* 的维持相联系的。根据这种观点，新马克思主义者如**尤尔根·哈贝马斯**（Jürgen Habermas，1973）界定了资本主义社会的“合法性危机”（legitimation crises），认为这种危机使得资本主义国家难以单独凭借同意来维持政治稳定。位于这种“危机趋势”核心的，是资本主义的积累逻辑与民主政治释放的大众压力之间在理论上存在的矛盾。

尤尔根·哈贝马斯，德国哲学家、社会理论家，法兰克福批判理论学派第二代的主要代表。他的主要著作包括《走向理性社会》（*Towards a Rational Society*，1970）、《合法性危机》（*Legitimation Crisis*，1973）和《交流能力理论》（*The Theory of Communicative Competence*，1984）。

秩　序

在日常用语中，“秩序”（order）指有规律的与整齐的式样。比如，当人们说士兵站立“有方”或把宇宙描绘为“有序”时，说的就是这个意思。在社会生活中，秩序描述的是惯常的、稳定的与可预见的行为，因此社会秩序使人联想到连续性，甚至永久性。与此相反，社会无序则意味着混乱、随意和极端的行为，这种行为在本质上是不稳定和不断变化的。所以，作为一种政治原则，秩序是与个人安全相联系的。它既包括身体安全，即不用担忧被恐吓又能免于暴力侵犯；也包括心理安全，即只有在有条不紊与熟悉的环境中才能形成的舒适感和稳定感。然而，秩序既可以被想象为政治现象，也可以被想象为自然现象。**政治秩序**（*political order*）可表示为通过法律* 体系和政府*“自上而下”地强制实施的社会控制。这个意义上的秩序，是与纪律、管制及权威* 等观念相联系的。而**自然秩序**（*natural order*）刚好相反，它是经由个人和群体的自愿与自发的行为“自下而上”地形成的。这个意义上的秩序，是同社会和谐与均衡等观念相联系的。

意　义

对无秩序和社会不稳定的恐惧是西方政治哲学* 最根本与最持久的关注点之一。

> **彼得·克鲁泡特金**，俄国地理学家、无政府主义者。基于互助思想，克鲁泡特金开始关注人类追求自由与平等的倾向。他的主要著作包括《互助论》（*Mutual Aid*，1897）、《田园、工厂、工场》（*Fields, Factories and Workshops*，1901）和《对面包掠夺》（*The Conquest of Bread*，1906）。

而且，秩序也受到政治理论家近乎无条件的赞成，至少迄今为止他们中还没有任何人愿意为社会无序做辩护。然而，在解决秩序问题最适当的方法上，他们中存在着深刻的分歧。公共秩序与自然秩序的划分，与政府*牵连颇深，且反映着对人性*的不同看法。托马斯·霍布斯站在一个极端，认为只有绝对政府才是维持秩序的唯一手段，因为“对权力永久的、无休止的、至死方休的欲望”是人类的主要偏好。但**彼得·克鲁泡特金**（Peter Kropotkin，1842—1921）却站在另一极端支持无政府主义*，理由是秩序可以通过“自由和兄弟般的关爱”（liberty and fraternal care）来建立，犯罪纯粹是“懒惰、法律和权威”的后果。

现代政治学中的保守主义秩序观，将秩序和法律紧密联系起来，常常把“法律与秩序”视为一个同一与融合的概念。于是，国内秩序最好依靠对惩罚（建立在法律的严格执行和严厉处罚的基础上）的恐惧，和对传统价值的尊重（被视为社会的道德基石）来维系。与此相反，现代自由主义者和社会主义者一贯认为，只依赖恐惧和尊重是不够的，因为社会无序在很大程度上是贫穷和社会剥夺的后果。从这种观点来看，维持秩序的最好方法是发起社会改革，如改善住房条件、减少失业率以及反击城市衰落等。

政　策

在一般意义上，政策（policy）是由诸如个人、群体、企业或政府*所采取的行动方案。把某种方案叫做政策，意味着正式决定已经做出，某一特定的行动方针得到了官方的批准。因此，公共政策可以被视为政府机构的正式的或公开宣布的决定。但是，将政策理解为目标、行动和结果之间的联系，要更为合适一些。在目标层面，政策表现为政府的立场或姿态，即政府表示将要做成什么；在行动层面，政策表现为政府的行为，即政府实际上在做什么；在结果层面，政策表现为政府行为的结果，即政府对更大的社会的影响。

意 义

在某种意义上，政策是政府与绝大多数人相关的一个方面。作为政治过程中的“输出”（outputs）环节，政策反映了政府对社会的影响，即政府把事情办好或办糟的能力。在20世纪六七十年代，政策分析开始成为一个独特的研究领域，用以考察政策如何被制定（政策制定中的“怎么”）和政策对更大社会的影响（政策制定中的“什么”）。政策的“制定”，通常被认为要经过四个不同的步骤：动议、形成、实施与评估。政策动议是政府通过将某些问题界定为“议题”而使政治日程得以确立的过程。政府之所以对这些问题产生兴趣，通常在于它们是公众辩论和争议的主题。政策形成往往被视为政策过程的关键阶段，因为它通过辩论、分析和审议把一个政治议题升华为一项确定的政策建议。政策实施包括使政策产生实效的行动。有时，其生效的方式与决策者的最初意向并不一致。政策评估是对公共政策影响力的检查，即通过激发更深层的政策动议并塑造政策的表述来形成政策反馈的过程。

政策分析的另一方面集中在决策是如何制定的问题上。受功利主义*影响的理性选择*理论家，认定政治行动者是理性地追求自身利益的动物，他们总是选择最有可能保证他们达到预期目标的任何方法。然而，对理性的看重却遭到“有限理性”（bounded rationality）支持者的批评。他们认为决策实质上是一种在具有不同价值又无法精确预测的不同结果之间进行折中的行为（Simon，1983）。作为理性决策的主要替代，渐进主义（incrementalism）被**林德布洛姆**（Lindblom，1959）描述为“摸着石头过河的科学”（science of muddling through）。这种观点把政策制定看成是一个持续的探索过程，由于既没有压倒性的目标又没有确切的结果，政策制定者倾向于在现有模式或框架下操作，根据原有政策影响的反馈信息不断调整立场。官僚机构的政策制定模式使人们将注意力从政治行为者的动机转移到了政策制定过程的结构对最终政策的影响上。他们或是关注大型组织中价值、臆断和习惯行为方式对政策的影响，或是关注追求不同利益的职员和机构之间

> **林德布洛姆**，美国著名政治经济学家、当代西方著名学者，美国耶鲁大学经济学和政治学教授。曾任美国比较经济学学会主席、美国政治学会主席。代表作有《政治与市场：世界各国的政治——经济制度》、《民主的知识》、《决策过程》。

的讨价还价对政策的影响。最后，还有一些政策制定模式突出强调了观念和意识形态* 的作用。这些模式认为观念是政治的“黏合剂”，它在共享的价值与偏好的基础上把人们聚合在一起。在马克思主义者和女权主义者那里，这样的观念可以引出的结论就是：政策制定是一个带有偏见的过程，它不是有利于资本主义*，就是有利于男性公民。

政 治

汉娜·阿伦特，德国政治理论家、哲学家。她的著作涉及问题十分广泛，包括现代大众社会的本质和政治行为在人类生活中的意义等问题。她最有名的著作是《极权主义的起源》(*The Origins of Totalitarianism*，1951) 和《人的境况》(*The Human Condition*，1958)。

从最广泛的意义上讲，政治 (politics) 就是人们为制定、维持和修改社会一般规则而进行的活动。尽管政治也是一门学科 (有时用大写首字母 P 的 Politics 来表示)，但它显然也是对这种活动的研究。这样，政治就不可避免地和冲突与合作等现象联系在一起。一方面，敌对观点、不同喜好、竞争性需求以及对抗性利益的存在必然会使人们在社会规则问题上产生争议；另一方面，人们意识到为了改变规则或确保规则得到支持，必须与他人进行合作。据此，**汉娜·阿伦特** (Hannah Arendt，1906—1975) 把政治权力定义为“协同行动”(acting in concert)。由于上述原因，人们常常认为政治的核心就是解决矛盾的过程。通过这一过程，各种对立的观点或竞争性的利益得以相互协调。但我们在从这种广泛意义上理解政治时，最好把政治视为对冲突解决方法的探索而不是这种探索的达成，因为并非所有冲突都能得到解决。从这种观点来看，政治产生于多样性 (我们并非都完全相同) 和稀缺性 (资源永远不可能满足所有人)。

然而，对政治的见解却可以分出大不相同的四种。第一种，明确地将政治与政府* 艺术和国家* 活动联系在一起。这可能是古典的政治定义，它由“政治”一词在古希腊时期的最初含义发展而来，即政治从 *polis* 衍生而来，其字面含义即是城市—国家。从这种观点来看，政治本质上是国家范围内的活动，这意味着大多数人民、机构和社会活动都可以被认为是“外在于”政治的。第二种，明确地将政治视为“公共”活动，因为与这种活动相联系的是对共同体事务的引导和管理，而不是个人的

"私"事。这种观点可以追溯到亚里士多德的一种信念：人类只有在共同体中才能过上"善的生活"。第三种，明确地把政治视为是一种解决冲突的特殊方法，即通过妥协、安抚和谈判而非强制和赤裸裸的权力*来解决冲突。政治被描述为"关于可能的艺术"（the art of the possible）就有这样的韵味，它揭示了解决问题的"政治"方法（包括和平辩论和仲裁）与"军事"方法之间的区别。第四种，将政治与社会存在进程中的资源生产、分配和使用相联系。由此看来，政治是关于权力的，而权力则是不择手段地达成预期结果的能力。支持这种观点的有女权主义者和马克思主义者。

意 义

关于"政治是什么"的争论突出反映了政治分析的不同方法，也显露了政治思想中最深刻与最难解决的矛盾。首先，这一争论决定了政治学这个学科本身的研究内容和总体上的分析特征。那种认为政治归根到底是"国家大事"（what concerns the state）的传统观点，在学术研究领域日益关注政府人员和机构的趋势中有所反映。依此看来，研究政治实质上就是研究政府，或者在更广泛的意义上说，就是研究戴维·伊斯顿（David Easton，1981）所谓的"对价值的权威性分配"（authoritative allocation of values）。但如果说政治的要素就是权力和资源分配的话，那么在诸如家庭、车间以及大学等范围内都能看到政治的发生，政治分析的焦点也将从国家转向社会。

此外，对政治的不同看法还体现了不同的社会秩序观。那些将政治与政府艺术、公共事务或和平妥协相联系的政治定义，是以一种本质上具有共识*的社会模式为基础的。该模式将政府描绘为基本上是善良的，并强调共同体的共同利益。但那些强调权力与资源分配的政治观点，往往建立在凸显结构性不平等和不公正的冲突型社会模式的基础上。卡尔·马克思因此认为政治权力"只不过是一个阶级用来压迫另一个阶级的有组织的权力"，而女权主义作家**凯特·米利特**（Kate Millett，1970）则把政治界定为"使一群人受另一群人控制的权力—结构关系与安排"。最后，在政治活动的道德性质以及能否或应

> **凯特·米利特**，美国女权主义文学家和社会评论家、雕刻家，哥伦比亚大学英语及比较文学博士。她将激进的女权主义升华成与已经牢固确立的自由主义和社会主义传统明显不同的系统理论。《性的政治》（*Sexual Politics*）是她最有名的代表作，该书于 1970 年问世，是第一本批判西方社会和文学中父权制的著作，也是女权主义理论发展过程中振聋发聩的经典著作之一。

否致使政治终结的问题上也存在争议。一方面，将政治与政府相联系意味着政治在最坏情况下是必要的恶；将政治与共同体活动和解决冲突的非暴力方式相联系也表明，政治具有积极的、甚至是崇高的价值。另一方面，那些将政治与压迫和征服相联系的人往往试图通过这种方式揭露社会中的不平等和不公正的结构，而一旦这些结构被推倒，政治本身也将随之终结。

权　力

权力（power）可以宽泛地定义为达到期望之结果的能力，有时以做某件事情的**"达成力"**（*power to*）的形式被提及。这种概念的权力包括从个人维持生存到政府推动经济发展的各种能力。然而在政治分析中，权力则通常被视为一种关系，即一个人通过并非出自他人选择的方式影响他人行为的能力。这种权力有时也以对他人的**"掌控力"**（*power over*）的形式被提及。因此，如果 A 能让 B 做他在其他情况下不做的事情，就存在着权力。权力通常是与权威* 相区别的。前者是影响他人的"能力"（ability），而后者还包括影响他人的"权利"（right）。更狭义地讲，权力是与进行惩罚或奖赏的能力相联系的，这就使得它相对于包括进行合理说服在内的"影响力"而言，更接近于暴力和操纵力。

权力能以各不相同的方式来运用，这就导致了不同权力观念的出现。这些观念有时也被视为权力的不同维度或"面孔"。首先，权力有时被理解为决策，即作出以某种方式谋划行动或影响决议的自觉判断。这种看法与对物质力或机械力的看法相类，因为它暗示权力使人们受到了违反自己意志的"牵引"或"推动"。基思·博尔丁（Keith Boulding，1989）对影响决定的三种方式进行了区分："棍棒"（the stick），即使用暴力或胁迫；"交易"（the deal），即包含高产出的互惠交换；"亲吻"（the kiss），即创建义务、忠诚和承诺。其次，权力也可以采取议事日程设定的形式，即防止做出决定的能力，实际上也就是不决策的能力。这种权力包括防止某些议题和提案被提出来的能力。E. E. 沙特施耐德（E. E. Schattschneider，1960）以其著名论断对此进行了概括："组织就是对偏见的动员"（organisation is the mobilisation of bias）。最后，权力还可以采取思想控制的形式，即影响他人思想、喜好和需求的能力。卢克斯

(Lukes，1974）有时将这个方面描述为权力的“极端”面孔，因为它显示了社会的文化和心理控制过程；更一般地讲，它突出了意识形态*的威力。

意 义

社会上有一种认识，认为所有与权力有关的都是政治*。依此来看，政治实践只不过是权力的实施；作为学科的政治学，本质上就是对权力的研究；而政治学家则无疑是权力学家：他们试图知晓谁拥有权力，以何种方式使用权力，以及在怎样的基础上实施权力。然而，关于政治本质的争论仍在深入并对政治分析继续发挥着重要的影响。尽管认为权力的不同“面孔”必然在社会中形成不同的权力分配模式并不正确，但不可否认的是作为决策的权力，的确常常和多元主义*模式相联系，因为它倾向于强调许多政治行为体的重要影响；而作为议事日程设定的权力，大都与精英主义*模式相联系，因为它显示了享有既得利益者在政治范围之外挑起争端的能力；另外，作为思想控制的权力，则普遍与马克思主义*模式相联系，因为它吸引人们关注用来掩盖阶级统治现实的意识形态灌输形式。

“权力”概念受到那些赞成所谓“权力政治”（power politics）的分析家的特别礼遇。权力政治是建立在“追求权力是人类的主要目标”这一假定基础上的分析方法。该术语一般作为描述性概念使用，且与现实主义*紧密相关。这是一种可以追溯到托马斯·霍布斯的传统，他断言人类的基本冲动就是“无休止地追求权力”。权力政治理论将政治描述为不同利益主体之间进行斗争或竞争的舞台。在国家层面，不同个人与群体之间的持续斗争通常被用来证明“强政府”的合理性。政府*的优越性在于，作为最高的权力，只有它才有能力建立秩序。在国际层面，“权力政治”强调被相互竞争的国家利益撕裂开来的世界所固有的不稳定性，并将和平的希望寄托于“均势”的建立。

主 权

主权（sovereignty），在最简单的意义上是绝对与不受限制的权力*原则。但在使用时通常要对法定主权和政治主权进行区分。**法定主权**（*legal sovereignty*）指的是无上的法律权威*，即由法律*规定的要求顺从的不容置疑的权利。与此相对，**政治主权**（*political sovereignty*）指的是不受限制的政治权力，即掌控服从的能力，这是通过对强制性力量的垄断来确保的。“主权”概念在使用时有两种不同但又互相联系的含义，通常被理解为外部主权和内部主权①。**外部主权**（*external sovereignty*）与一个国家*在国际秩序中的位置和它以独立自主的政治实体行动的能力相关。诸如“国家主权”和“主权国家”等词语所要表达的就是这个意思。**内部主权**（*internal sovereignty*）则是指国家内的最高权力或权威，它存在于可以做出约束国家边界范围内所有公民、团体和机构之决定的主体之中。在“议会主权”（parliamentary sovereignty）和“人民主权”（popular sovereignty）这些用法中，主权就是这个意思。

意　义

让·博丹，法国政治哲学家，近代西方最著名的宪政专家。是第一位重要的主权理论家，他将主权定义为“一个政治实体的绝对性和永久性权力”。他的《国家论六卷》也被誉为西方关于国家主权学说的最重要论著。

“主权”概念产生于16—17世纪，是现代国家在欧洲发展的结果。随着作为跨民族机构的权威如天主教会和神圣罗马帝国的衰退，英国、法国、西班牙和其他地方的集权化君主得以宣称对最高权力的行使，并以一种新的主权语言来加以表达。在**让·博丹**（Jean Bodin，1530—1596）和托马斯·霍布斯的著作中，主权被用来证明绝对主义*君主制的合理性。在博丹看来，法律不过是君主的命令，而臣民只能服从。但是，博丹是承认主权君主受上帝意志或自然法的约束的，而霍布斯则反过来把主权界定为对强制性力量的垄断，并主张将主权赋予一个单一的、不可挑战的统治者。博丹和霍布斯为内部主权所做的基本辩护是，国家内部单一效忠中心和最高法律来源的存在，是秩序和稳定的唯一可靠的保障。尤其是霍布斯，他认为公民在绝对主义和无政府主义之间只能有一个选择，非此即彼。

其他版本的内部主权观，如卢梭（Rousseau，1712—1778）在“公意”（general will）观点中所表达的人民主权论和约翰·奥斯汀的被视为“议会中的君主”（Mo-

① 也有译为“对外主权”和“对内主权”的。——译者注

narch in Parliament）的议会主权论，分别把主权与“民主*”及宪政*联系了起来。然而这些思想家有一点是相同的，即他们都坚信主权可以且应该被置于确定的主体之中。这种“传统的”主权学说，在多元民主政府时代遭到了越来越多的批判。其反对者要么认为这种学说内在地与其绝对主义的过去相联系，如此则显然是不可欲的；要么认为它已经不再适用于依据制衡网络运行的现代政府系统。例如，有人就提出自由民主原则正好是主权的对立面，他们争辩说，由于在许多机构之间分配权力，没有一个机构可以有意义地宣称自己是最高的。这种情况在联邦制*中尤为明显，因为它建立在悖论性的共享主权观念的基础之上。

对内部主权的拷问在民主时代已经显得过时了，但对外部主权的议论却变得极为紧要。的确，现代政治中一些最深刻的分歧，从阿以冲突到前南斯拉夫的紧张局势，都和冲突各方在“外部主权”上的冲突主张直接相关。在历史上外部主权观念和为了实现大众政府而进行的斗争紧密相联，这两种观念通过相互融合共同创造了“国家主权”的现代观念。因此，外部主权体现了民族独立和自治的原则。只有民族*是握有主权的，其人民才能够根据他们特定的需要和利益来塑造自己的命运。要求一个国家放弃主权就等于让它的人民放弃自由*。无怪乎人们在外部主权或国家主权方面是那样的敏感；而当其受到威胁时，人们对主权的捍卫又是那样的狂热。政治民族主义*的强大吸引力就是这一看法的最好证据。然而，外部主权也受到了基于道德和理论的批评。对外部主权的道德忧虑，产生于主权有着防止本国对他国事务进行干预的性能，即使那些国家正在侵犯其公民的自然权利。而外部主权的理论问题则根源于这样一种事实：在一个日益相互依存的世界中，独立国家或主权国家的观念可能已经不再有什么意义。例如，全球化*可能意味着，当法定主权已经被简约为外交细节时，政治主权就是靠不住的了。

国 家

国家（state）可以最简单地界定为在确定的领土范围内建立主权管辖并通过一套永久性制度实施权威*的政治联合体。由此，我们可以辨别出国家的五个关键特征。第一，国家实施主权*——可以实施绝对的、无限制的权力*，因为它超越于其他所有社会联合体和集团之上。正是基于这个理由，托马斯·霍布斯把国家描述为“利维坦”（leviathan）——一只巨大的海兽。第二，国家机构是公认的“公共”机构，与市民社会*的“私人”机构不同——国家在社会中负责制定和实施集体决策，并建立在公共经费的基础之上。第三，国家是合法性的一种运用——它的决定常常（尽管并非必然如此地）被视为对公民的约束，因为它宣称自己反映了社会的永久性利益。第四，国家是一种统治工具——它拥有能确保其法律*得到遵守和违法者受到惩罚的强制力量。正如马克斯·韦伯所言，国家垄断了“合法的暴力”手段。第五，国家是一个领土性的联合体——它在一个地理上确定的边界范围内行使管辖权，在国际政治中也被当作自治实体来对待（至少在理论上如此）。

然而，国家在形态和规模上却是各不相同的。**最低限度的国家**（*minimal states*）或“守夜人”国家是古典自由主义者和新右派所提倡的。这类国家是纯粹的保护机构，其唯一的功能就是为公民提供一个和平与有序的社会架构，使他们得以在其中以其认为最好的方式来生活。**发展型国家**（*developmental states*）见于东亚与东南亚的日本和“小虎”经济体中。在跨国竞争的背景下，这些经济体奉行了旨在实现国家繁荣的发展战略，其方法是与主要经济利益集团（主要是大型商业集团）建立密切的联系。**社会民主国家**（*social-democratic states*）符合现代自由主义者和民主社会主义者的理念。这类国家广泛干预经济和社会生活，目的是促进经济增长，维持全面就业，减少贫穷和对社会收益进行更为公平的分配。**集体化国家**（*collectivised states*）见于正统的共产主义国度中。这类国家废除了一切私人企业，建立了一整套中央计划经济体制，并由一个以经济部门和计划委员会构成的网络来实施管理。**极权国家**（*totalitarian states*）如希特勒治下的德国和斯大林治下的苏联，萨达姆治下的伊拉克等现代政权也具有类似的特征。这类国家通过混合运用全面监督与恐怖警治，以及无所不在的意识形态操控系统，使国家意志渗透到了社会生活的每一个方面。

国家和政府*之间应该进行区分，尽管它们常常被交替使用。国家比政府更为广泛，是一个包括所有公共领域机构和共同体成员（具有公民资格的成员）的包容性很强的联合体，这意味着政府仅仅是国家的一部分。从这个意义上讲，政府就是国家权威付诸实施的手段，是国家的“大脑”。但国家是一个持续的、甚至永久的共同体，而政府是暂时的。在持久性的国家体系中，政府会不断更替，政府系统或许也会进行改革和重组。此外，国家实施的是非人格化的权威，所以国家机构以一种官僚制的方式招募和训练人员，并（通常）期望他们在政治上保持中立，以有助于国家机构抵制当时政府的意识形态狂热。最后，国家至少在理论上代表公共利益或共有利益，政府则代表那些在特定时候有幸掌权的人的党派情结。

资料链接

霍布斯和《利维坦》

托马斯·霍布斯，英国哲学家、政治思想家，英国理性主义传统的奠基人，近代第一个在自然法基础上系统发展了国家契约学说的资产阶级启蒙思想家。他提出“自然状态”和国家起源说，指出国家是人们为了遵守“自然法”而订立契约所形成的，是一部人造的机器，反对君权神授，主张君主专制。

《利维坦》(*Leviathan*) 是霍布斯最有名的代表作，全名为《利维坦，或教会国家和市民国家的实质、形式和权力》(*Leviathan or The Matter, Forme and Power of a Common Wealth Ecclesiastical and Civil*)，又译《巨灵论》。“利维坦”是《圣经》中描述的一条巨鳄状的怪兽，拥有坚硬的鳞甲、锋利的牙齿，口鼻喷火，腹有尖刺，在西方的传统中，利维坦一向是恶魔的代名词。霍布斯在书中用“利维坦”来比喻强势的国家。该书系统阐述了国家学说，探讨了社会的结构，其中的无神论、人性论、社会契约论，以及国家的本质和作用等思想在西方产生了深远影响，是西方最著名和有影响力的政治哲学著作之一。全书体系完备、内容翔实、论证严密，对西方自由主义思想产生过广泛和深远的影响，可与亚里士多德的《政治学》相媲美。

意　义

国家总是政治分析的中心，以至于政治* 常常被理解为对国家的研究。这在两个关键争论中都有迹象。其中，第一个也是最根本的争论，集中在国家存在的必要性和政治义务* 的基础上。对此所做的经典辩护出自社会契约论，它建构了一幅无国家社会（即所谓的“自然状态”）中人们是如何生活的图景。按照霍布斯和洛克等思想家的观点来看，由于每个人对一切人的无休止的内战是自然状态的基本特征，人们就打算达成一项协议，即社会契约。通过协议，人们宁愿牺牲一部分自由以建立一个主权

第三部分

意识形态

此部分探讨了那些代表着广泛的政治思想传统并常常为政治理解提供独特视角的概念。

无政府主义

无政府主义（anarchism）是一种以其核心信仰——各种形式的政治权威*，特别是国家*形式的权威，既是邪恶的又是没有必要的——来加以界定的意识形态*。无政府（anarchy），按字面意思就是“没有统治”（without rule）。无政府主义者认定国家是邪恶的，因为它作为掌握主权、强制力和胁迫力的权威，冒犯了自由*和平等*原则，即冒犯了无限制的个人自治*这一无政府主义的核心价值。国家以及与之相伴的政府*和法律*机构，都是腐败与堕落的，应该遭到摒弃。国家没有必要的信念，对无政府主义很重要。无政府主义者之所以摒弃政治秩序*而寄希望于“自然”秩序和自发的社会和谐，归根到底是以乐观的人性*假定为基础的。换句话说，政府不是解决秩序问题的方法，而恰恰是秩序问题产生的原因。

> **蒲鲁东**，法国政论家、社会主义者，法国无政府主义创始人之一，被称为无政府主义之父。他不仅抨击财产权，也不赞成共产主义，而是支持互助公社主义——这是一种以需求而非利润为导向的合作生产体系。主要著作有《贫困的哲学》、《论人类秩序的建立》、《社会问题的解决》、《什么是财产?》、《战争与和平》等。

无政府主义者对无国家社会偏爱有加。在这一社会中，自由的个人通过自愿协议与合作来管理他们自己的事务。但这种喜好却是在社会主义的共同体主义*和自由主义的个人主义*这两种相互敌对的传统的基础上发展起来的。因此，无政府主义也可以理解为社会主义*与自由主义*的一个交叉点：它既是“极端的社会主义”（ultra-socialism），也是“极端的自由主义”（ultra-liberalism）。这一点在两种相互竞争的无政府主义传统——集体无政府主义和个人无政府主义——中得到了反映。**集体无政府主义**（*collectivist anarchism*）或经典无政府主义，植根于“社会团结”或彼得·克鲁泡特金所称之“互助”观念，即认为人与人之间自然而合理的关系应当是一种同情、友爱与和睦的关系。集体无政府主义者，支持**皮埃尔-约瑟夫·蒲鲁东**（Pierre-Joseph Proudhon，1809—1865）以无政府共产主义的形式最早提出的“财产是小偷”（Property is theft）的著名论断，特别强调社会平等和公有制的重要性。**个人无政府主义**（*individualist anarchism*），建立在个人至上观念的基础之上，认为个人良心以及对自我利益的追求不应受到任何集体和公共权威的限制。个人无政府主义与意志自由论*部分相同，且往往与“市场是自我调节机制”的信仰紧密相关，这在无政府资本主义中表现得最为明显。

意 义

无政府主义是一种与众不同的意识形态，因为它从未赢得过权力——至少在国家层面上是这样。正因为没有一个社会或民族*按照无政府主义原则进行改造，所以人们很容易将无政府主义视为一种不太重要的意识形态。作为一种政治运动，无政府主义主要受制于三个缺点。第一，它的目标，即推翻国家和所有形式的政治权威，通常被认为是根本不现实的。对无政府主义最普遍的批评就是认为它是消极意义上的乌托邦主义*的范例，因为它对“人类美德”（human goodness）或诸如市场或公有制等社会制度在维持秩序和稳定方面的能力寄予了过分的信任。第二，由于认为政府腐败和堕落，无政府主义者抛弃了诸如组织政党*、支持选举*和寻求公共职位等政治运作的通用手段，而不得不依靠群众自发反抗的能力。第三，无政府主义缺乏一套统一、连贯的政治理念：除了反国家主义之外，无政府主义者在如无政府社会的性质、财产权（尤其是在这点上）和经济组织等问题上都存在着严重的分歧。

然而，无政府主义的意义可能主要不在于其为获得和维持政治权力*提供了什么意识形态基础，而是更多地表现为它对其他政治信条的挑战与给予。无政府主义者凸显了政治权力的强制和破坏性质，并以此来反驳其他意识形态（主要是自由主义、社会主义和保守主义*）中包含的国家主义倾向。由此看来，现代政治思想已经越来越多地受到无政府主义的影响。例如，无论是“新左派*”还是“新右派*”都表现出了一种带有无政府主义印记的意志自由论倾向。的确，无政府主义的持久意义可能只是被它日益多样化的特征遮蔽了。除了原有的政治和阶级斗争问题外，无政府主义者也开始关注生态、运输、城市发展、消费主义、新技术和两性关系等问题；在某种意义上，这些新议题还取代了旧议题而成为关注的焦点。仅仅因为无政府主义早已失去成为群众运动的势头就认为它并不重要，这种观点大概是不得要领的。鉴于世界变得越来越复杂和分崩离析，失去生命力的或许只是大众政治本身。

基督教民主主义

基督教民主主义（christian democracy）是一种打着温和、福利旗号的保守主义*的政治和意识形态运动。基督教民主主义源于天主教的社会理论；与新教强调个人主义*相反，该理论更重视社会团体尤其是家庭，并强调这些团体之间的利益和谐。尽管基督教民主主义在意识形态上模糊不清，并不得不适应差异性的民族文化和政治环境，但在其发展过程中却反复出现着两个主题。一是对于无节制的市场资本主义后果的忧虑，主要体现在其悦纳凯恩斯主义（参见社会民主主义*）和福利主义政策的意愿上。二是对国家控制的恐惧，主要反映在对所有社会主义*尤其是共产主义*的敌视上。最有影响力的基督教民主主义观点是社会市场观念，这与德国基督教民主联盟（CDU）关联特别密切。社会市场是这样一种经济（制度），它依据市场原则建立，并在很大程度上不受政府控制；其运行的背景是一个通过广泛的福利系统和有效的公共服务来保持凝聚力的社会。因此，与其说市场是目的，倒不如说它是一种通过创造财富来实现更为广泛的社会目标的手段。

意　义

基督教民主主义是第二次世界大战后欧洲许多地区的一种重要的政治运动。它的成功，与法兰西第四共和国、意大利、德国、奥地利、比利时和荷兰的基督教民主党的影响关联甚深，与拉丁美洲和后共产主义东欧的同类也有些关系。这些政党的成功，部分地是因为它们的“中右”政治立场既能与家长式保守主义相匹敌又能强化中产阶级的支持。但是，其成功也要归因于“基督教”与“民主”：“基督教”是一个反对共产主义的战斗口号，而“民主”则显示出一种对共同利益而非精英或贵族利益的关注（它们正是由此与战前的保守党诀别的）。值得注意的是，基督教民主党普遍抵制新右派*热情这种 20 世纪八九十年代的英美保守主义特色。基督教民主主义面临的主要危险，来自于宗教作为一种政治动力的重要性的下降；来自 1989—1991 年东欧革命以来共产主义威胁的衰退；还来自基督教民主主义本身的意识形态模糊性和不确定性。由于基督教民主主义对政府干预既支持又警惕，它有时候看起来只不过是一种用来赢得或保持政府权力的工具。

共产主义

共产主义（communism）这个术语有三种不同（即使相互有联系）的使用方式：作为一种政治原则；作为一种基于该原则的社会模式或政权类型；作为一种以建立此类社会或政权为基本目的的意识形态运动。作为一种政治原则，共产主义拥护社会存在的公共组织形式，尤其是财产的公共或集体所有制。例如，卡尔·马克思在《共产党宣言》（[1848] 1967）中就将共产主义理论总结为“私有财产的废除”（abolition of private property）。作为社会模式和政权类型的共产主义有两个版本。第一个版本是马克思恩格斯著作中描述的一种未来社会的模型。马克思预言，在推翻资本主义* 之后，将会有一个以“无产阶级的革命专政”为基本特征的过渡性的“社会主义”发展阶段，而随着阶级对抗的消失，无产阶级专政将最终导向完全的共产主义。

资料链接

共产主义的特征

尽管马克思拒绝对共产主义社会进行详细描述，但他还是构想出了该社会将会具有的一些基本特征：

- 它建立在财产公有制基础之上，因而是无阶级的。
- 它是无国家的，即阶级体系一旦被废除，国家* 就会逐渐“衰亡”。
- 它不是为商品生产而生产，为市场而生产，而是为使用而生产，为满足人们的需要而生产。
- 它必将导致生产力的进一步发展，因为科学技术从基于阶级的生产桎梏中得到了解放。
- 培育非异化的劳动者，使创造力得到解放，并使人类潜能得以充分发展。

共产主义作为社会模式的第二个版本，是以20世纪共产主义政党在苏联、东欧、中国、古巴、越南和其他地方获得权力后建立的一系列政权为基础的。这种意义上的共产主义是一种“实际存在的社会主义”。

作为一种意识形态运动，共产主义与马克思主义* 有着内在的联系：有时两个词交替使用；而有时共产主义则被视为实践的马克思主义——马克思主义是理论，共产主义是实践。然而，作为实践的共产主义与所谓的正统马克思主义（有时又被描述为“辩证唯物主义”［dialectical materialism］)联系得更紧密，因为它受列宁主义与斯大林主义的影响与受马克思经典理论的影响是差不多的。当苏维埃共产主义在20世纪成为占主导地位的共产主义统治模式时，马克思列宁主义就成为共产主义世界占统治地位的意识形态*。尽管共产主义意识形态由在不同社会的不同领导人进行了重新表述，但它仍以一些被反复提到的主题为基本特征。其中最重要的有：对经济因素优先于其他历史因素的信念（有时到了盲从的程度）；对革命而非改革的强烈支持；对无产阶级作为革命阶级的认同；对共产党作为工人阶级先锋队的信仰；对社会主义或无产阶级国际主义* 的支持；对广泛集体化的信心。

意　义

托马斯·莫尔，文艺复兴时期英国空想社会主义者、欧洲空想社会主义的创始人、才华横溢的人文主义学者和阅历丰富的政治家，以其名著《乌托邦》而名垂史册。

作为公有制原则的共产主义在马克思之前很早就已经存在。虽然在柏拉图和**托马斯·莫尔**（Thomas More，1478—1535）的著作中就可以发现这一原则，但其在现代的重要性几乎完全与马克思主义的理论和实践相联系。作为一种意识形态运动，共产主义是20世纪最强大的政治力量之一，尽管其影响在很大程度上仅限于1917—1991年的这一段时间。在这一时期，共产主义成为了替代资本主义的主要出路：它为人所共知的共产主义东方提供了政治和社会重建的基础；同时也成为资本主义西方许多地方的主要反对力量。共产主义的意识形态能量来源于它对社会平等和公益的强调，以及它对消除马克思所称之为“少数人对多数人的剥削”的承诺。但它在政治上的成功则主要在于它能够动员被压迫阶级或处境困难的阶级起来支持那些组织良好、遵循明确政治战略的革命领导人。执掌权力的共产主义已经被证明是一种难以对付的力量：一党制国家的建立，不仅削弱了“阶级敌人”和反对群体，而且还允许共产主义政党作为“主导”政党来运作——它们控制了政府的所有方面（军事的、经济的和意识形态的机构）。实际上，20世纪的共产主义在很大程度上是一种达成现代化的手段，在经济落后的国家尤为成功。它在这些国家的成功最终是以它推动社会发展的能力来作为判定标准的。

对共产主义的批评主要指向正统共产主义不太吸引人的方面，有时也会将这些批评追溯到马克思的经典思想。照此看来，共产主义即便不是十足的极权主义，其在本质上也是独裁性的。共产主义的压迫性源自这样一种事实：它把集中的政治权力和集权化的国家控制这两种观点（尽管马克思提出了国家“衰亡”说）结合了起来，创造了一种由一位魅力型领导人支配的全能的党—国装置（party-state apparatus）。1989—1991年东欧革命中共产主义的戏剧性失败以及在那些共产主义政党继续执政的国家所发生的激进变革，显示了正统共产主义存在的许多结构性缺陷。其中最重要（尽管值得争议）的有：计划体系内在地缺乏效率，共产主义国家无法达到西方资本主义国家的经济繁荣（特别是，无法生产出西方式样的消费品）；由根深蒂固的政党和官僚政治利益所支配的政治系统存在着僵化趋势；另外，共产主义政治体系还缺乏精英群体用来调节大众压力并对其作出反应的机制。

共同体主义

共同体主义（communitarianism）[①] 表示的是这样一种信念：自我或个人是通过共同体*造就的，意思是个人是由其所属并由此而获得尊重与关注的共同体所塑造的，

① “communitarianism”有“社群主义”、“共同体主义”、“社区主义”与“合作主义”等中文译名，其中尤以“社群主义”和“共同体主义”最为普遍。经过初步的查证和比对，译者发现人们通常是在两个意义上使用该词的。在更为传统也更为笼统的意义上，“communitarianism”是指包含在诸多传统政治哲学和意识形态中的一种强调个人与其所属的团体之间紧密关联的观点和倾向。在这个意义上，“共同体主义”的译名似乎更具有合理性。但是，在更为具体和明确的意义上，“communitarianism”特指一种在批判罗尔斯《正义论》的高潮中形成于20世纪80年代的聚焦于社会利益而非个人利益的社会哲学。由于它反对自由主义的权利至上观和自由放任主张，也有人将其视为一种温和的集体主义或民主社会主义的意识形态。其代表人物有迈克尔·桑德尔、阿拉斯代尔·麦金泰尔和查尔斯·泰勒等。国内一般将这种新的理论形态称为“社群主义”。由于本书作者是在更为一般的意义上使用“communitarianism”，并刻意地将特殊意义的“communitarianism”称为“modern communitarianism”，所以译者采取了“共同体主义”的译法。需要指出的是，“社群主义”虽然渊源于“共同体主义”，但两者的内容和意味却并非完全相同。——译者注

即不存在“不受牵连的自我”(unencumbered selves)。共同体主义本身并不是一种意识形态*，而是许多意识形态传统所持有的一种理论立场。左派共同体主义，如无政府主义*和乌托邦社会主义*，通常将共同体思想与不受限制的自由*和社会平等*观念相联系。中间派的共同体主义，如社会民主主义*和托利家长主义，坚持共同体应当建立在对于交互权利和交互责任的承认之上。右派共同体主义，如新保守主义及其极端形式——法西斯主义*，则强调共同体要求尊重权威*和已经牢固确立的价值。共同体主义在20世纪八九十年代已经发展成为一个表达特殊政治哲学的思想流派。它与阿拉斯代尔·麦金太尔(Alasdair MacIntyre，1981)和**迈克尔·桑德尔**(Michael Sandel，1982)等理论家相关联，对自由主义*提出了具体的批判，指出自由主义将个人权利和自由凌驾于共同体的需要之上，从而对自由社会的公共文化造成了破坏。有时人们还将共同体主义分为所谓的“高级”和“低级”形式。前者主要涉及哲学争论，而后者则更关注公共政策问题——其最著名的人物是阿米泰·埃特奥尼(Amitai Etzioni，1995)。

迈克尔·桑德尔，当代美国政治哲学家，哈佛大学教授。他在哈佛大学讲授的本科通识课程“公正——该如何做是好?”是哈佛有史以来听众最多的课程，该课程被作为公开课在互联网上流传，风靡全球。他的作品已被译成18种语言，在英国、美国、日本、韩国、瑞典、巴西和中东国家被制作成电视系列片。

意　义

共同体主义根源于19世纪的乌托邦社会主义思想家如罗伯特·欧文(Robert Owen，1771—1858)和彼得·克鲁泡特金。的确，对于共同体的关注可以说是现代政治思想中一个历久弥新的主题，各种社会主义对友爱与合作的强调都不同程度地表达了这种关注——如马克思主义对无阶级共产主义社会的信奉；保守主义将社会视为有机整体的观点；甚至法西斯主义关于建立不可分割的民族共同体的诺言。

现代共同体主义兴起于20世纪后期，是对自由个人主义*扩张在现代社会和政治思想中造成的不平衡所作出的一种反应。共同体主义者告诫，如果个人(individuals)不受社会责任和道德义务的限制，就无异于容许或鼓励他们只去考虑自己的利益和自己的权利。毫不夸张地讲，在这种道德真空的状态下，社会将会分裂。因此，共同体主义者提出了恢复社会的道德发言权(一种可以回溯到亚里士多德的传统)，建构

“公益政治”（politics of common good）的方案。作为对自由放任（*laissez-faire*）资本主义*的一种批判，共同体主义对现代自由主义和社会民主主义的影响越来越大。

然而，共同体主义的批判者却声称它既是保守性的又是独裁性的。说共同体主义有保守倾向，是因为它是对现存社会结构和道德规范的一种维护，如女权主义者就批评共同体主义试图以保护家庭为幌子来支撑传统的性别角色；而说共同体主义有独裁特性，则是由于它具有将个人的责任与义务置于个人的权利与资格之上的倾向。

保守主义

作为一种政治态度，保守主义（conservatism）可以界定为一种对保有的渴望，并反映在对变革的抵制或至少怀疑的态度上。然而，尽管抵制变革的渴望可能是保守主义不断重复的主题，但真正使保守主义作为意识形态*从敌对的政治信条中区分开来的则是人们支持这一立场的独特方式。保守主义意识形态的核心主题是传统*、人性不完美、有机社会、权威*和财产权*。在保守主义看来，传统反映的是以往智慧的积累以及“久经考验”（tested by time）的制度和实践；为了当代和后代人的利益着想，这些传统应当得到保护。保守主义至少在三个方面对人性*持消极看法：第一，人是能力有限的、依赖性很强的、追求安全的动物；第二，人在伦理上是不可靠的，经常受到自私和贪婪以及对权力的欲望的毒害；第三，人的理性不足以应付世界的无限复杂性，因此保守主义者相信实用主义，他们更喜欢把自己的信仰描述为“智者的态度”（attitude of mind）而非意识形态。保守主义关于社会应该被视为一个有机整体的信条，意味着各种制度和价值观是基于自然的需要而产生的，因而应当得到保存以维护脆弱的“社会结构”（fabric of society）。保守主义将权威视为是社会凝聚的基础，认为权威不仅使人们明白自己是谁和被指望去做什么，也反映了所有社会制度的等级性质。保守主义看重财产权，因为财产权使人们获得安全并从政府那里获得一定程度的独立，同时还能鼓励人们尊重法律和他人的财产。

然而，保守主义思想内部也存在着严重的分化。**独裁保守主义**（*authoritarian conservatism*）是完全专制和反动的，它强调“自上而下”的政府是建立秩序*的唯一方式。这与起源于埃德蒙·伯克著作的较为温和、实用的英美保守主义形成了对照。

家长保守主义（*paternalistic conservatism*）采取了一种谨慎持重而又讲究原则的姿态，认为“自上而下的改革”（reform from above）比“自下而上的革命”（revolution from below）更为可取；富人有照顾穷人的义务，因为义务是特权的代价。本杰明·迪斯雷利（Benjamin Disraeli，1804—1881）的表述是此类观点中影响最大的。这一传统通过“一个国家”保守主义（One Nation conservatism）① 的形式得到了充分发展，它提倡在国家与市场之间走一条“中间道路”，并对经济管理和福利主义给予了有条件的支持。**自由保守主义**（*libertarian conservatism*），响应自由放任*的自由主义的呼声，倡导最大限度的经济自由和在社会生活中实行最低限度的政府控制，但却将其附着在了强调权威和责任的重要性的更为传统和保守的社会哲学之上。这种传统为新右派*理论和价值提供了基础。

意　义

保守主义的思想和理论最早产生于 18 世纪末 19 世纪初，是对以法国大革命（1789）为标志的经济和政治急剧变迁的一种反应。它极力抵制来自自由主义*、社会主义*和民族主义*的强大压力，并为深受重围的传统社会秩序辩护。独裁的保守主义植根于欧洲大陆，但却由于宪政*和民主*的发展而日趋边缘化，并随着经常与其合作的法西斯主义*的衰落而最终瓦解。迪斯雷利式的保守主义最后被证明是更为成功的。用伯克的“为了保持而变革”（change in order to conserve）的理念来说，它能够使保守主义的传统、等级、权威等价值适应于新兴的大众政治，从而扩大了保守主义的社会基础和选举基础。保守主义的卓越弹性来源于它在意识形态上的小心谨慎以及它在政治上的灵活性，这使得它可以在不同时代采纳从体现于“一个国家”理想中的福利主义和干预政策，到由新右派推荐的“让国家滚回去”（rolling back the state）的主张。

但是，保守主义思想也总是受到指控，批评者说它只不过是统治阶级的意识形

---

① “一个国家”的概念间接地来自本杰明·迪斯雷利的政治小说《西比尔或两个国家》（*Sybil，or the Two Nations*）。标题中的“两个国家”一说反映的是维多利亚时代英国富人和穷人的分化和对立。在迪斯雷利看来，这两部分人在发展机会和生活条件上是那样地悬殊，彼此又是那样地敌视，好像他们属于完全不同的两个国度。“一个国家”保守主义，谋求在英国国内实现公民之间的团结以及不同阶级和利益群体的和解。20 世纪 70 年代末以来，这一立场开始成为保守主义内部的一个争论焦点。——译者注

态。它宣扬抵制变革的必要性，从而使社会现状合法化并维护了统治集团或精英集团的利益。另一些批评者则声称，传统保守主义和新右派之间的分歧过于深刻，以至于整个保守主义传统已经完全不能保持一致性。对于上述批评，保守主义者反击称，他们仅仅是提出了一些有关人性和我们生活于其间的社会的永恒真理（尽管有时令人不快），如人类在伦理上和智力上是不完美的；他们所寻求的安全只有在传统、权威和共享的文化中才能获得；用意识形态术语来说，这些见解全都闪烁着“指路明灯”般的智慧之光。保守主义警告人们，政治行为的更合理的基础往往不是诸如自由*、平等*和正义*等抽象原则，而是经验和历史。

生态主义

生态主义（ecologism）的核心特征是：相信自然界是一个相互联系的整体，它既包括人类和非人类生物，也包括无生命的世界。“生态学”一词指的就是在有机体的“家里”或“在其聚集处”对其进行的研究。生态主义和环保主义不同。环境保护主义是一种针对生态危机提出的温和、改良地对待环境的方法，但它并没有从根本上质疑关于自然世界的传统假设。因此，它既包括大多数环境压力集团*的活动，也是一系列政党*可以采纳的立场和姿态。生态主义则相反，它本身是一种意识形态*，因为它采纳了以生态为中心或生物为中心的观点，赋予了自然或星球以优先地位，从而不同于以往以人类为宇宙中心或人类中心论的普通意识形态。然而，生态主义通常也被分为两种：“深层生态学”（deep ecology）完全否定人类在某种意义上比其他物种或自然界本身更为卓越、更为重要的任何缠绵不定的看法；而“浅层生态学”（shallow ecology）在接受生态学训诫的同时，又将其限制在为人类的需要和目的服务的范围内。换句话说，就是要劝告我们：如果能保护和珍惜自然界，自然界将反过来继续维持人类的生存。

生态主义已经衍生出了多种不同的混合形式。**生态社会主义**（*eco-socialism*）主要受现代马克思主义*的影响，从资本主义*对利润的贪婪追求来认识环境破坏。**生态无政府主义**（*eco-anarchism*）运用社会生态学的均衡观点，得出了自然界平衡和人类社会平衡同等重要的观点。**生态女权主义**（*eco-feminism*）将父权制*（patriarchy）

看成是环境破坏的罪魁祸首，并大都相信女性是天然的生态保护者。**反动的生态主义**（*reactionary ecologism*）将保护自然与捍卫传统社会秩序联系起来，其观点在纳粹主义*的“血和土”的理念中有极端的表述。但是，“深层生态学”反对一切传统的政治信条，倾向于把资本主义和社会主义*都看作工业主义（以大规模生产、资本积累和无节制的增长为特征）的“超级意识形态”的实例。它支持以生态为中心的平等*，认为动物权利*应该拥有与人类权利平等的道德地位，并把自然描述为一个道德共同体，在其中人类不过是“普通的公民”而已。

意　义

生态主义或绿色政治观点可以追溯到19世纪时出现的对工业化和城市化的强烈反应。现代生态主义是在20世纪60年代伴随着人们重新开始关注由污染、资源枯竭、人口爆炸等造成的环境破坏而兴起的。这种关切已经由日渐增多的绿党在政治上清晰地表达了出来。这些绿党大多活跃在发达国家，而且至少在德国还分享过政权。这种关注还通过强大的环保主义游说团体表达了出来，其哲学是“胸怀全球，就地行动”（think globally，act locally）。绿党虽然曾在最初将自己标榜为“反政党的政党”，但却采取了激进的生态观；而环保压力集团*则通常只实行“浅层的”生态主义。

然而，生态主义的发展也受到很多因素的牵制：它反对增长甚或可持续增长的经济模式限制了它的吸引力；它对工业社会的批判采取的是一种田园诗和反技术的视角，与现代社会不合拍。因此，有人便认为生态主义不过是都市生活的一种时尚，是一种后工业社会的罗曼蒂克。不过，生态主义至少有两个主要优势：第一，生态主义使人们关注人与自然关系中出现的不平衡，其表现就是人类和自然界的安宁都受到了日趋强化的种种威胁。第二，生态主义在质疑和超越西方政治思想的局限上，比其他任何意识形态都走得更远，是与全球化*并驾齐驱的最接近于世界哲学的一种政治理论。

法西斯主义

法西斯主义（fascism）是这样一种意识形态*：它的核心主题是在“团结就是力

量”的信仰中体现出来的“有机的一元化民族共同体”的观念。它认为，个人在原本上来说什么都不是；个人的身份必须完全纳入共同体或社会群体之中。法西斯主义的理想是“新人”，即一个拥有责任感、荣誉感和自我牺牲精神，随时准备为自己的民族*或人种*的荣誉而牺牲生命，并无条件效忠最高领导人的英雄。在很多方面，法西斯主义是对法国大革命以后所形成的西方政治思想和价值观念的反叛，用意大利法西斯主义者的口号来说，就是“1789死了”。法西斯主义在斗争、领导*、权力*、英雄主义和战争等名义下，将理性主义*、进步、自由*、平等*价值统统推翻了。从这种意义上说，法西斯主义具有“反派特征”，在很大程度上可以用它反对的东西来定性：它是反理性、反自由、反保守、反资本主义、反资产阶级、反共产主义的等等。法西斯主义代表了西方政治传统较为黑暗的一面；它并没有抛弃西方政治传统的核心价值，而是让它们变了形。对法西斯主义者来说，自由意味着完全的顺从；民主等同于独裁；进步意味着不间断的斗争和战争；而创造则与毁灭融为一体。

然而，法西斯主义毕竟是一个非常复杂的历史现象，我们很难识别其核心原则或“法西斯主义的绝对底线”（fascist minimum）。例如，尽管多数评论家将意大利墨索里尼（Mussolini）的法西斯独裁*和德国希特勒的纳粹独裁当成法西斯主义的两种主要表现形式，但其他人却将法西斯主义和纳粹主义*视为不同的意识形态传统。意大利法西斯主义本质上是一种建立在对“极权”国家的无条件尊重和绝对忠诚基础上的极端的国家主义。正如法西斯哲学家乔万尼·金蒂莱（Giovanni Gentile，1875—1944）所言，“一切为了国家，一切服从国家，一切属于国家”。但德国纳粹主义在很大程度上是以种族主义*为基础的，其两个理论内核是：亚利安主义（Aryanism），即坚信德国人是一个“主宰种族”，它注定要统治世界；恶毒的反犹太主义（anti-Semitism）①，即认为犹太人本性邪恶，须以彻底消灭他们为目标。**“新法西斯主义”**（*neo-fascism*）或“民主法西斯主义”自称已经与魅力型领导、极权主义*和公开的种族主义等原则拉开了距离，是一种往往与在反对全球化*和超国家主义*的过程中涌现出来的反移民运动，以及各种狭隘的、种族的甚或人种的民族主义*相联系的法西斯主义。

---

① “anti-Semitism”可直译为“反闪米特主义”。“Semite”，即闪米特族人。古代闪米特人包括希伯来人、亚述人、腓尼基人、阿拉伯人、巴比伦人等，后来特指犹太人。——译者注

意 义

尽管法西斯主义的主要思想和原则可以追溯到19世纪，但真正使这些思想和原则整合在一起并形成法西斯主义意识形态的，却是第一次世界大战及其后续影响，特别是那种战争和革命*的强有力的混合。法西斯主义以最具戏剧性的方式崛起于意大利和德国，分别形成墨索里尼政权（1922—1943）和希特勒政权（1933—1945）。一些史学家认为法西斯主义是两次战争期间的一种特殊现象，与一系列特定的历史条件有关。这些条件包括：第一次世界大战遗留下来的不公平情绪、军国主义幽灵和民族主义悲情；民主价值事实上在欧洲不少地区并未取代旧的独裁价值；大企业和组织化工人的力量的日益壮大对中下阶层构成的威胁；俄国布尔什维克革命在有产阶级（总体上）和精英集团（特别地）中引起的恐慌；20世纪20年代的经济不安全随着20世纪30年代全面的世界经济危机而不断加剧。按照这种观点，随着1945年希特勒和墨索里尼政权的倒台，法西斯主义就已经在政治改革和经济安全的联手重压下灭亡了。但是，20世纪末它却以“新法西斯主义”的形式再次复活。“新法西斯主义”在东欧特别有影响，在那里它企图煽动民族敌对和种族仇恨，并利用了共产主义*政权倒台带来的不稳定机会。然而，法西斯主义能否有意义地采用“民主”面貌却很值得怀疑，因为民主意味着对多元主义*、宽容*和个人主义*等的接纳。

女权主义

女权主义（feminism）是一种旨在提高妇女社会地位的政治运动和意识形态*。女权主义者强调了被她们视为政治关系的性别关系，认为在绝大多数（如果不是全部）社会男人都居于至上地位而女人则处于从属地位。因此，女权主义就以这样两种基本观念为特征：第一，女人和男人由于性别差异而受到不平等的待遇；第二，这种不平等待遇可以而且应当被推翻。尽管大多数女权主义者都拥护性别平等*，但以这一目标来界定女权主义却难免于误导，因为一些女权主义者在性别自由和性别平等之间进行了区分，指出后者意味着女人应当“和男人一样”。女权主义分析的核心概念是"父权制*"，它把人们的注意力引向妇女所受压迫和剥削的整体性。这种整体性又反过来凸显了性别*在政治上的重要性：性别不是男女之间的生理差异，而是社会强加的。许多女权主义者认为"性别"是一种政治建构，它通常建立在老生常谈的"女性的"和"男性的"的行为和社会角色的基础上。

但是，女权主义的理论和实践是相当多样化的，通常可以分为自由女权主义、社会主义/马克思主义的女权主义和激进形式的女权主义。**自由女权主义**（*liberal feminism*）致力于个人主义*和形式平等，其特征是在"公共"和政治生活中追求权利*和机会的平等。**社会主义的女权主义**（*socialist feminism*）很大程度上是由马克思主义*衍生而来的，它强调女性的从属地位和资本主义生产方式之间的联系，把人们的注意力引向女性被束缚于家庭或家庭生活的经济后果。**激进女权主义**（*radical feminism*）超越了已建立的政治传统，将性别划分看成是最根本和政治上很重要的社会分裂，并呼吁对个人、家务和家庭生活进行彻底的、甚至革命性的改造。激进女权主义者声称："个人的即政治的"（the personal is the political）①。然而，20 世纪 70 年代以来，女权主义已经变得更加复杂和多样化，将其划分为三个传统（自由主义、社会主义和激进主义）也就显得越来越多余了。更新近的女权主义形态有：黑人女权主义、精神分析的女权主义、生态女权主义和后现代女权主义。

意 义

女权主义的所谓"第一波"与 19 世纪四五十年代兴起的妇女选举权运动密不可分。20 世纪早期多数西方国家的妇女选举权运动所取得的成就表明，争取法律和公民权利的运动采取了一个比较低的姿态并使妇女运动失去了一致的焦点。女权主义的"第二波"出现在 20 世纪 60 年代，除了关注已经获得的平等权利外，还表达了日益强大的妇女解放运动的更为激进和更具革命性的要求。20 世纪 70 年代初以来，女权

① "个人的即政治的"，是第二波女性主义运动的一个主要口号。人们不知道它究竟由谁首创，但一般认为其正式来源是美国女权主义者卡罗尔·汉尼斯克（Carol Hanisch）于 1970 年发表的以此为题的一篇文章。她后来撰文说，"政治的"可以指任何权力关系，如妇女的关系——她们在婚姻中的地位、她们对关照孩子的感受、她们在严酷的现实中的个人实现等，而不仅仅指与政府有关的方面或采取抗议、示威等政治的"行动"。女性主义者提出这个论断在于强调，假设个人领域与公共领域的分割与隔绝的传统政治观纯属误导。男性在公共领域对女性的统治与男性在家庭对女性的支配，是相互关联、互为支撑的。——译者注

主义经历了一个去激进化的过程，这使得有些人认为后女权主义的时代已经来临。这种情况无疑与日益强烈的反女权主义呼声和新右派*的崛起有关，但它同时也反映了不情愿再将妇女视为“受害者”的、更个人化和平常化的女权主义形态的产生。

女权主义意识形态的生命力在于它揭露和挑战了社会中普遍存在并被一般政治思想忽视的性别歧视现象。于是，女权主义名副其实地作为一种与众不同的政治思想派别而受到了越来越多的尊敬。它不仅对权力*、统治和平等等传统概念进行了新的解释，还将新的敏感性和语言（如联系、发言权和差异等观念）引入了政治*中。然而，女权主义也受到了批评，理由是其内部的分歧如此之大以致使其连贯性和一致性丧失殆尽。例如，后女权主义者甚至怀疑“妇女”究竟是不是一个有意义的范畴。另一些人则指出，女权主义已经脱离了日益后女权主义的社会现实，这是因为：主要得益于妇女运动，女性在家庭、职业和公共领域中的角色已经发生了重大变化——至少在发达社会中是这样。

自由主义

自由主义（liberalism）是以对个人的信奉与对建立一个可以满足个人利益或实现个人成就的社会的信奉为主题的一种政治意识形态*。其核心价值是个人主义*、理性主义*、自由*、正义*和宽容*。自由主义相信，人类说到底是一个个具有理性的个体，这意味着每个人都应当享有最大限度的、与所有人的自由相容的自由。然而，尽管自由主义者认为人人“生而平等”（born equal)，即人人都拥有同等的道德价值并应当享有形式上的平等*和同等的机会，但他们同时也普遍强调要根据个人的才智和工作意愿来给予相应报酬，并因此青睐能人统治*原则。自由主义社会，以多样化和多元主义*为特征，是围绕同意*和宪政*这对孪生原则政治性地组织起来的社会。同意和宪政共同构成了自由民主制*的基本结构。

但是，经典自由主义和现代自由主义也存在着重大的区别。**经典自由主义**（*classical liberalism*）以信仰“最小”国家*为特征，认为国家的功能仅限于维持国内秩序*和个人安全。经典自由主义者强调，人在本质上都是自私自利的，而且在很大程度上是自给自足的；人们应该最大可能地对自己的生活和环境负责。作为一种经济原则，经典自由主义热衷于自我调节的市场*的优点，认为政府对市场的干预不仅毫无必要而且是破坏性的。经典自由主义理念，表述在某些自然权利理论和功利主义*思想之中，并为意志自由论*提供了立足之地。**现代自由主义**（*modern liberalism*），有时又被描述为社会或福利自由主义。出于对无节制的资本主义*只会导致新形式的不正义的信仰，它对国家较为同情，并因此认为国家干预可以使个人免遭社会罪恶的伤害并从而扩大自由。经典自由主义者从“消极”意义上理解自由，认为自由就是个人不受外在限制的状态；而现代自由主义者则将自由与个人发展和自我实现联系在一起。这样，现代自由主义就和社会民主主义*有了明显的重叠。

意 义

自由主义无疑是影响西方政治传统发展方向的最强大意识形态力量。的确，有些人将自由主义视为工业化西方的意识形态，并在总体上将其等同于西方文明。自由主义是封建主义走向衰亡以及随之成长起来的市场或资本主义社会的产物。早期的自由主义肯定地反映了正在上升的工业中产阶级的愿望，从那以后自由主义与资本主义*就一直有着密切的联系，有人甚至认为二者有本质上的联系。自由主义的最初形态是一套政治原则，除反对绝对主义*和封建特权之外，它还倡导立宪政府以及后来的代议制政府。在19世纪，以经济自由主义形式出现的经典自由主义对自由放任的资本主义*的优越性大加赞赏，并对一切政府干预进行谴责。然而，自19世纪后期以来具有现代自由主义特性的、对福利改革和经济干涉更为看重的社会自由主义出现了。如弗朗西斯·福山（Francis Fukuyama，1992）等所谓的“意识形态终结”论者指出，20世纪是以自由主义在世界范围内的最终胜利而告结束的。这大概是对除资本主义之外的一切经济组织原则和除民主之外的一切政治组织原则都遭到失败的一种反映。

自由主义的吸引力在于其毫不松懈地致力于推进个人自由和理性论战，以及在多样性中寻求平衡。的确，现在的时尚是将自由主义视为一种“元意识形态”（meta-ideology），即使政治和意识形态论战得以展开的一套基础规则，而不仅仅是简单地把它看成一种意识形态。这体现了自由主义者关于“正当”优先于“美好”的信仰。换句话说，自由主义要为个人或群体追求各自所界定的美好生活创造条件，但它并不确定或试图推广任何特定的关于何为“美好”的观念。但是，自由主义也遭到了不同方面的批判。马克思主义者认为，自由主义维护资本主义的目的在于使不平等的阶级权力合法化，因而是一种资产阶级意识形态。激进的女权主义者指出自由主义与父权制*有联系，认为这种联系根源于其以一个本质上是男性的傲慢模式来解释个人的倾向，并因而鼓励女性“像男人一样”。共同体主义者谴责自由主义没能为社会秩序和集体努力提供道德基础，指出自由主义社会的秘诀是无节制的自私和贪婪，因此终将搬起石头砸自己的脚。

资料链接

福山与“历史终结论”

弗朗西斯·福山，日裔美籍学者，哈佛大学政治学博士，社会分析家、政治评论员，师从塞缪尔·亨廷顿。著有《历史的终结与最后的人》、《信任》、《美国处在十字路口》、《政治秩序的起源》等。福山坚决捍卫美国式的市场资本主义和自由民主的政治架构。

《历史的终结与最后的人》是他最具代表性的著作。此书出版后引起巨大轰动，曾连续登上各类畅销书排行榜，被先后译为20余种文字。书中认为西方国家实行的自由民主制度也许是“人类意识形态发展的终点”和“人类最后一种统治形式”，并因此构成了“历史的终结”。此论一出，在东西方学界掀起轩然大波，批评、拥护之声此起彼伏，很快形成了一股弥漫全球的“终结热”。

意志自由论

意志自由论（libertarianism）① 是一种把自由*，尤其是消极自由，置于其他价值如权威*、传统*和平等*之前来予以优先考虑的意识形态立场。意志自由论者力图实现个人自由范围的最大化和公共权威领域的最小化，其典型特征是将国家*视为对自由的主要威胁。这种反国家主义不同于经典的无政府主义学说，因为其基础是很少

① 该词在政治哲学中通常被译为“意志自由论”，但也有“意志自由主义”、“放任自由主义”、“自由至上主义”、“自由至上论”和“绝对自由论”等其他译法。——译者注

或根本不重视人类的社会性与合作性的不妥协的个人主义*。意志自由论的两种最著名的传统分别植根于个人权利*思想和自由放任的经济学说。自由放任的字面含义为“放任自流”（leave to do），意即不受政府*束缚。关于权利的意志自由论，一般强调个人是他或她自己本人的所有者，因此人们对其劳动所创造的财产*享有绝对的权利。关于经济的意志自由论，强调市场机制的自我调节性，认为政府的干涉往往没有必要而且是适得其反的。尽管所有的意志自由论者都有反对政府对社会财富进行再分配和实现社会正义*的企图，但他们还是有所区别：赞同无政府资本主义的自由意志论者把国家说成是“不必要的恶”；而那些自称为“小无政府主义者”（minarchists）的意志自由论者则承认一个最低限度的国家的必要性。

意　义

意志自由论对许多意识形态都产生了影响。意志自由论与经典自由主义*明显重叠，尽管后者拒绝给自由以优先于秩序*的地位。意志自由论是新右派*得以凭借的主要传统之一。它还以社会主义的意志自由论的形式倡导了对自我管理而非国家控制的偏爱。意志自由论所体现出来的对于个人主义和自由的坚定信仰，还不断地提醒人们，要时刻警惕包含在所有政府行为中的压迫性可能。对意志自由论的批评可以分为两个大类。一类将其与商业利益和私人财产挂钩，并把它“反对任何形式的福利和财富再分配”的主张，看成是资本主义意识形态*的例证。另一类突出了意志自由哲学内部的不协调，说它强调权利但忽视责任，看重个人努力和能力却不考虑这些在多大程度上是由社会环境所赐予的。

马克思主义

卡尔·马克思，德国哲学家、经济学家和政治思想家。他提出了一种历史目的论，认为社会发展的终点就是共产主义的建立。他的经典著作是《资本论》(*Capital*，1867，1885，1894)；他最著名的著作是《共产党宣言》(*Communist Manifesto*，1848)。

马克思主义（Marxism）是社会主义*内部的一种意识形态体系。它来源于**卡尔·马克思**（Karl Marx，1818—1883）的著述并从中得到了启示。然而，作为一

弗里德里希·恩格斯，德国社会主义理论家，马克思的终生好友与合作伙伴。恩格斯阐述了马克思的观点和理论，推动了19世纪末期社会主义运动的不断发展。他的主要著作包括《家庭、私有制和国家的起源》(*The Origins of the Family, Private Property and the State*，1884) 和《自然辩证法》(*Dialectics of Nature*，1925)。

卡尔·考茨基，德国和国际工人运动理论家，德国社会民主党和第二国际的卓越领导人之一，著名的马克思主义理论家。他是马克思主义发展史中的重要人物，也是卡尔·马克思代表作《资本论》第四卷的编者。

种条理化的思想，马克思主义却是在马克思去世后才出现的，主要是**弗里德里希·恩格斯**（Friedrich Engels，1820—1895）、**卡尔·考茨基**（Karl Kautsky，1854—1938）和格奥尔基·普列汉诺夫（Georgie Plekhanov，1856—1918）等人努力的产物。他们试图将马克思的观点和理论浓缩成为系统性和综合性的世界观，以适应社会主义运动发展的需要。马克思主义的核心是一种历史哲学，一种说明资本主义* 何以必然灭亡并何以最终被社会主义* 和共产主义* 取代的哲学。这一哲学在历史唯物主义*（对经济因素是人类历史的最终决定力量的信仰）的基础上最终发展成了由马克思恩格斯界分出的“科学社会主义”（scientific socialism）。在马克思看来，历史是由一个辩证过程驱动向前的，在这一过程中各种生产方式或经济体系中的内部矛盾都将在阶级对抗中反映出来。因此，资本主义只是科学技术最发达的阶级社会，它自身注定要在无产阶级革命* 中被推翻，而无产阶级革命最终将以无阶级的共产主义社会的建立而告结束。

马克思主义有许多种相互竞争的版本，其中最显著的是经典马克思主义、正统马克思主义和现代马克思主义。**经典马克思主义**（*classical Marxism*）是马克思恩格斯的马克思主义，有时人们把恩格斯写于1876年的《反杜林论》视为马克思主义正统学说的第一本著作，因为该书强调要坚持马克思的权威解释。**正统马克思主义**（*orthodox Marxism*），通常被表述为“辩证唯物主义”（dialectical materialism）。这一术语是由普列汉诺夫而非马克思本人所创造的。稍后，辩证唯物主义就成为构造苏联共产主义的基础。这种“粗俗的”马克思主义比马克思自己的著作更强调机械论和历史必然性。然而，更为棘手的问题来自马克思本人著作的广泛程度和复杂程度，以及建立一种“马克思的马克思主义”（Marxism of Marx）的困难程度。有些人将马克思视为人本社会主义者，而另一些人则称其为经济决定论者。此外，马克思的早期和晚期著述也有很大区别，有时也以“青年”马克思和“成年”马克思来加以区分。“青年”马克思开创了一种社会主义的人文主义，强调了共产主义和人类完善（通过非异化的劳动者来达成）之间的联系；而“成年”马克思则给予经济分析以大得多的关注，并似乎对历史的必然性深信不疑。**现代马克思主义**（*modern Marxism*），有时称为西方马克思主义或新马克思主义，试图借助黑格尔哲学（见辩证法*）、无政府主义*、自由主义*、女权主义*甚至理性选择*理论来形成一种不同于正统马克思主义的机械论和决定论的出路，并特别指望通过对意识形态*和国家*的分析来解释马克思预言未能成功的原因。

意 义

马克思主义的政治影响力主要在于它激发和引导了20世纪的共产主义运动。马克思主义对知识分子的吸引力在于，它以对社会和政治存在事实上的所有方面作出理解与解释的方式，并以揭示为一般理论所忽视的历史过程的重要性的形式，向人们展现了一个异常广阔的视野。从政治上看，马克思主义抨击剥削和压迫，对于弱势群体和民众具有特别强大的吸引力。然而，马克思主义的星光在20世纪后期暗淡了很多。从某种程度上说，这是把共产主义政权的专横和独裁特征归咎于马克思的观点和假说造成的。例如，有人就认为马克思主义理论无疑是一元论的，因为它把与之对抗的信仰体系都视为“意识形态”而加以排斥。1989—1991年的东欧革命中共产主义的瓦解加剧了马克思主义危机。这意味着，如果由马克思主义所引发的社会和政治形态（无论其如何不忠实于马克思最初的观点）不复存在，作为世界—历史性力量的马克思主义就已经死了。另一种解释则认为，共产主义的崩溃为马克思主义提供了机遇：在摆脱列宁主义和斯大林主义之后，它就会以人本社会主义的形式（与“青年”马克思的思想特别密切）重现于世。

纳粹主义

纳粹主义（Nazism）或国家社会主义是法西斯主义*内部的一个意识形态传统，由种族民族主义*、反犹太主义和社会达尔文主义共同塑造而成。纳粹意识形态*的核心是一套种族理论，这使得有人把纳粹主义界定为“法西斯主义加种族主义*”。德国纳粹主义是纳粹主义的最初形态，它把德意志人描绘成一个极有天赋和有机统一的民族，并认为其创造力来自于血统的纯正性。这种观点在纳粹分子那里表现为亚利安主义。它坚信亚利安人或德意志人是“优等种族”（master race），注定要支配世界；而犹太人则正好相反，它从根本上说是邪恶的和破坏性的种族。希特勒在《我的奋斗》（*Mein Kampf*，1925，1969）中，还特别地把犹太人当成是德国一切不幸的万能替罪羊。这样，纳粹主义便用伪宗教和伪科学的术语将世界描绘成日耳曼人和犹太人（分别代表“善”与“恶”）之间为争夺统治权而进行斗争的世界。希特勒的世界观包含的逻辑是这场种族斗争只能以一方的胜利而告终：要么是犹太人获胜和德国的毁灭；要么是亚利安人对世界的征服和对犹太种族的灭绝。1945 年以来，一种新的纳粹主义形态在德国之外蔓延开来，有人将其称为新纳粹主义。它继承了对希特勒的崇拜，但却经常地变更着希特勒的种族分类。它把亚利安人宽泛地界定为北欧人，即具有北欧血统的白肤色人种，或简称为“白人”；而亚利安人的敌人则不仅仅是犹太人，也包括任何方便提及的少数种族，尤其是“黑人”。

意　义

纳粹主义对 20 世纪的世界历史造成了深远而又悲剧性的影响。希特勒政权自 1933 年成立起就忙于重整军备、扩张领土，并最终酿成了第二次世界大战；在 1941 年纳粹又策划了他们所谓的“最后解决”，试图通过史无前例的大规模屠杀来灭绝欧洲犹太人，并导致了大约 600 万人死亡。然而，对这些事件在多大程度上可以用纳粹主义的意识形态目标来解释的问题，历史学家们却争论不休。一派坚持认为，纳粹政权完全是按照希特勒在其《我的奋斗》一书中概述的世界观来运转的；另一派则认为，种族屠杀和世界战争尽管符合希特勒的目标，但事实上导致这一后果的原因却是在纳粹政府中因官僚竞争和希特勒的懒惰而造成的策略失误和制度混乱。通常认为，德国人在 20 世纪 30 年代被纳粹主义吸引与下列诸事的联动分不开：德国民族主义的落空；德国在第一次世界大战与《凡尔赛条约》中的失败；由世界经济危机加剧的魏玛共和国的高度不稳定。如果说纳粹主义是德国的特殊现象，那么它与传统的德国民族主义中弥漫着的沙文主义和反犹太思潮有关，并且是在两次大战期间这一独特的历史背景下蔓延开来的。然而，纳粹主义或新纳粹主义，作为一种反映种族仇恨的普遍意识形态，是那些脱离常规政治、缺乏安全感的社会群体表达不满和愤恨的途径与手段，因此其威胁可能还会持久地存在下去。

新左派

新左派（new left）是一个宽泛的概念，指那种试图通过对先进工业社会的激进批判来复兴社会主义的思想家和知识运动的集合。新左派不仅反对“旧”左派，即苏联式的国家社会主义*；也反对非激进化的西方社会民主主义*。由于受到“青年”马克思的人本主义著述、无政府主义*以及极端形态的现象学和存在主义的影响，新左派理论通常十分散乱。但是，这些理论也有一些共同点，包括：对常规社会（“体系”）作为压迫性社会的排斥；对通过解放的形式来实现个人自治*和个人实现的信仰；对工人阶级作为革命动力的失望以及对分权*制和分享民主*制的偏爱。20世纪90年代，“新左派”一词还被用来指代那些非常不同又不那么激进的“新的”社会民主主义。

意　义

新左派思想和理论兴起于20世纪50年代，并在20世纪六七十年代达到了其声誉的高峰。在政治方面，它们发起了对常规化的社会主义形态的抨击，说它似乎已经不能再对现存社会提出系统性的批判，或不能再提供一种值得为之效力的有别于资本主义*的替代方案。在社会方面，它们在后物质主义（post-materialism）现象——将经济发展重点由物质关切转向“生活质量”问题——的强劲趋势中得到了启示。虽然新左派从来没有（或自称要）拿出一种连贯而统一的哲学立场，但它毕竟提供了一种广阔的意识形态框架。这种意识形态在20世纪60年代声援了学生的激进主义和反越战抗争，并促进了女权主义*、生态主义*等新社会运动*的崛起。新左派的力量在于：它提出了一种无遮无掩的乌托邦主义*从而激发了弱势群体特别是年轻人的热情；它对常规生活的所有方面（包括家庭结构、性生活、消费主义、经济组织和环境破坏）都进行了无情的批判。然而，新左派也不能幸免于非议，因为它本身具有分散性并不时表现出自相矛盾的性质；还因为它专注于激进化的年轻人但对更大的社会事件却不够关心。

新右派

新右派（new right）是保守主义* 内部的一种意识形态传统，它提倡市场个人主义* 和社会或国家权威主义* 的融合。这种融合的不同倾向通常被冠名为新自由主义或新保守主义。新自由主义是经典自由主义*（特别是古典政治经济学）的最新版本，其中心支柱是市场* 和个人。新自由主义者相信无管制的市场资本主义可以引起高效率、增长和广泛的繁荣，因而把“让国家滚开”（roll back the frontiers of the state）确定为主要目标。照此看来，国家* 的“不死之手”（dead hand）① 会逐渐掏空人们的创造力并挫伤人们的进取心；政府* 无论如何图谋，都必将对人类生活造成破坏性影响。这种观点，在其对于经济私有化、解除经济管制、降低税收和反福利主义等政策的偏爱中反映了出来。支撑这种观点的是由撒切尔（Thatcher）的著名断言表达出来的一种粗糙的个人主义形态。她的断言为：“没有社会这样的东西，只有个人和他们的家庭。”她斥责“保姆国家”（nanny state）② 既滋长依赖文化又损害自由*（意即市场中的选择自由），但对自助、个人义务和企业精神则坚信不疑。

新保守主义重申了 19 世纪的保守主义社会原则。保守的新右派的首要希望是重建权威*，回归传统价值，特别是那些与家庭、宗教以及民族* 相关的价值。它认为：权威可以产生纪律和尊重，因而是社会稳定的保障；共享的价值和共同的文化可以培育社会凝聚力并使文明化的存在成为可能。因此，新保守主义对 20 世纪 60 年代出现的我行我素、自我崇拜以及“事不关己高高挂起”（ding one's own thing）等价值观也进行了抨击。新保守主义还有另一面，即对多元文化和多元宗教社会的出现表示忧虑，说这类社会是冲突横生和内在不稳定的。这种观点，通常与一种狭隘的民族主

① 这一短语可直译为“永远管业”，意思是土地等归法人所有不能由他人变卖的物业；也可译为“过去对现今的影响”。在这里“hand”一词或许与“市场是‘无形之手’，政府是‘有形之手’”这一关于现代经济调控手段的形象说法有关。因此，联系上下文，我们将其译为“不死之手”，即新右派语境中政府的经济调控这样一只老而不死、僵而有力的“有形之手”。——译者注

② “保姆国家”，在这里是“福利国家”的嘲讽性说法。——译者注

义*形态相联系，对移民和超国家实体日益增强的影响持怀疑态度。

资料链接

撒切尔主义

“撒切尔主义”是指撒切尔夫人上台之后在英国保守党内出现的一股占统治地位的“新右派”的意识形态，它是当代西方新自由主义和保守主义的结合。一方面，它主张阻止国家对经济过分干预，坚信不受限制的市场资本主义将带来最大效率；另一方面，它强调尊重传统的风俗习惯和自然形成的各种制度，崇尚秩序、权威以及共同的文化和价值。在对待平等问题上，撒切尔主义非常明显地表现出对不平等现象的漠视，或者是对这种现象的积极支持。这套思想的具体政策体现为私有化、去监管化、减税、取消汇率管制、打击工会力量以及削减福利开支等等。从某种程度上说，它是国际性的反对平等主义和集体主义倾向的一部分。在撒切尔主义的主宰下，经济上的不平等现象越来越严重，进而导致了在社会地位和其他领域方面的不平等。

撒切尔夫人上台后实行的这些政策使当时的英国摆脱了经济困境，并与美国里根政府一道，为当时的西方树立了榜样。其后，随着苏东剧变，这种坚定的反对政府干预的市场经济神话在世界范围内得到了信奉。但是，撒切尔主义并非万能。2008 年开始的全球性经济危机，使得人们从根本上质疑撒切尔主义所标榜的那一套在完全市场经济条件下通过劳动创造财富的理念。

意　义

新右派对于战后的国家干预倾向和自由与进步价值的扩展来说都相当于一种反革命。新右派思想可以追溯到 20 世纪 70 年代与那时并行发生的两件事情，即凯恩斯式的社会民主主义*的明显失败（以 1945 年以后经济繁荣的终结为标志）与人们对社会分裂和权威衰弱的日益担忧。这种思想在英国和美国的影响最大，并于 20 世纪 80 年代以撒切尔主义和里根主义的形式分别出现在这两个国家。然而，新右派理论和价值的扩展，却远远超出了保守主义范畴。它对现代自由党和社会民主党向市场目标的转向特别有帮助。因此，新右派在颠覆“亲国家”（pro-state）倾向（20 世纪大部分时间特别是 1945 年以后的政府具有的特征）和建立与之相反的“亲市场”（pro-market）倾向方面，或许都已获得成功。

然而有证据表明，新右派自从在 20 世纪 80 年代达到顶点以来便逐渐退却了。这主要是由两个问题引起的。第一，新右派的观点是不连贯的，从某种程度上说还是自相矛盾的。新自由主义坚持自由、选择、权利* 和竞争等价值，而新保守主则维护权威、纪律、尊重和义务等传统价值。于是，就有了这样的危险，即新自由主义在揭示无管制的资本主义* 的魅力方面一获得成功，就立即对新保守主义者所珍惜的既有价值和传统制度构成了威胁。第二，自由市场经济学的长期有效性已经受到置疑。在经济生活中“让国家滚回去”或许能提高积极性、强化竞争并弘扬企业家精神，但其缺陷迟早也会显现出来，主要是短期主义、低投资率、不平等的扩大与社会排斥的增强。

种族差异论与种族主义

宽泛地讲，种族差异论（racialism）① 是这样一种信仰，它相信政治的和社会的结论都能够从“人类划分为在生物学上有差异的许多种族”这个观念中推导出来。可见，种族差异论的基础假定有两个：第一，在世界各民族中存在着根本性的基因或种类差异——种族差异是有意义的；第二，这些基因分化，反映在文化、智力和（或）道德差异中，就有着政治的和社会的重要性。种族差异论在政治上主张实行种族隔离政策（如南非的种族隔离制）；在理论原则上，则鼓吹血统优越论或血统卑劣论，如亚利安主义或反犹太主义。

在英语中，racialism 和 racism（种族主义）通常是交替使用的，但 racism 更适合表示基于种族出身而形成的对于某一种族的偏见和敌视，而不管这种偏见和敌视是否

① “racialism”和“racism”在汉语中都被译为“种族主义”，且几乎没有其他的译法。在这个词条中这两个词同时出现，因此仅为了表示区别而把“racialism”译为“种族差异论”。但在别的词条中，“racialism”一律被译成了“种族主义”。此外，在英语中，尽管两个词也通常交替使用，但“racialism”的负面意味较淡，而“racism”的负面意义则相对较浓。也就是说，“racism”比“racialism”更强调基于种族差异的偏见、暴力、歧视与迫害等。——译者注

与一种成型的种族理论相联系。“制度化”的种族偏见是某个组织或社会体系的规范和价值观中深埋着的种族偏见，因而其存在并不依赖于有意识的歧视或敌对行为。然而，这一术语很有争议，除有别的用法外，还特别用来表示不知不觉的歧视、对于少数族群文化和价值的冷漠、种族主义者的陈规旧习、作为深思熟虑的政策行为的种族偏见以及作为意识形态体系的种族压迫（如在纳粹主义* 中那样）。

意　义

政治学中的种族理论最早出现于康特·戈比诺（Count Gobineau，1816—1882）和 H. S. 张伯伦（H. S. Chamberlain，1855—1929）等 19 世纪理论家的著作中。其发展既受欧洲帝国主义* 的影响，也和人们对与达尔文主义（Darwinism）相关的生物学理论的日益关注有关。到 19 世纪后半期，那种认为世界上的“白种人”、“黑种人”、“黄种人”之间存在种族差异的观点延伸到了政治右派* 之外，获得了欧洲社会的广泛认可，其中还包括许多自由主义者甚至社会主义者。公开的政治种族差异论与法西斯主义*（特别是纳粹主义）有着最为明显的联系。然而，隐蔽的或含蓄的种族差异论则广泛存在于极右派群体和政党（如法兰西民族阵线和不列颠民族党）发起的反移民运动之中。反移民种族差异论的意识形态基础是保守的民族主义*，因为它凸显了多元文化主义对社会团结和民族统一所构成的危险。种族差异论的吸引力在于它提供了一种关于社会分化和民族差异的简单、有力与貌似科学的解释。然而，种族差异论没有什么或根本就没有任何的经验根据，并常常被用来作为掩饰偏见和压迫的面纱。它在政治上的成功，与它提供简单解释和答案的能力，以及它利用个人和社会的不安全感以服务于政治目标的能力，都有很大的关系。

宗教原教旨主义

原教旨主义（religious fundamentalism，源于拉丁文 *fundamentum*，意为“根基”），是一种将某些特定原则视为根本“真理”的意识形态思想。这样的“真理”，不管内容如何，都具有不可挑战和至高无上的权威*。因此，那些真正意义上的原教旨主义，除它们的支持者都倾向于显示其出于教义确定性的真诚和狂热之外，几乎没有或根本就没有什么共同点。从这种意义上讲，各种政治信条中都存在某种原教旨主义。例如，马克思主义*和共产主义*，相对于社会民主主义*所赞成的修正的社会主义，有时也被视为原教旨主义的社会主义*形态，理由是它们都完全和明确地反对资本主义*。甚至自由的怀疑主义也包含着某种原教旨主义信仰，它认为除怀疑主义本身外，一切理论都应受到怀疑。原教旨主义这一概念，尽管在使用时常常含有顽固不化、教条主义和独裁主义之类的贬损之意（因而原教旨主义者自身也可能避而不用），但它也意味着无私和对原则的虔诚。

宗教原教旨主义以否认宗教和政治*之间的区别为特征，认为“政治就是宗教”（politics is religion）。这就意味着，宗教原则并非只限于个人或“私人”领域，它还是诸如法律*、社会行为、经济和政治等“公共”领域的组织原则。因而，这种原教旨主义倾向与世俗主义形成了鲜明对比。世俗主义（secularism）反对宗教介入世俗（人世间的）事务中去，反映在实际中就是教会与国家*的分离。尽管某些宗教原教旨主义形态因为只追求有限和具体的目标而可以与多元主义*共存（如美国的基督原教旨主义和以色列的犹太原教旨主义），其他宗教原教旨主义形态则是革命性的，因为其目标是按照宗教原则把国家建设成一种神权体制，且人们的政治地位也要与其在宗教等级中的位置相关联。在某些不必然的情况下，宗教原教旨主义也可以界定为对宗教圣书之原本真理的信仰。

意　义

宗教原教旨主义是 20 世纪 70 年代以来日益壮大起来的政治力量。其最重要的形态与 1979 年以来发生于伊朗的“伊斯兰革命”（Islamic revolution）紧密相连，在整个中东以及北非和亚洲的部分地区也很有影响。不过，在世界其他地方也出现了别的宗教原教旨主义形态，如基督教原教旨主义（美国）、犹太教原教旨主义（以色列）、印度教原教旨主义和锡克教原教旨主义（印度）、甚至佛教原教旨主义（斯里兰卡）。要对原教旨主义这次高涨的原因做出概括性解释是很困难的，因为世界各地的原教旨主义都采取了不同的教义形式并展现了不同的意识特征。然而，有一点很明确，那就是原教旨主义兴起于被问题困扰着的社会，特别是那些苦于实际存在的或被感知到的认同危机的社会。导致这场20世纪后期危机的主要因素有：世俗化和社会之“道德结构”的明显弱化；后殖民国家对非西方或反西方身份的寻求；革命社会主义地位的下降；全球化*对“公民”民族主义*的削弱与对“种族”民族主义形态崛起的刺激。然而，关于宗教原教旨主义的长远意义仍然存在很大争议。一种观点认为，原教旨主义只是现代化所产生的调整困难的一种症状，但是它在劫难逃，因为它与现代化进程隐含的世俗主义和自由主义价值并不合拍。与之相对的观点则认为，面临危机的是世俗主义和自由主义文化，而原教旨主义揭露的正是其缺陷所在：它们既不能对更深层次的人类需求提出意见，又无法树立权威价值从而为社会秩序铺设道德基础。

原教旨主义的强大力量在于其激发政治行动热情与动员信徒的能力。原教旨主义在心理和社会两个层面上都能发挥作用。在心理层面，它的吸引力在于其能为身处不确定世界的人们提供确定性。作为宗教，它讨论了人类遭遇到的一些最深刻与最窘困的问题；而作为原教旨主义，它又提供了直接、实用、尤其是绝对的解决方案。在社会层面，虽然宗教原教旨主义的影响力已经延伸到受过教育的职业阶层，但其尤为成功之处却仍然在于不断地诉说那些在政治上和经济上被边缘化了的人们的渴求。

对宗教原教旨主义的批评主要是：它滋生了政治极端主义或使其合法化了；它具有潜在的压迫性甚至极权性。尽管按通常印象将原教旨主义者视为投弹手或恐怖分子并不公允且具有误导性，但不可否认的是：有些宗教原教旨主义形态确实在通过战斗和暴力行动来表达自己。原教旨主义者对此类行为的最普遍解释是：他们要消灭邪恶；他们要实现上帝的意志。将原教旨主义与压迫性相联系，是由于它坚持真理的唯一性和无可置疑性，坚持政治权威来源的唯一性和不可挑战性。这就造成了宗教原教旨主义与西方政治传统中的基本特征（如多元主义和自由民主制*）之间的高度紧张。

社会民主主义

社会民主主义（social democracy）是一种意识形态立场，通常（但并非必然地）和赞成改良了的或人性化了的资本主义体系的民主社会主义*相联系（尽管马克思最初用民主社会主义这一概念只是要在比较狭隘的政治民主目标与比较激进的生产资料集体化和民主化任务之间做出区分）。因此，社会民主主义站在市场*与国家*之间，主张个人与共同体之间的平衡。这一立场的立足点，是力图在承认资本主义*是唯一可靠的财富创造机制与渴求根据道德而非市场原则来分配社会收益这两个方面达成某种折中。基于对社会中的失意者、弱者和易受伤害者的普遍关注，社会民主主义崇尚资本主义的内部改良，而这就是它的基本特征。

然而，社会民主主义可以采取多种形式。在其经典形式（与伦理社会主义相联系）中，它体现了对于平等*、对于社会正义*政治的根本承诺。不过，社会民主主义或许也纳入了积极自由*等现代自由思想，甚至还认可了家长式保守派对社会义务的强调，如在对待“一个国家”（One Nation）传统时那样。从公共政策的角度看，社会民主主义的三大传统支柱是混合经济（因而实行有选择的国有化）、经济管理［通常采用凯恩斯主义方式，即正如 J. M. 凯恩斯（J. M. Keynes，1883—1946）所倡议的那样，以财政政策为杠杆来实现充分就业的目标］和福利国家（作为一种再分配机制）。现代化了的或“新的”社会民主主义，由于松动了（至少削弱了）与社会民主主义及平等主义的传统联系，通常更乐于承认市场经济并同意相互义务和相互责任等共同体主义观点。

意　义

社会民主主义的思想和政策在 1945 年后的最初一段时间影响最大。在社会主义政党、有时是自由主义和保守主义政党的倡导下，这些思想和政策导致了经济和社会干预在大多数西方国家的扩展。因此，人们常常认为，社会民主主义对于遏制资本主义的反复无常、实现广泛的经济繁荣和社会稳定都是有功劳的。社会民主主义的“向前开进”与战后时期的“长期繁荣”是相伴而行的。然而，随着 20 世纪七八十年代繁荣期的终结和衰退期的到来，社会民主主义潜在的矛盾（维持资本主义和促进平等之间的矛盾）也就浮出了水面。这导致了对传统的社会民主主义立场的广泛放弃与对更具市场导向的价值和政策的纷纷采纳。然而，正如社会民主主义的亲国家立场的缺陷为新右派*在 20 世纪 80 年代的发展创造了机会一样，对新右派的亲市场立场的日益怀疑，也会为现代化了的或“新的”社会民主主义展现出新的机会。

社会民主主义的吸引力在于，它使人道主义、特别是社会主义思想内部的人道主义传统得以存活。其实现效率与平等之间平衡的尝试，毕竟已成为大多数发达国家处理政治*问题的核心依据，而不论在这些国家当权的政府是社会主义的、自由主义的，还是保守主义的。然而，从马克思主义的观点来看，社会民主主义不仅是对社会主义原则的背叛，还试图以社会主义理想的名义支撑起不健全的资本主义体系。但是，社会民主主义的主要弱点却仍然是缺乏坚实的理论根基。尽管社会民主主义者长期致力于平等和社会正义，但他们所支持的平等的类型和范围以及他们赋予社会正义的特定含义却在不断地被修改。例如，从社会民主主义根据共同体*政治进行重铸的程度来说，它已经带有了实质上的保守特征。因此，与其说它是一种社会变革的工具，毋宁说它已发展成了捍卫责任和义务并进而支持既有制度和生活方式的工具。

社会主义

社会主义（socialism）是一种以它与资本主义*的对立以及它对提供一种更为人道与更为和睦的替代方案的尝试来加以定义的意识形态*。社会主义的核心，是将人类视为由其共同的仁爱性而联结到一起的社会动物。这正如约翰·邓恩（John Donne）在诗中所吟："谁也不是完美无瑕之极乐岛，每个人都（只）是大陆之一片，汪洋之一勺。"[①] 对人类的这个看法在于强调：个人身份是社会相互作用的结果，是由个人在社会群体和集体中的成员资格塑造而成的。可见，社会主义者相对于竞争更喜欢合作，相对于个人主义*更偏爱集体主义*。社会主义的核心价值（有人会说是限定价值）是平等*，所以社会主义有时被描述为一种平等主义。社会主义者认为，一定程度的社会平等是社会稳定和团结的必要保障；而且从平等可以满足个人物质需求并为个人的发展提供基础的意义上讲，它也能促进自由*。社会主义运动在传统上表达了产业工人阶级的利益，认为他们在资本主义体系中受到了系统性的压迫，或是在结构上处于不利地位。因此，社会主义的目标就是减轻或消除阶级分化。

然而，社会主义也包含多种纷繁复杂的分支和相互竞争的传统。**伦理社会主义**

---

① 原文为"No man is an Island entire of itself；every man is a piece of the Continent，a part of the main."约翰·邓恩（1572—1631）是17世纪英国玄学派诗人。在他的这首诗中，"Island"，并非是通常意义上的"岛"或"屿"，而是宗教意义上的理想之地"极乐岛"；"the Continent"，在地理上实指"欧亚非大陆"，对应于上句之"极乐岛"，可泛指世俗之地或凡间；"the main"，在地理上就是欧亚非大陆周边的"海"或"洋"，在诗人那里是对"大陆"或"凡间"的更贴切的描绘和（或）更深刻的领悟。——译者注

(*ethical socialism*)，或空想社会主义，对资本主义进行了实质上的道德性批判。简而言之，它认为社会主义在道德意义上要优越于资本主义，因为人类是伦理动物，是依靠友爱、同情和怜悯之心联结在一起的。**科学社会主义**(*scientific socialism*)对历史和社会的发展进行了科学的分析，以其马克思主义*的形态而言：社会主义不是"应该"(*should*)代替资本主义，而是"必将"(*would*)代替资本主义。

第二种划分与实现社会主义的"手段"(means)有关，也就是与革命*和改良之间的区别有关。**革命的社会主义**(*revolutionary socialism*)在共产主义传统中反映得最为明确，它认定只有通过对现存的政治和社会体系的革命性颠覆，社会主义才能建立。这种看法通常基于这样的信念，即现存的国家结构无可救药地与资本主义和统治阶级的利益联系在一起。但**改良的社会主义**(*reformist socialism*)，有时又称为进化的、议会的或民主的社会主义，却相信"经由投票箱实现社会主义"(socialism through the ballot box)，并因而接受了诸如同意*、宪政*和政党竞争等基本的自由民主原则。最后，在社会主义的"最终目标"(end)，即在社会主义方案的本质上，也存在深刻的分化。**原教旨社会主义**(*fundamentalist socialism*)旨在消灭并取代资本主义，并将社会主义视为一种与资本主义在本质上不同的社会形态。原教旨社会主义者，如马克思主义者和共产主义者，往往将社会主义等同于某种形式的公有制。**修正的社会主义**(*revisionist socialism*)的目标不是消灭资本主义，而是对其进行改良，希望实现市场效率与持久的社会主义道德愿景之间的协和。这种观点在社会民主主义*中得到了最为鲜明的体现。

资料链接

科学社会主义

也称科学共产主义。有广义和狭义之分，广义的科学社会主义和马克思主义是同义语；狭义的科学社会主义是马克思主义的三个组成部分之一，是关于无产阶级解放斗争的性质、条件和一般目的的学说。它以唯物史观和剩余价值学说为基础，揭示了社会发展和阶级斗争的客观规律，是指导无产阶级进行革命斗争和建立无产阶级专政，建设社会主义和实现共产主义的科学理论，是无产阶级和被压迫民族进行革命斗争的思想武器。科学社会主义由马克思恩格斯创立于19世纪40年代。《共产党宣言》的问世标志着科学社会主义的诞生。

意 义

社会主义是对工业资本主义发展所导致的欧洲社会与经济状况的一种反应。社会主义的产生与一个新兴但却日益壮大的工人阶级的发展紧密相联。工人阶级挣扎于贫穷和潦倒之中，这是工业化早期非常突出的现象。在两百多年中，社会主义一直是资本主义国家内部的主要反对力量，并且表达了世界上许多地区的受压迫者和弱势人群的利益。社会主义的主要影响表现在20世纪的共产主义和社会民主主义运动上。然而，在20世纪后期，社会主义却经历了若干引人注目的倒退，以至于有人宣布了“社会主义的死亡”。其中，最为轰动的事件是1989—1991年东欧革命中共产主义的崩溃。部分地是出于对这一事件的反应，部分地是作为全球化*和社会结构改变的结果，许多国家的议会社会主义政党重新审视乃至抛弃了传统的社会主义原则。

社会主义的道德力量并非来源于对人们喜欢什么的关切，而是对人们能够达到什么的留意。为此，社会主义者提出了种种关于更好的社会的乌托邦版本，认为在这样的社会中人们将作为共同体成员获得真正的解放和完善。从这种意义上，社会主义尽管在20世纪后期遇到了挫折，但必将继续存在，只要它还能提醒我们：人类的发展可以超越市场个人主义*。然而，社会主义的批评者也从两个方面发起了反击。第一个方面，社会主义不可避免地受到国家主义的玷污。对集体主义的强调导致了对于国家*作为公共利益体现者的赞同。在这个意义上，共产主义和社会民主主义都是“管理严密的”社会主义版本，意即社会主义相当于对国家控制范围的扩展以及对自由*的限制。第二个方面的理由强调现代社会主义理论内在的不连贯性和模糊性。从这种观点来看，社会主义只是在作为对于资本主义的批判或替代出路时，才是有意义的。因此，社会主义者对市场原则的承认表明，不是社会主义本身还存在缺陷，就是社会主义者的分析不再植根于真正的社会主义观念和理论。

第三条道路

“第三条道路”（third way）这一短语包含了一种在资本主义*和社会主义*之外

另寻出路的理念。它将人们的注意力引向了一种已经吸引了不同传统政治思想家的意识形态立场。这一术语起源于意大利的法西斯主义*，是由墨索里尼（他自称新创了该短语）首次公开使用的。法西斯主义的"第三条道路"所采取的形式是组合主义*，它奉行一种在国家*的主导下将主要经济利益集团结合在一起的政治经济体系。法西斯组合主义的有机统一，被认为不仅优于利润导向之资本主义中猖獗的个人主义*，也优于共产主义之徒劳的国家控制。1945年以后，一种与凯恩斯的社会民主主义*相联系的很不相同的"第三条道路"发展起来，其最发达的形式存在于瑞士。瑞士经济模式力图结合社会主义和资本主义两种要素。生产资料主要集中于私人手中，社会正义*却要通过一个综合的福利体系（由高累进的税收体制为支撑）来维持。近来，"第三条道路"的观点再次浮出水面，并与"新"社会民主主义或后社会主义思想相联系。这种"第三条道路"既与英国的布莱尔政府以及"新"工党联系甚广，又受到美国克林顿政府的影响。它被认为是在"从总体到细节的"国家干预（并因而有传统的社会民主主义）与自由市场资本主义（并因而有撒切尔主义和里根主义）之外的一种选择。然而，这种后社会民主主义的（post-social democratic）"第三条道路"的意识形态特征却仍然不够明朗。尽管受限于组合主义者对社会义务的重视与对权利*和责任的相互性的强调，"第三条道路"中的大多数形态，还是普遍认可市场*和全球化资本主义的。

意　义

"第三条道路"思想的反复出现，深刻地（但或许并非连贯地）显现了人们对20世纪两种主导经济模式——市场资本主义和国家社会主义——的不满。实际上，"第三条道路"政治的提倡者力图对无计划市场经济提出一种非社会主义的批判。尽管这种批判的哲学以及意识形态基础是变化的，但对资本主义的保留态度却惊人地相似，即对市场竞争的随机性和非伦理意味的担忧。从这种观点来看，资本主义的缺陷就在于它是对社会团结和稳定的一种持续威胁。但与此同时，"第三条道路"思想家也拒绝接受社会主义，因为社会主义与国家控制相联系，还因为他们认定集体化*和计划未能提供一种替代资本主义市场的可行方案。对"第三条道路"政治的批评主要有两点。第一，"第三条道路"观念只不过是民粹主义的一个口号，缺乏实质性的经济和政治内容。第二，“第三条道路”理论本身是矛盾的，它一方面批评竞争和市场个人主义，另一方面又找不到能够超越资本主义的经济组织模式。

托利主义

伦道夫·丘吉尔，英国政治家。保守党内有影响的人物，英国著名首相温斯顿·丘吉尔的父亲。

与“辉格”（Whigs）相对，“托利”（Tory）在18世纪的英国被用来指支持君主权力*和英国国教并代表土地贵族的一个议会派别。但在美国，该词意味着对英国国王的效忠。尽管不列颠保守党是在19世纪中期从托利党中产生的，而且现在“托利”仍然被广泛地（但并非有益处地）用作保守党的同义词，但我们最好还是将托利主义（Toryism）理解为更宽泛的保守主义*内的一种独特的意识形态立场。其典型特征是，对于等级制、传统*、义务以及有机社会的信仰。尽管“高”托利主义对统治阶级带有一种新封建式的信仰，对已建立的制度带有一种前民主式的忠诚，但倘若福利主义以及改良主义思想能够服务于社会与制度的连贯性，托利传统对它们也是欢迎的。因此，“一个国家”保守主义可以被视为一种“福利托利主义”或“托利民主主义”。托利民主主义，是19世纪后期由**伦道夫·丘吉尔**（Randolph Churchill）提出的一种思想，他宣称，推进社会改革是使传统制度获得更广泛的群众支持的方法。

意　义

托利主义实际上是封建政治传统的遗迹，即土地贵族意识形态立场的残余。托利主义思想由于被吸收到保守主义的意识形态*中才得以保存到现在，其吸引力不仅在于反映了新资本主义精英的利益，而且在于其以非抽象原则的表达方式所显示出的在意识形态上的灵活性与适应性。然而，托利主义与保守主义的匹配往往是不完美的，因为后者或多或少地容纳了诸如个人主义*、自我奋斗和竞争等资本主义价值。20世纪70年代的“新右派”的兴起，将托利主义以及与之关联的“一个国家”的理想都推到了保守党政治的边缘。托利主义的魅力在于，它提出了一种稳定的（如果是等级性的）社会秩序图景，在这种秩序下强者对弱者和易受伤害者负有某种责任。托利主义的劣势是，它使得阶级体系合法化了，而且它表达的价值也与现代精英社会毫不相干。

进一步阅读的书目

Barry, N. P., *The New Right* (London: Croom Helm, 1987)

Bobbio, N., *Left and Right* (Cambridge: Polity Press, 1996)

Bryson., V., *Feminist Political Theory: An Introduction* (London: Macmillan, 1995)

Clarke, P., *Liberals and Social Democrats* (Cambridge: Cambridge University Press, 1978)

Eatwell, R. and O'Sullivan, N. (eds)., *The Nature of the Right: European and American Politics and Political Thought since* 1789 (London: Pinter, 1989)

Giddens., A., *The Third Way: The Renewal of Social Democracy* (Cambridge: Polity Press, 1998)

Gray, J., *Liberalism* (Buckingham: Open University Press, 1995)

Griffin, R. (ed.), *Fascism* (Oxford and New York: Oxford University Press, 1995)

Heywood, A., *Political Ideologies: An Introduction* (London: Macmillan, 1998)

Kenny, M., *The First New Left: British Intellectuals after Stalin* (London: Lawrence and Wishart, 1995)

Kolakowski, L., *Main Currents of Marxism*, 3 vols (Oxford: Oxford University Press, 1978)

Marty, M. E. and Appleby, R. S. (eds), *Fundamentalisms and the State: Remaking Polities, Economies, and Militance* (Chicago and London: University of Chicago Press, 1993)

Matchan, T. R. (ed.), *The Libertarian Reader* (Totowa, NJ: Rowan and

Littlefield, 1982)

Miller, D., *Anarchism* (London: Dent, 1984)

Scruton, R., *The Meaning of Conservatism* (London: Macmillan, 1984)

Smith, M. J., *Ecologism* (Buckingham: Open University Press, 1998)

Tam, H., *Communitarianism: A New Agenda for Politics and Citizenship* (London: Macmillan, 1998)

Vincent, A., *Modern Political Ideologies* (Oxford: Blackwell, 1995)

Wright, A., *Socialisms: Theories and Practices* (Oxford and New York: Oxford University Press, 1987)

第四部分
方　　法

此部分解读了有关如何研究政治和如何获得政治理解的概念。

行为主义

行为主义（behaviouralism）坚信，社会理论只应该建立在可观察之行为的基础之上。与之对应的学派，是心理学行为主义，它坚持人类行为最终都可以从条件反应或反射的角度来解释。行为主义的政治分析方法由实证主义*发展而来并采纳了它的主张，认为只有以可证实或可证伪的解释性理论为基础才能发展科学知识。行为分析一般包括：通过研究调查收集量化数据，进行统计分析与建构具有预测力的理论。

意 义

戴维·伊斯顿，美国政治学家、政治行为主义的倡导人、政治系统论的创立者。先后在多伦多大学和哈佛大学获得多种学位。主要著作有《政治系统：政治学现状研究》（1953）、《政治分析的结构》（1965）、《政治生活的系统分析》（1965）等，这三本书后来被称为“政治系统分析三部曲”。

在20世纪50年代，所谓的“行为主义革命”（behavioural revolution）使行为主义成了美国政治科学领域的主导力量，并在其他地方（尤其是英国）产生了强有力的影响。行为主义的魅力在于，它使得政治分析有可能摆脱对于宪法*和规范理论的过分关注，而且让政治*研究（可能是第一次）获得了可靠的科学信誉。一些政治分析家，如**戴维·伊斯顿**（1979），从中受到了启发。他们认为，在投票行为、立法者行为、游说者行为以及地方政客行为等领域，政治学都可以通过定量研究方法来采用自然科学的方法论。然而，自20世纪60年代以来，行为主义遭受了越来越大的压力。首先，它大大限制了政治分析的范围，使得政治分析无法跳出可直接观察之行为的范围。尽管行为主义在投票研究等领域提出了（并将继续提出）极有价值的见解，但狭隘地沉迷于量化数据可能会使政治学变成一个研究范围狭窄的学科，而不是别的。

另外，行为主义的科学信誉也受到了质疑，因为一系列未加说明的偏见淡化了它所宣称的客观性、可靠性和价值中立。例如，如果从可观察行为的角度来对民主*进行重新定义，那么它表示的就只是在发达的西方所谓的民主体系中发生的事情，并且还脱离了公众参与和公共回应的观念。最后，行为主义关于人类行为可以预测并受相互作用之客观因素的决定这个看法，也遭到了批判。事实上，人类行为是由心理、社会、文化和历史环境等一系列变量共同塑造的。目前更为常见的后行为主义（post-behaviouralism）立场，已经不同于行为主义：它在认可理论具有把意义强加于数据的作用方面走得更远；而且它承认，即便是表面上客观的观察，也有可能受到观察者的理论视角的妨害。

辩证法

辩证法（dialectic）是指由两种相反力量之间的矛盾所引发的一个发展过程。因此，柏拉图通过苏格拉底与主人公之间的对话来展开哲学辩论就被说成是辩证的。G. F. 黑格尔从一种辩证法理论的角度对推理过程以及人类和自然界的发展历史进行了解释。根据这种理论，思维与实在要达到决定性的终点，都得通过“正题”（thesis）与其体现的对立面“反题”（antithesis）之间的冲突。这种冲突达到一个更高的阶段——“合题”（synthesis）之后，“合题”又反过来成为新的“正题”。与黑格尔的唯心主义*相反，卡尔·马克思对辩证法进行了唯物主义的解释，认为历史发展的动力源自阶级社会中以阶级斗争的形式表现出来的内在矛盾。

意　义

辩证法的优势在于，它使人们关注信念体系和社会结构内部的张力和矛盾，从而常常能提供关于社会变革本质的洞见。此外，由于强调联系和相互制约，辩证法可以成为整体论观点的一部分并用于分析生态过程。然而，在日常性的社会和政治分析中，辩证法思想所起的作用微乎其微。其主要缺陷是：它常常把社会变革与内部矛盾联系在一起，过分强调了社会和其他领域内相互斗争的一面；而且正像黑格尔以及后来的弗里德里希·恩格斯等人的著作中所显示的那样，辩证法被精心地纳入了一种被认为普遍适用于自然界和人类社会的形而上学体系。“辩证唯物主义”，是一种曾经支配过正统共产主义国家一切理性活动的、粗糙且具有决定论特点的马克思主义*形态。它是由俄国马克思主义者格奥尔基·普列汉诺夫而非马克思新创的一个术语。

话　语

在日常用语中，“话语”（discourse）指的就是口头上的沟通、谈论与对话。但是，在包括语言学、文学、哲学尤其是文化研究等各类学科中，“话语”则是一种分析性概念或是理论方法。从技术的意义上讲，话语是一种体现在特定语言中的专业知识体系，是一套组织见解和行为的思想形式（例证可以从法律专业用语、宗教礼仪一直罗列到意识形态传统）。因此，通过认识事物与行为的叙述特征，并分析其在特定对话和更广泛的意义结构中所发挥的作用，话语理论揭示了事物与行为的意义。按照米歇尔·福柯（Michel Foucault，1926—1984）的理解，对话语或对他所称之“话语形态”（discusive formation）的强调反映了这样一种信条，即知识深嵌在权力之中，真理往往是一种社会建构（social construct）。

资料链接

米歇尔·福柯及其思想

福柯是20世纪最重要的思想家之一，法国哲学家，对文学评论及其理论、哲学（尤其在法语国家中）、批评理论、历史学、科学史（尤其是医学史）、批评教育学和知识社会学有很大的影响。他是后结构主义的主要代表，关注知识的形式和人类主体的建构。他被称作“20世纪法兰西的尼采”、“萨特之后法国最重要的思想家”。萨特去世前，其存在主义思想影响已经日渐消退，而福柯去世后，其思想影响方兴未艾，日益上升。法国著名哲学家德勒兹宣布：这个世纪将被称作“福柯时代”。德国法兰克福学派第二代大师哈贝马斯说：“在我这一代对我们的时代进行诊断的哲学家圈子里，福柯是对时代精神影响最持久的。”美国著名学者克利兹曼说：“福柯之死在法国知识界造成了一个巨大的空白。在现代历史上，没有任何一个思想家像他那样对历史学、哲学、文学和文学理论、社会科学乃至医学产生如此之大的影响。”

福柯在西方被视为思想知识界的一个斯芬克斯，一个谜样的人物。他的主要作品有：《疯癫与文明》、《词与物》、《知识考古学》、《规训与惩罚》。

意　义

对后现代主义*抱有同感的政治和社会理论家被话语理论吸引的原因很多，包括：它承认意义并不是社会事物与实践所固有的，而是被历史和政治建构起来的；它能揭示被通常理论所忽视了的社会对立与霸权*争夺。

对话语理论的批评要么是哲学上的，要么是实质上的。在哲学上，强调话语会把所有的事物都归结为思维或语言，并否定在我们思想和观念之外有独立存在的实际；还意味着，一切事物都是相对的，因为真理和谬误只有与特定的话语相联系才能够被确立起来。实质上的批评有：话语理论限制或妨碍对政治和社会制度的分析；而且，一旦用话语取代意识形态*概念，政治分析的注意力就将远离真理与谬误问题。

经验主义

经验主义（empiricism）是这样一种学说，即感觉经验是知识的唯一基础，因此一切假说和理论*都应接受观察和实验过程的检验。这一学说在约翰·洛克关于大脑就是一块任感官以感性数据的形式铭刻信息的白板的观念中有着鲜明的体现。在**大卫·休谟**（David Hume，1711—1776）看来，经验主义还意味着深刻的怀疑主义，其极端形态将引导我们怀疑一切独立于我们的感知范围的客体的存在。例如，一棵树如果不被我们看到、触摸到以及如此这般，那么它是否存在呢？在 20 世纪，经验主义作为一种认识论一直与实用主义（pragmatism）形影不离。哲学实用主义是这样一种观念，即确立真理的唯一方法就是通过实际应用来找到“什么被证明最为有效”。所有的经验主义形式都对“事实”和“价值”进行了明确的区分：前者是已经由经验、观察和实验所证明了的命题；而后者却被认为是主观信仰或意见，因而总是受到怀疑。

大卫·休谟，苏格兰哲学家、经济学家和历史学家，苏格兰启蒙运动以及西方哲学历史中最重要的人物之一。代表作有《人性论》、《大不列颠史》。

意　义

> **孟德斯鸠**，法国启蒙思想家，社会学家，西方国家学说和法学理论的奠基人。他是一位百科全书式的学者，在学术上取得了巨大成就。他的社会政治思想，尤其是法制思想、三权分立思想、君主立宪思想，对德国古典哲学家康德、谢林、黑格尔也产生过不同程度的影响。他强调通过分割政府权力，特别是通过分权策略来抵制暴政。代表作有《波斯人信札》、《罗马盛衰原因论》、《论法的精神》。

经验传统可以追溯到政治思想的最初时期。亚里士多德对政体（constitutions）* 的分类，马基雅维利（Machiavelli，1469—1527）关于治国艺术的现实主义叙述，以及**孟德斯鸠**（Montesquieu，1689—1775）关于政府* 和法律* 的社会学理论，都有经验主义的印记。此类著作在很多方面构成了现在所称为比较政府的基础，并促成了该学科实质上的制度性分析方法的出现。经验主义的政治分析方法是以努力对政治现实作出平心静气与不偏不倚的陈述为基本特征的。它是“描述性的”（descriptive），因为其目的在于分析和解释；而规范性方法，从其要进行判断和提出劝告的角度看，则是“规定性的”（prescriptive）。因此，经验主义为实证主义* 以及后来的行为主义* 提供了基础。然而，尽管哲学经验主义的发展在 20 世纪初达到了最高峰，但它随后就遭到了大量的攻击。严格的经验主义受到批评的原因是它与一种过分简化的、已经随着科学哲学的进步而支离破碎的科学模式相联系。此外，它未能清楚地认识到人类的感知和感性经验要受概念和理论的塑造，因而其在应对具有道德与规范特性的问题时的价值是有限的。

功能主义

功能主义（functionalism）是这样一种信条，即社会制度和社会惯例都可以从它们在维持更大的社会体系中所发挥的功能这个角度来理解。功能是一物对他物的作用或影响，因此功能主义提议，社会和政治现象应当根据其结果而非原因来进行理解。在功能主义看来，各个部分是根据整体的“需要”而结构起来的，因此整体大于单纯由各个部分构成的集合。很多政治理论都采用了功能主义方法论，包括历史唯物主义*根据国家*、法律*和意识形态*在维持阶级体系方面的功能来对其进行解释的倾向与政治分析中的一般系统理论*方法。

意 义

虽然主动用功能主义方法来理解政治过程的某些方面的传统长期存在，但功能主义在政治研究中却再未获得过像它在20世纪五六十年代在社会学中曾经享有的学术地位。当时，尤其在美国，功能主义是被当作主导性的社会学理论观点来对待的。尽管如此，功能主义思想的主要运用却仍然未能超出传统保守主义的有机社会观念。这一观念把人类社会等同于生命体，并把这一有机类比作为自身的基础。以此看来，社会以及社会制度都是基于自然的必要性而产生的，社会的每个部分，包括家庭、教会、企业和政府*等等，都在维持社会的整体性与“健康”方面发挥着特殊的作用。在1945年后的最初一段时间，功能主义在政治学术分析中产生的影响是最大的。当时，人们不仅将功能主义与对政治互动的系统模式的运用联系起来，还将其广泛地运用于制度关系与制度实施的分析之中。

然而，自20世纪60年代以来，政治分析中的功能主义星光（同其在社会学中一样）暗淡了下来。对功能主义的批评主要来自两个方面。首先，功能主义被指控犯有简约主义（reductionism）的错误。它似乎剥夺了国家*和政治制度本身具有的意义而只解释其在整个政治体系中所起的作用。其次，功能主义具有含蓄的（有时是明确的）保守性。如果说制度的重要性就在于其具有维持社会的功能的话，那么现存的一切制度都必定在这方面扮演着有价值的角色，于是维持现存社会的秩序也就是理所当然的了。例如，君主制*的幸免本身就是它存在的辩护词——它得以幸免，因为它具有形成社会凝聚和民族团结的能力；而且既然这样，它还应当被保存下去以便继续施惠于当前的社会和将来的世代。

历史唯物主义

历史唯物主义（historical materialism）是由卡尔·马克思提出的历史理论。马克思的好友及合作者弗里德里希·恩格斯曾将其描述为“唯物史观”（the materialist conception of history）。历史唯物主义重视经济生活并强调了人们生产与再生产其赖以生存之方式的条件。由此引出的一个简明的信念就是，实质上由“生产方式”（mode of production）构成的“经济基础”（economic base）或经济体系，决定包括政治*、法律*、宗教和艺术等其他一切制度在内的思想的与政治的“上层建筑”（superstructure）。这一观念的另一种表达方式是马克思关于“社会存在决定社会意识”的论断。可见，历史唯物主义是从物质和阶级因素来解释社会、历史和文化的发展的。然而，大量的争论还是围绕“基础与上层建筑”关系的确切性质而开展了。马克思的早期著作，从其承认人类与物质世界之间有“双向”关系的意义上讲，是辩证的。这一见解也是恩格斯在试图把经济因素视为“历史的最终决定要素”时予以确认的。历史唯物主义应该与“辩证唯物主义”相区别，后者曾支配过苏联的理性生活，并具有明显的机械论和决定论特性。

意　义

列宁，俄国马克思主义理论家、革命家。列宁根据马克思的理论，强调组织和革命问题。他最重要的著作包括《怎么办?》（*What Is to Be Done?*，1902）、《帝国主义是资本主义的最高阶段》（*Imperialism, the Highest Stage of Capitalism*，1916）和《国家与革命》（*State and Revolution*，1917）。

历史唯物主义，作为马克思主义*的哲学基石，并因而作为历代马克思主义思想家的社会和政治分析基础，具有重大的意义。它作为一种探究工具的吸引力无疑就在于：它承诺要解释社会和政治存在的所有方面；它揭示了被传统理论忽视之过程的重要性；特别是，它确立了由**列宁**（Lenin，1870—1924）提出的“经济优先论”（the primacy of economics），并打开了从物质和阶级因素来解释社会生活其他方面的通道。然而，也可以从许多方面来对历史唯物主义进行批判：它建立在关于物质生产和社会存在作用于社会意识的可疑假定的基础上；而且，它在对“基础”与“上层建筑”的确切含义的理解上，以及对二者间关系的把握上也都存在着技术上的难点；此外，正如新马克思主义者所承认的那样，它过分强调了经济的重要性，并有变成某种唯物简约主义的危险。最后的问题是，如果“基础”决定（*determines*）“上层建筑”，那么历史唯物主义就是决定论的；但如果二者不是这样，那么该理论也就没有了预测的价值。

唯心主义

> **康德**，德国哲学家。康德提出了一种强调政治伦理的道德个人主义，对自由主义思想产生了巨大影响。他最著名的著作包括《纯粹理性批判》(*Critique of Pure Reason*，1781)、《实践理性批判》(*Critique of Practical Reason*，1788)和《判断力批判》(*Critique of Judgement*，1790)。

唯心主义（idealism）可以从形而上学和政治学这两种意义的任一方面来理解。**形而上学唯心主义**（*metaphysical idealism*）是这样一种信念，即归根结底只有观念是存在的。因此，正如在柏拉图、**康德**（Kant，1724—1804）和黑格尔的著作中所体现的那样，现实的结构是要从意识上来理解的。康德的“先验唯心主义”（transcendental idealism）认为，外部世界的意义并非外部世界所固有，而是由认识主体强加的。从这种意义上讲，唯心主义不同于哲学唯物主义和经验主义：哲学唯物主义（与历史唯物主义*相对）坚信，除了物质之外没有别的存在；经验主义*则认为，知识是从经验或是从对外部世界的观察中获得的。**政治唯心主义**（*political idealism*）指的是以对事先确定好的理想或原则的不懈追求为特征的理论和实践，该词有时被用来贬义地指称某种对于不可能实现的目标的信仰。作为国际政治学的一个理论流派，理想主义（idealism）① 是从正义*、和平和国际法等价值和规范的视角来看待国际关系的。因此，与现实主义*相反，它对经验分析，即国际行为体实际如何行为，关注不多；而对规范判断，即国际行为体应当（*should*）如何行为，则重视有加。政治唯心主义也可以被看成是一种乌托邦主义*。

意　义

形而上学唯心主义支撑了古典时期、中世纪以及现代社会早期的许多政治哲学，

---

① “idealism”一词在国际关系学中通称为理想主义，有时也被人说成是乌托邦主义或理性主义。由于它特别强调抽象的原则而非经验的事实，从其哲学传统来看也可以被认为是一种唯心主义。——译者注

其力量就在于它认为正义、自然法和理性等价值是暗含于现实结构之中的，这就为思想家们评判现存安排和从事政治鼓动提供了一种牢固的与普世主义的视野。然而，随着政治理论化进程中经验与科学方法的兴起，形而上学个人主义的地位逐渐被削弱了。政治唯心主义遭到批评的理由是：它怂恿人们把政治能量花费在那些或许并不实际或不可企及的目标上；它未能认识到政治行动是由权力追求或物质利益满足等实际考量来决定的；也未能认识到政治理想无论如何都会受到质疑，而没有普遍认可的权威说法。例如，国际政治中的现实主义理论家从没有停止过对理想主义者所持的对集体安全和国际和谐信念的嘲讽。然而，就像圣雄甘地（Mahatma Gandhi）和马丁·路德·金（Martin Luther King）等人所昭示的那样，唯心主义在激励人们献身于政治行动和激发人们的政治热情方面都具有无可置疑的持久的威力。类似地，贬低理想和原则在政治分析中的重要性，可能只会使权力追求与无原则行为得以合法化。于是，人们对于超级大国时代的非道德的权力政治的反省导致了国际政治领域新理想主义（neo-idealism）的兴起。这一学派强调了道德的实际价值，并特别地强化了对人权*和国家间复合相互依赖的尊重。

制度主义

制度是一套基于既有的规则、程序来调节个人和（或）群体的行为的持久而稳定的安排。政治制度具有正式的通常也是法律的特征，它采用明确的且往往是可强制实施的规则和决策程序，因而也是国家*机器典型的组成部分。基于此，政治制度被界定为“游戏规则”（the rules of the game）。政治制度的实例包括宪法*、选举制度*、议会*、官僚机构*、司法机关*和政党制度等等。作为一种政治分析方法，制度主义（institutionalism）试图通过研究政治制度的原因和结果来解读政治现实。因此，制度主义将制度视为凭借自身理由而存在的行为体，它们独立于并有能力施加影响于更广泛的社会、经济和文化力量。

传统制度主义（*traditional institutionalism*）将政治制度当作关键的政治行为体，支持通过聚焦于制度性行为的描述、正式或法律规则的分析或制度结构的比较与历史考察，来反思政治。**新制度主义**（*new institutionalism or neo-institutionalism*）思想，自 20 世纪 80 年代以来已日渐流行起来。尽管还没有清晰或成熟的含义，但它仍然不时显示出既重视非正式制度又重视正式制度的特色，并通过承认政治理解的形式—法律方法只有一定的价值而超越了传统制度主义。照此，它也就反映了从政府* 到治理* 的视角转换。新制度主义的主要形态是历史制度主义、理性选择制度主义和社会学制度主义。

资料链接

新制度主义

新制度主义理论是由美国经济史学家道格拉斯·诺斯等人在 20 世纪 70 年代创立的。他将制度因素引入经济史研究之中并发现了制度与制度变迁在长期经济增长与停滞中所起的作用，建立了一套“制度—选择—经济和社会结果”的新制度经济学的分析框架和方法。该理论与方法在 80 年代被运用于政治学、社会学等诸多领域。美国斯坦福大学的詹姆斯·马奇和伯根大学的约翰·奥尔逊合著的《新制度主义：政治生活中的组织因素》被西方一些政治家看作“近年来最重要的著作”。新制度主义政治学已成为西方继行为主义政治学之后一种新的政治理论。

制度一直是政治学的主要研究对象，但是，在 20 世纪五六十年代，受科学主义思潮和反理性思潮的影响，传统政治学开始向现代政治学转变。行为主义逐渐成为政治学的主流理论。制度被排除在主流政治学研究视野之外。直到 20 世纪七八十年代，西方社会科学领域“重新发现”了制度分析在解释现实问题中的地位和作用，进而形成了新制度主义分析范式。

新制度主义理论是在对传统政治学与行为主义政治学结合基础上的扬弃与超越。它经历了一个兴起、运用与总结及反思的发展过程。新制度主义要解释的问题是：制度的性质以及制度如何影响人的行为。新制度主义提出了社会科学的经典问题，即组织、结构、文化、规范、习俗是怎样构成社会行为，如何在行动者之间分配权力，以及怎样塑造个人的决策过程和结果的。因为制度内涵的广泛性涉及几乎整个社会科学领域的新制度主义，也触及经济、政治、社会和意识形态多方面，新制度主义甚至可以用来解释人类社会的全部历史。

意 义

制度主义在 20 世纪 50 年代以前一直是政治分析的主要传统。从某种意义上讲，制度主义可以追溯到柏拉图、亚里士多德的古典政治理论，并经由马基雅维利、霍布斯、洛克和卢梭而得以发展。这类思想家不仅关注正义*、秩序*和自由*等政治理念，而且考察了那些最有可能保护这些政治之善的政治制度。在 19 世纪和 20 世纪初，这种思想演变成为政治分析的宪法—制度方法，它强调了诸如成文宪法和非成文宪法之间、议会制和总统制之间、联邦制和单一制之间的区别。然而，由于行为主义*与系统理论*的崛起，以及随后人们对马克思主义*的日益青睐，制度方法在 20 世纪五六十年代就已经失去了它往日的高贵风采。

对制度主义的主要批评有：它敬畏事实却蔑视理论，有戴维·伊斯顿所称之“过度事实主义”（hyperfactualism）的瑕疵；它忽视非制度因素对政策*和权力*分配的影响；它是完全以国家为中心的政治分析方法，忽视了国家与社会的联系以及社会对国家的塑造作用。尽管如此，制度主义仍然是政治分析中的重要学派；而且自 20 世纪 70 年代以来，随着人们对宪法改革、公共管理和政策分析的兴趣的不断增强，制度主义又焕发了青春。当然，排他性地关注制度，可能会把政治分析缩减成枯燥的条文主义。但是，如果以为制度仅仅是有关人员效用最大化行为的反映（如理性选择*理论所言），制度是群体间权力分配状况的反映（如多元主义*或精英主义*所说），或制度是社会基本经济结构的反映（如马克思主义*所示），并以这类说法为据来轻慢制度，就等于忽略了国家结构和政府组织不可或缺这一事实。

政治哲学

从一般意义上讲，哲学就是运用批判性推理方法对智慧和理解的探索。但是，哲学在更严格的意义上也被看成是一种二级学科（与涉及经验问题的一级学科相对）。换句话说，哲学主要关注的不是以科学方式揭示真相，而是探询知识如何获得以及见解如何表达等二级问题，并因此被诨称为关于问题的科学（the science of questions）。在传统上，哲学讨论的问题关系到现实的终结性质（形而上学）、知识的根据（认识论）和道德行为的基础（伦理学）。

政治哲学（political philosophy）通常被视为伦理学或道德哲学的分支，因为它专注于本质上是规定性或规范性的问题，关心的是什么应该（*should*）、本当（*ought*）或必须（*must*）被促成，而不是什么是（*is*）。其核心问题包括："我为什么应该服从国家"，"应该由谁来统治"，"收益应该分配给谁"，以及"个人自由的限度应该是什么"。在学术上，政治哲学致力于两个主要任务：第一，它关注对政治信仰的批判性评价，注意归纳和演绎这两种推理形式；第二，它试图对政治话语中的概念加以澄清和提炼。这就意味着政治哲学的探讨，即使可以兼具批判性与严谨性，也难以保证客观性。这是因为它不可避免地以牺牲其他观点为代价来证明某些观点的合理性，而且还坚持对某一概念的特定理解而不顾及其他的理解。这就使得政治哲学截然不同于政治科学*。尽管"政治哲学"与"政治理论*"通常可以互换，但是前者在严格意义上探究评价与鼓动的问题；而后者更为宽泛，它还要涉及解释与分析，从而也就跨越了规范与经验之间的分水岭。

意　义

奥古斯丁，神学家和政治哲学家。奥古斯丁利用新柏拉图哲学、基督教学说和《圣经》发展史对基督精神进行了辩护。他最有名的著作是《上帝之城》（*City of God*，413—425）。

政治哲学秉持着被称为"传统的"政治研究方法。它可以回溯到古希腊时期政治分析的创始人柏拉图和亚里士多德的著述。他们的观点在中世纪思想家如**奥古斯丁**（Augustine，354—430）和阿奎那（Aquinas，1224—1274）的著作中得以重现。在现代社会早期，政治哲学与霍布斯、洛克和卢梭的社会契约论紧密相联，而到了19世纪则主要通过J. S. 密尔关于自由*的著作以及马克思的唯物史观而得以推进。然而，自19世纪后期以来，随着经验与科学传统的兴起，政治哲学的地位便逐渐地削弱了。在20世纪五六十年代其理论化所依凭的规范基础也遭到了正面的攻击。有人甚至宣称政治哲学行将就木，根据是其核心原则如正义*、权利*、自由与平等*都不是可以用经验加以证实的存在，因而都是毫无意义的。但是，20世纪70

年代以后，政治哲学获得了实质性的复兴。现在的趋势已不再把政治哲学与政治科学视为不同的（更不要说是相互对立的）政治探索方式。相反，二者都被看成只不过是揭示政治知识的不同方法而已。这种趋势，伴随着行为主义*的幻灭过程；伴随着人们对“价值（隐藏的或公开的）支撑所有形式的政治探索”的逐渐认同；也是哲学争论新领域的出现（如女权主义*讨论、自由主义*与共同体主义*之间的论战等）所导致的一个结果。

资料链接

托马斯·阿奎那及其思想

阿奎那是中世纪经院哲学的哲学家和神学家，意大利多明我会的一个僧侣。他是自然神学最早的提倡者之一，也是托马斯哲学学派的创立者，成为天主教长期以来研究哲学的重要根据。他撰写的最知名著作是《神学大全》（*Summa Theologica*）。他是西欧封建社会基督教神学和神权政治理论的最高权威，经院哲学的集大成者，被天主教会誉为历史上最伟大的神学家，他所建立的系统的、完整的神学体系对基督教神学的发展具有重要的影响，他本人被基督教会奉为圣人，有“神学界之王”之称。

让-雅克·卢梭及其思想

卢梭是法国伟大的启蒙思想家、政治哲学家、伦理学家，18世纪法国大革命的思想先驱，启蒙运动最卓越的代表人物之一。主要著作有《论人类不平等的起源和基础》、《社会契约论》、《爱弥儿》、《忏悔录》等。

“人民主权”的思想是他思想的精华和基本原则，《社会契约论》则是卢梭民主政治思想的集中表现。卢梭认为，人类最初处于原始的“自然状态”，在这个时间，不存在私有制和不平等，私有制使人与人之间产生不平等，国家是因订立契约而产生的，人民是订立契约的主体，由此他提出“人民主权”的思想，认为国家主权不能分割，也不能转让，一切人权的表现和运用必须表现人民的意志，法律是“公意”，在法律面前人人平等，君主不能高于法律。

他的政治哲学思想甚至影响后来马克思的《资本论》。

政治科学

> **卡尔·波普尔**，当代西方最有影响的哲学家之一。原籍奥地利，父母都是犹太人，后加入英国籍。他研究的范围甚广，涉及科学方法论、科学哲学、社会哲学、逻辑学等。他的政治著作支持自由主义和自由社会，并对权威主义和极权主义倾向进行了谴责。他的《开放社会及其敌人》是其社会哲学方面的代表作，出版后轰动了西方哲学界和政治学界。

科学（源于拉丁文 *scientia*，意即知识），是一个旨在通过反复实验、观察和推论来对现象作出可靠解释的研究领域。"科学方法"（scientific method），即根据可以获得的证据来检验假说可否证实（证明为真）的方法，便被看成一种揭示没有价值偏见的与客观真实的手段。然而，**卡尔·波普尔**（Karl Popper，1902—1994）却认为，科学只能证明假说是错的，因为"事实"总是不能得到后来实验的证实。科学主义坚信科学方法是获得可靠知识的唯一来源，因此认为它不仅应该应用于自然科学，还应该被运用于哲学、历史学与政治*学。从这种意义上讲，马克思主义*、功利主义*以及种族主义*等学说都是科学的。

政治科学（political science）既可以从一般意义也可以从特殊意义来理解。在一般意义上，政治科学是一门系统描述、分析和解释政府*运作以及政治的与非政治的制度和过程之间关系的学科。如果这样定义，那么政治科学的传统主题仍是国家*，尽管在 20 世纪这一主题逐渐扩及到了社会、经济以及影响价值和总体资源配置的其他过程。从这种观点看，政治科学既包括描述性理论也包括规范性理论：描述与分析政府制度运作的任务常常与关于哪种制度最好的评价性判断相联系。较为狭义的政治科学力图只用自然科学方法来研究政治*的传统主题。依据这种观点，政治科学指的是一种理解政治现象的严格的经验与价值中立的方法，它是实证主义*的产物，其发展的最高形式是行为主义*。这反映了经验分析和规范分析的截然不同，意味着政治科学与政治哲学*的深刻分野；从其科学的形式看，或许还意味着哲学的或规范的政治理解方法归根结底是毫无价值的。

意　义

尽管人们从宽泛的意义上普遍承认政治研究应当是科学的（就是要严肃，要具有批判性），但是在严格的意义上宣称政治研究应当科学（即能够而且应该采用自然科学的方法）很有争议。政治科学的吸引力是显而易见的。最重要的是，它允诺提供一种能够将真理从谬误中区别开来的中性与可靠的方法，因而也就为我们提供了获取政治世界客观知识的捷径。要做到这些的关键是区分“事实”（经验证据）与“价值”（规范或道德观念）。事实是客观的，能够可靠与连贯地展示出来，即能够被证明；与此相反，价值本来就是主观的，是一个看法问题。

然而，建构政治科学的任何企图都面临着三个难题。首先是数据问题。人类并不是可以置于试验室的蝌蚪，也不是可以放在显微镜下观察的细胞。我们无法进入人类的“内部”或对人类行为进行可以重复的实验。因此，我们所能获得的关于个人行为如何的认识也是有限而又肤浅的。在缺少精确数据的情况下，我们没有可靠的方法来检验我们的假说。其次是人类价值的存在所引发的困难。仔细考察起来，关于政治学模式和理论是完全价值中立的观点是难以成立的。事实和价值之间的联系如此紧密，以至于人们常常不可能将二者分开来评价。这是因为所有理论都不可避免地建立在关于人性*、社会和国家作用的假定之上，而这些假定之中又都隐含着政治和意识形态的意味。第三是社会科学的中立神话问题。自然科学家或许能够在对其将要发现的东西尚未被预先假定的情况下，以客观与不偏不倚的态度来进行研究，但在政治学中却很难（或许也不可能）做到。因为无论如何界定政治，它都会涉及我们生活与成长于其中的社会的结构和功能问题。家庭背景、社会经历、经济地位和个人情感等等，为我们每个人内置了一套思考政治和我们周围世界的前提条件。因此，绝对的不偏不倚，或中立*意义上的科学客观性，在政治分析中肯定只是一个永远无法达成的目标。

政治理论

从一项计划到一段抽象知识之类的任何东西都是理论。但是，在学术话语中，理论表示的是一种解释性命题，即一个或一套试图通过某种方式赋予现象以秩序或意义的观点。如此，则任何调查研究都必须通过建构某种理论（有时被理解为等待检验的假说或解释性命题）才能展开。与自然科学和其他社会科学一样，政治科学*也包含着重要的理论成分。例如，像“社会阶级*是选举行为的主要决定因素”和“革命*

往往在期望上升时期爆发”这样的理论，如果能用于解释经验现象，就都是必不可少的。这就是所谓的经验政治理论。

然而，政治理论（political theory）通常被视为政治学的一种独特研究方法，尽管（尤其是在美国）它也被视为政治科学的一个分支。政治理论包括对作为政治思想核心的观念和学说的分析性研究。在传统上，它主要采取政治思想史的形式，往往聚焦于一组“主要”思想家（例如从柏拉图到马克思）和一系列“经典”著作。由于要研究政治行动的目的和方法，政治理论关注与正义*、自由*和平等*等相关的道德或规范问题。这种传统方法还具有与文献分析类似的特征：其主要旨趣是考察重要思想家的言论，考察他们如何提出和证明自己的观点，以及他们的研究工作所处的学术背景。另一种方法被称为形式政治理论（formal political theory）。这种方法仿效经济理论，建构基于程序性规则的理论模型（如理性选择*理论那样）。尽管政治理论和政治哲学*之间存在明显的交叉，而且这两个词语也不时互换使用，但二者还是能够加以区分的。区分的根据是：政治理论大致会满足于解释和分析，而政治哲学则不可避免地要包含一定程度的评价和鼓动的成分。

意　义

作为一种包含规范性和哲学性分析的政治*学方法，政治理论可以说是建立得最早和最确实的政治分析传统。然而，在20世纪，伴随着实证主义*的兴起及其对作为政治理论主题的规范概念的攻击，政治理论的地位被严重地削弱了。虽然那种认为政治理论在20世纪五六十年代被抛弃了的说法有些夸大其词，但“行为主义革命”（behavioural revolution）的开始和对凡事讲科学的热情，也的确使许多政治分析家背离了整个规范思想的传统。不过，自20世纪60年代以来，政治理论又呈现出了新的活力，而且政治理论和政治科学之间旧有的明显差异也在逐渐消失。这种现象，伴随着新一代政治理论家尤其是**约翰·罗尔斯**（John Rawls，1971）和**罗伯特·诺齐克**

约翰·罗尔斯，美国政治哲学家、伦理学家，普林斯顿大学哲学博士，哈佛大学教授，是20世纪世界最著名、最伟大的政治哲学家之一。代表作有《正义论》、《政治自由主义》、《作为公平的正义：正义新论》、《万民法》。

罗伯特·诺齐克，美国哲学家，哈佛大学教授。毕业于哥伦比亚大学、牛津大学和普林斯顿大学，对政治哲学、决策论和知识论都做出了重要的贡献。他最知名的著作是在1974年撰写的《无政府、国家与乌托邦》一书，他从自由意志主义的观点出发，反驳了约翰·罗尔斯在1971年出版的《正义论》一书。他提出的意志自由论与洛克的理论相似，并对新右派产生了巨大影响。

(Robert Nozick，1974）的出现；也伴随着对行为主义*日益强化的批判与意识形态分化的重现，是如反越战抗议、女权主义*、新右派*和新左派*兴起的产物。

然而，复活了的政治理论在很多方面都已不同于它的早期表现形式。现代政治理论的特征之一，就是它更强调历史和文化因素在塑造政治见解中的作用。尽管这并不意味着“主要”思想家和“经典”著作的研究毫无价值，但它的确强调对这些思想家和著作的任何解释都必须考虑到背景，并意识到在一定程度上任何解释都与我们本身的价值和理解密不可分。第二个发展是政治理论已经变得越来越分散和多样化。这种现象，既通过自由主义*的分裂和自由主义大传统内部日益激烈的争论而出现，也通过在原有的马克思主义和保守主义之外的新自由理论（最明显的例子是女权主义、共同体主义*和生态主义*）的崛起而出现。最后，现代政治理论已经没有了早期政治理论的那种自信，因为它实际上已经放弃了“传统的”对于每个人都可以接受的普遍价值的探索。这是通过对共同体*和当地认同在塑造价值过程中的作用的日益肯定而出现的，部分地也是后现代主义*影响的结果。

实证主义

维也纳学派，20 世纪影响最广泛、持续最长久的哲学流派之一，代表了自然科学对哲学的挑战。它的唯科学主义观点已成为现代哲学摆脱不掉的“幽灵”。维也纳学派是发源于 20 世纪 20 年代奥地利首都维也纳的一个学术团体，其成员主要包括石里克、鲁道夫·卡尔纳普、纽拉特、费格尔、汉恩、伯格曼、弗兰克、韦斯曼、哥德尔等，他们多是当时欧洲大陆优秀的物理学家、数学家和逻辑学家。

实证主义（positivism）是这样一种学说，即社会科学以及为此进行的所有形式的哲学探索都应该严格坚持自然科学的研究方法。这一术语由克劳德-亨利·圣西门（Claud-Henri Saint-Simon，1760—1825）提出，并由其追随者奥古斯特·孔德（Auguste Comte，1798—1857）普及开来。实证主义认为，知识应由科学来垄断。20 世纪 20—30 年代，一群被统称为**维也纳学派**(Vienna Circle）的哲学家提倡逻辑实证主义，该学派拒绝所有无法被经验证明的命题，认为它们都是毫无意义的。

意 义

在 20 世纪，实证主义在削弱政治哲学*的地位与促进政治科学*的兴起方面做了很多事情。一方面，规范概念和理论被当成废话而遭到抛弃，根据是：它们都是“形而上学的”（metaphysical），并不探究外在的可测量性问题。这不仅削弱了政治分析之哲学方法的可信度，还使哲学家失去了对道德和政治问题的兴趣。另一方面，行为主义*与建立价值中立的政治科学*的尝试的兴起，也是实证主义的主要遗产。然而，在 20 世纪后半期，实证主义对哲学和政治分析的影响力却明显下降了。这种情况的发生，部分地是因为实证主义与一个已被视为天真的简单信念——科学能够揭示真理——相联系；部分地是因为它拒绝承认政治行动者的所有信念、态度和价值，从而使政治学变成了乏味与排他的经验分析。

后现代主义

后现代主义（postmodernism）是一个颇具争议、容易产生混淆的概念，最初被用来描述大体上存在于西方建筑学和文化发展中的实验运动。后现代思想主要源于欧洲大陆，尤其是法国，是对英美学界已成常规的政治理论*类型的一种挑战。其基础存在于已经被感知到的社会转变——从现代性到后现代性的转变，以及相应的文化和学术转变——从现代主义到后现代主义的转变。现代社会被看成是由工业化和阶级团结所建构起来的，而社会身份在很大程度上是由人在生产体系中的地位来决定的。后现代社会，一方面是一个日益分裂和多元化的“信息社会”（information society），在其中个人从生产者被变成了消费者；另一方面个人主义*取代了对阶级、宗教与种族的忠诚。因此，与后工业化相联系，后现代性（postmodernity）指的是：社会的发展不再依靠制造工业，而更多地依赖于知识和通信。

后现代主义的核心论题是：没有确定性这样的东西，绝对的观念和普遍的真理都必须被当作傲慢的自命而予以抛弃。尽管后现代主义从本质上说并未构成一个统一的思想体系，但其对真理宣称的批判性态度却都源于一个总体上的假定，即所有知识都是部分的和局部的。这是一个与共同体主义*的某些形态共享的观点。后结构主义（poststructuralism）是一个有时可以和后现代主义互换使用的术语，它强调：一切观点和概念都是用语言来表达的，而语言本身又是被复杂的权力*关系绊缠住了的。

意 义

自20世纪70年代以来，后现代和后结构的政治理论越来越流行，并特别地对所有源自现代主义的政治分析形式都发起了攻击。现代主义，即现代性的文化形式，被认为主要源于启蒙思想和理论，并通过种种提供相互对立的美好生活观念的意识形态传统（最显见的是自由主义*和马克思主义*）在政治上表达了出来。从最为后现代的观点来看，现代主义思想的主要缺陷在于它带有基础主义（foundationalism）特征，通常与对进步的强烈信仰有关，相信确立客观真理和普遍价值是可能的。让-弗朗科斯·利奥塔（Jean-François Lyotard，1984）对后现代主义立场进行了最简明的表述，将其界定为“对元叙述的质疑”（an incredulity towards metanarratives）。他这样说就意味着对那些建立在普遍历史理论（即将社会视为紧密整体）基础上的一切信条和意识形态的怀疑。

后现代主义主要受到了两个角度的批判。第一，它被指控为相对主义，因为它坚持“不同的认知模式都同样有效”，并进而拒绝了“科学能够可靠地区分出真理和谬误”的观点。第二，它被指责为保守主义*，理由是：一种非基础主义（non-foundationalist）的政治立场，不能为批判现存的秩序提供看法；也无法为建设新的社会秩序确立依据。然而，后现代主义理论的魅力在于它无情地质疑那些貌似确定的现实和已被接受了的信念。它对话语*、争论和民主*的普遍强调反映了这样的实情，即否认观念的等级也就是否认任何政治或社会的等级。

理性选择

理性选择（rational choice）是一种从事政治研究的广泛的理论方法，其主要分支包括公共选择理论、社会选择理论和博弈论。理性选择，有时也称为形式政治理论

(formal political theory)，大量利用经济理论的范例来建立基于程序规则的模型——大多是关于个人理性利己行为的。理性选择论者假定政治行为体总是选择最有效的手段来实现各种目标，这种方法可以回溯到托马斯·霍布斯并为功利主义*所运用。**公共选择理论**（*public choice theory*）主要关注所谓的公共物品分配，认为公共物品是由政府而非市场来提供的，因为如同清洁的空气一样，这类物品的好处不能不给那些选择不对其作出贡献的个人。**社会选择理论**（*social choice theory*）考察个人偏好与诸如选举等社会选择之间的关系。**博弈论**（*game theory*）主要是由数学领域而非新古典经济学的假定而发展起来的，因此其原初用法就是分析个人行为之谜。最著名的博弈论例证是“囚徒困境”(prisoner's dilemma)，它表明理性利己行为往往不如合作行为有利。

资料链接

博弈论

有时也称为对策论，或者赛局理论，是研究具有斗争或竞争性质现象的理论和方法，它是应用数学的一个分支，既是现代数学的一个新分支，也是运筹学的一个重要学科。目前在生物学、经济学、国际关系学、计算机科学、政治学、军事战略和其他很多学科都有广泛的应用。主要研究公式化了的激励结构［游戏或者博弈(Game)］间的相互作用。

博弈论思想古已有之，我国古代的《孙子兵法》就不仅是一部军事著作，而且算是最早的一部博弈论专著。博弈论最初主要研究象棋、桥牌、赌博中的胜负问题，人们对博弈局势的把握只停留在经验上，没有向理论化发展，正式发展成一门学科则是在 20 世纪初。

对于博弈论的研究，开始于策梅洛（Zermelo)、波莱尔（Borel）及冯·诺伊曼(von Neumann)，后来由冯·诺伊曼和奥斯卡·摩根斯坦（Oscar Morgenstern）首次对其系统化和形式化。随后小约翰·福布斯·纳什（John Forbes Nash，Jr.）利用不动点定理证明了均衡点的存在，为博弈论的一般化奠定了坚实的基础。此外，塞尔顿、哈桑尼的研究也对博弈论发展起到推动作用。今天博弈论已发展成一门较完善的学科。

通常认为，现代经济博弈论是在20世纪50年代由美国著名数学家冯·诺依曼和经济学家奥斯卡·摩根斯坦引入经济学的，目前已成为经济分析的主要工具之一，对产业组织理论、委托代理理论、信息经济学等经济理论的发展做出了非常重要的贡献。1994年的诺贝尔经济学奖颁发给了纳什等三位在博弈论研究中成绩卓著的经济学家，1996年的诺贝尔经济学奖又授予在博弈论的应用方面有着重大成就的经济学家。由于博弈论重视经济主体之间的相互联系及其辩证关系，大大拓宽了传统经济学的分析思路，使其更加接近现实市场竞争，从而成为现代微观经济学的重要基石，也为现代宏观经济学提供了更加坚实的微观基础。

意　义

作为一种政治分析工具，理性选择理论出现于20世纪50年代，并在20世纪70年代以后名声大振。该理论被用于透视选民、游说者、官僚和政治家的行为，其在美国的地位最为牢固且与所谓的弗吉尼亚学派（Virginia School）有特别密切的关系。理性选择理论，以其被称为公共制度选择理论（institutional public choice theory）的形式，对政治分析产生了最为广泛的影响。理性选择理论的支持者认为，由于政治分析家可以用经济理论的方式来建立解释模型，该理论已经使政治现象的讨论变得更加严密。然而，理性选择的政治分析方法却并没有获得普遍认可。

詹姆斯·布坎南，美国著名经济学家、公共选择学派代表人物、1986年诺贝尔经济学奖得主，是公共选择理论的创始人之一。公共选择理论不同于凯恩斯主义的新公共经济理论，其突出的特点是把政治决策的分析和经济学理论结合起来。

有人批评理性选择理论过高地估计了人类理性，因为它忽视了这样的事实，即人们很难有一套清晰的首选目标，也很少在掌握充分和准确知识的条件下做出决定。而且，理性选择理论是通过抽象的个人模型展开的，因而没有充分注意到社会和历史因素，尤其没能意识到人类的自利可能是社会限定的而不是天生的。最后，理性选择理论有时被认为具有保守主义的价值偏见。这种偏见源于它关于人类行为的初始假定，并反映在诸如**布坎南**和塔洛克

(Buchanan and Tulloch，1962）等理论家用以捍卫自由市场和支持最低限度国家的言论之中。

理性主义

理性主义（rationalism）是这样一种观念，即世界有一种理性结构，而这种结构又能够被人类的理性与批判性探索揭示。作为一种哲学理论，理性主义坚信知识来源于理性而非经验，并因而与经验主义*形成了对照。但是，作为一种普遍原则，理性主义着重强调人类理解和解释世界以及寻找问题解决途径的能力。尽管理性主义并未提出人类行动的目标，但却肯定地指明了人们应该怎样追求这些目标。与依靠习惯、传统或非理性的冲动相反，理性主义强调的是原则和受控于理性的行为。

意　义

理性主义是启蒙运动（Enlightenment）的核心特征之一。这场知识分子运动在18世纪达到了顶峰，并以理性名义对宗教、政治和学术领域的传统观念发起了全面挑战。启蒙运动的理性主义不仅奠定了自由主义*和社会主义*的发展基础，而且建立了使常规性的政治和社会分析得以展开的理性框架。理性主义的理解方法有若干特征。第一，是对进步和改革的大力强调。理性不仅能让人们理解和解释世界，也能帮助人们把世界改造得更加美好。因此，理性主义承诺要把人类从过去的束缚中与习惯、传统*的重压下解放出来。每一代人都能强于上一代人，因为人类知识和理解的存量总是不断递增的。第二，理性主义与揭示普遍适用于整个人类的价值和结构的尝试有关联。理性，在这个意义上，就成了比特定社会因袭下来的价值和规范高级得多的人类行为的参照点。第三，理性主义凸显了就使用暴力或侵犯展开辩论和讨论的重要性，并含蓄地表达了对民主*的充分信赖。从这种观点来看，如果人类是受理性引导的生灵，那么他们就不仅有本事通过辩论和协商来解决分歧，而且有能力确定和表达他们本身的最佳利益。

弗里德里希·尼采，德国哲学家。尼采复杂的、野心勃勃的著作强调意志、尤其是“权力意志”的重要性，并且强调人们创造自己的世界，构建自己的价值，从而预见了现代的存在主义。他最有名的著作包括《查拉图斯特拉如是说》(*Thus Spoke Zarathustra*，1883—1884)、《善恶之彼岸》(*Beyond Good and Evil*，1886) 和《道德谱系论》(*On the Genealogy of Morals*，1887)。

然而，理性主义的政治理解方法从来就没有得到人们的普遍认可。在19世纪晚期，当思想家们开始反思人类理性的局限性并转而关注其他或许更为有力的人类行为的本能要求与冲动时，一种反理性主义（anti-rationalism）就应运而生了。例如，**弗里德里希·尼采**（Friedrich Nietzsche，1844—1900）就曾提出，人类行为是由其深层情感推动的，起作用的是他们的“意志”，特别是尼采所称的“权力意志”(will to power)，而非理智。最为极端的反理性主义思想，与法西斯主义* 相联系，表现了对实力和军事力量的敬畏并将理性探索视为冷漠的、枯燥的与没有生气的而加以拒绝。传统保守主义* 则提出了一种温和得多的观点，他们相信传统和历史是比理性更为可靠的人类行为指南，因为世界太过复杂以至人们难以完全地加以把握。对理性主义信心的下降，在20世纪的后几十年更是特别地明显。与这种现象的出现紧密相关的是：人们越发地认识到特定个人、群体和社会都具有其自身的内在价值，而这些价值又不容易按理性来加以整合；此外，人们还觉察到理性主义是与西方价值相联系的，认为以理性主义为构成部分的启蒙运动方案只是一种文化帝国主义（cultural imperialism)。对理性主义的这些保留意见，是由共同体主义和后现代论者表达出来的。

现实主义

现实主义（realism)，有时也称“政治现实主义”(political realism)，是一种以强调权力政治和追求国家利益为基础的国际政治观点。据此，它也就被当成了理想主义* 的主要替代形式。现实主义的核心假定是：国家* 是国际或世界舞台上的主要行为体，它拥有主权，能够作为独立自主的实体来行动。而且，民族主义* 的兴起和现代民族国家* 的出现，还使国家转变成了有凝聚力的政治共同体，而共同体中所有其他的忠诚和联系也都被置于对民族* 的忠诚和联系之下。因此，现实主义传统把国际政治描述为一种“自然状态”(state of nature)，即一种在其中每个国家都被迫进行自助并把本国利益（基本上以国家的生存和领土防卫来定义）放在首位的本质上的无政府体系（anarchic system）。现实主义者因此重视权力*在国际事务中的作用，而且往往根据军事实力和武力来理解它。

然而，国际无政府状态绝不意味着毫不留情的冲突和绵延不绝的战争。相反，现实主义者坚持认为国家体系中的冲突与合作模式基本上遵循着均势（balance of power）的要求。为了追求国家安全，国家可能会结成联盟，而联盟之间如果能相互制衡就可以确保长期的和平。类似地，现实主义者总是承认国际秩序不是一种经典的自然状态，因为权力、财富和资源在各国之间并不是均衡分布的。国家间的等级强加给了国际体系一定程度的秩序，超级大国通过贸易封锁、势力范围（spheres of influence）和公开的殖民主义对从属国家实施的控制就反映了这种秩序。**新现实主义**（*neo-realism*），有时也称“新的”或结构的现实主义，对经典现实主义（classical realism）进行了修正，它往往根据国际体系的结构而不是单个国家的目标和内部构成来解释国际事件。

意　义

在第一次世界大战和第二次世界大战的推动下，现实主义成为20世纪占主导地位的国际政治观点。这两次世界大战不仅践踏了理想主义对国际主义*与自然和谐的信仰，而且展现了大量关于国家赤裸裸地追求权势的证据（尤其是纳粹主义的扩张行为）。冷战期间，现实主义理论把全球政治描述成以美苏集团之间的对抗为基础的两极世界秩序。然而，现实主义者却辩护说两极格局有利于维护和平，因为军事开支的不断增加使得两大集团之间形成了一种有效的核威慑体系，而在20世纪60年代当该体系被确认到了“相互确保摧毁”（MAD）的程度时则更是如此。这种建立在人们普遍认可的规则和过程基础上的稳定的等级制度已经把无政府状态逼向了绝境，并促使现实主义者采纳了赫德利·布尔（Hedley Bull，1977）所称之“无政府社会”（anarchical society）的修正观点。

但是，现实主义和新现实主义也遭到了强烈的批判。主要的反对观点是：由于把政治和道德分离开来，现实主义就使超级大国的军事扩展和霸权野心合法化了。这种观点表明，与其说权力政治维护了和平，倒不如说它把世界推向了核灾难的边缘。女权主义理论家提出了第二种批评意见。他们争辩说，权力追求行为与对国家安全和军事力量的迷恋反映了男性政治家对世界的支配，他们优先考虑的事在本质上就是侵略性和竞争性的。现实主义理论在经验方面的主要缺陷在于，它把国家当作支配性的国际行为体从而忽视了20世纪后期改变着国际政治面貌的多元化趋势。于是，经典现实主义就大大地为新现实主义①闪开了道路。

系统理论

系统理论（systems theory）试图通过运用系统分析来解释整个政治过程和主要政治行为体的功能。一个“系统”（system）就是一个有组织的或复合的整体，它是一套由相互联系与相互依赖的部分所构成的集合体。从这个角度来分析政治*，就是要建立政治系统的模型。政治系统是由“输入”（inputs）与“输出”（outputs）两个部分之间的联系所构成的（见图4—1）。“输入”就是公众的需求和支持。公众的需求包括从生活标准提升、就业前景改善、更多的福利支出直到对少数民族和个人权利的更有力保护等一系列压力。公众的支持则是公众通过纳税、服从以及自觉参与公共生活等来对政治系统作出的贡献方式。“输出”是由政府*的决定和行动构成的，包括制定政策*、通过法律*、强制征税与对公共基金的分配。这些输出产生的“反馈”（feedback）反过来又影响公众需求和支持。系统模型给我们的关键启示是，既然政治系统的存活取决于输出与输入之间的一致，政治系统就会倾向于长期的平衡或政治的稳定。

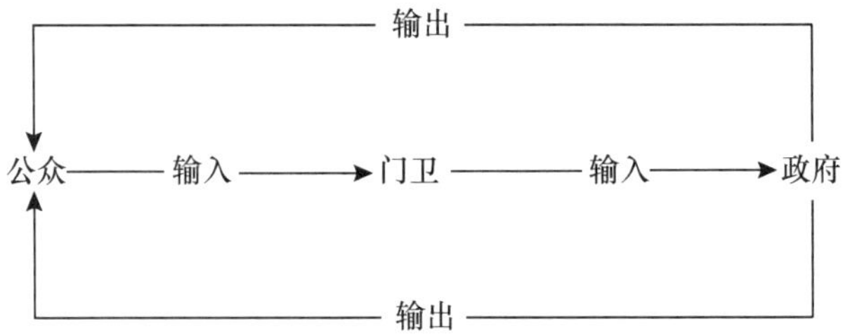

图4—1　政治系统

---

① 这里的“新现实主义”一词似应为“新自由主义”。这大概是作者的一个笔误。在国际政治理论中，质疑国家中心论、强调主体多元化的是新自由主义（neo-liberalism）而非新现实主义（neo-realism），更不可能是作为新现实主义代表的结构现实主义（structural realism）。当然，在现实主义和自由主义中都有调和两大学派分歧的“新的”理论分支。作者说的莫非是这类更为温和的自由主义或现实主义？——译者注

意 义

系统分析在20世纪50年代首次被应用于政治科学，而这方面的首部著作就出自戴维·伊斯顿（1953，1981）之手。系统方法，与行为主义*相联系，是将更科学的严密性引入政治研究的努力的一个组成部分，在伊斯顿的例子里则是将生物学的生态系统模型应用于政治学。系统理论对例如“门卫”（gate keepers，即调节政治系统输入量的政党*与压力集团*等）的作用与一般政策过程及其输出的性质等都提供了丰富的思想资源。系统理论的长处是其研究范围的广泛性（不仅包括国家机构和阶级体系，还包括所有政治上重要的行为体）与其鼓励整体性思维的倾向。然而，系统模型最多不过是形成见解的工具，它本身并不能等同于可靠的知识。举例来说，政党和压力集团等机构就要比为它们指定的名称“门卫”所揭示的含义更为有趣和复杂。例如，它们在调节公众感知并从而塑造公众需求上，都发挥着重要的作用。而且，系统模型虽然可以更有力地解释政治体系怎样和为何对大众压力做出反应，但在解释体系为什么会采用镇压和强迫手段（在某种程度上所有政治体系都是如此）这一问题上却并非那么有效。最后，系统模型暗含着保守性，它凸显了自由民主制*在反应上的灵敏性及其内在的稳定性，因此也就掩盖了（尽管可以存疑）这种制度的结构性缺陷和固有的矛盾。

功利主义

功利主义（utilitarianism）是一种道德哲学（moral philosophy），它意味着任何一项行动、政策或制度的“正确性”（rightness）都能够以其增进幸福的趋势来确定。这一观点基于这样的假定，即个人是由自身利益驱使的，这些利益可以定义为追求快乐或幸福的欲望和避免痛苦或不幸的愿望。因此，个人总是通过计算每项可能的行动方案所产生的快乐和痛苦的数量来选择能保证最大快乐与最小痛苦的行动路线。功利主义者相信，（如果）考虑到快乐和痛苦有强度与持久度如此等等，用“效用”（utility）来量化它们就是可能的。所以，人类都是追求最大快乐和最小痛苦的效用最大化者。（如果）用杰里米·边沁（Jeremy Bentham，1748—1832）的经典公式“最大多数人的最大幸福”（the greatest happiness for the greatest number）来表示，那么功利主义原则就可以运用于整个社会。

然而，功利主义已经发展成了一个理论的丛集。**行动功利主义**（*act-utilitarianism*）是经典的功利主义，它认为如果一项行动方案的结果能带来至少和它的替代方案差不多的快乐（减去痛苦所剩下的），那么该方案就是正确的。**规则功利主义**（*rule-utilitarianism*）认为，如果一个符合普遍遵守之规则的行动可以产生好的结果，那么该行动就是正确的。但被称为**功利普遍论**（*utilitarian generalisation*）的理论在判断一项行动方案是否正确时，所依据的却不是该方案本身的结果，而是基于该方案是否得到普遍执行的结果。**动机功利主义**（*motive-utilitarianism*）强调行为者的意图而非每项行动的结果。

资料链接

杰里米·边沁及其思想

边沁是英国哲学家和法律改革家，功利主义哲学的创立者，对19世纪思想改革有显著影响。出身于律师家庭，1763年毕业于牛津大学女王学院，毕生致力于英国的法律改革事业。他是一个政治上的激进分子，亦是英国法律改革运动的先驱和领袖，并以功利主义哲学的创立者、一位动物权利的宣扬者及自然权利的反对者而闻名于世。

边沁也是最具影响力的古典自由主义者之一，其影响力不仅来源于他的著作，而且来源于他全世界的门徒，包括J.S.密尔和一些政治领袖，如罗伯特·欧文（乌托邦社会主义的代表人物）。他的主要著作有：《政府片论》、《道德和立法原则概述》、《为利息辩护》、《宪法典》等。

意　义

在18世纪后期，功利理论是作为自然权利理论的一个看似科学的替代物而出现的。在19世纪的英国，功利主义为所谓的哲学激进分子推进社会、政治和法律方面的广泛改革奠定了基础。功利主义是经典自由主义*的重要基石之一，而且至今或许仍然是道德哲学中最为重要的一个分支，而从其对政治问题的影响来看肯定如此。

功利主义的吸引力在于它建立了使道德评判得以进行的大体上客观的依据。功利主义没有把某些价值强加于社会，而是允许个人做出自己的道德判断，因为每个人都能够各自确定什么是快乐的和什么是痛苦的。功利主义理论因此坚持多样性和自由*，并要求我们把他人也同样视为追求快乐的生灵来予以尊重。功利主义的缺陷既是哲学的也是伦理的。从哲学上看，功利主义立足于一种与历史和社会都无关的高度的个人主义人性观。例如，一贯的利己行为绝不是人类社会的普遍特征。在伦理上，功利主义只不过是一种粗糙的享乐主义（hedonism）。这个观点从 J. S. 密尔"宁当不满的苏格拉底也不当满意的傻瓜"（Socrates dissatisfied than a fool satisfied）的表白中就可以看得出来，尽管密尔本人也属于一种修饰过的功利主义。此外，功利主义还因为赞成那些被普遍视为不正当的行为，如对基本人权*的侵犯，而遭到批评。在功利主义者看来，如果这些行动有助于实现社会总效用的最大化，那么即使不被普遍接受也应予以支持。

乌托邦主义

照字面意思来看，乌托邦（源自希腊词语 *utopia*，意为"没有的地方"；或 *eutopia*，意为"好地方"），指的就是一个理想或完美的社会。这一概念由托马斯·莫尔所创并首次使用于他的著作《乌托邦》（*Utopia*，[1516]，1965）。乌托邦主义（utopianism）是一种通过建立理想或完美的模式来批判现存秩序的社会理论化风格。因此，它通常具备以下三种特征：第一，它体现了对现状的激进和全面的否定，并从根本上把现存的社会和政治安排认定为有缺陷的与需要彻底变革的；第二，基于对人性的高度乐观的假定，或基于对经济、社会和政治制度改善人类低劣动机和本能之能力的乐观假定，乌托邦思想凸显了人类自我发展的潜力；第三，乌托邦主义经常超越公共领域和私人领域之间的界限，表示这样才有完全或近乎完全之自我实现的可能性。一个替代现存社会的社会若要是理想的，它就必须为人们提供在私人领域与政治或公共领域获得全面解放的前景。

然而，乌托邦主义并不是一种政治哲学*或意识形态*。自立门户的乌托邦都各不相同，乌托邦思想家也没有提出关于美好生活的共同概念。但是，大多数乌托邦还是具有清除穷困、消弭冲突、避免暴力和压迫等共同特征。社会主义*（在总体上）、无政府主义*和马克思主义*（特别地）都有明显的乌托邦倾向，它们对人类爱交往、能合作与喜群居的行为潜能的信心就反映了这一点。因此，社会主义的乌托邦都具有强烈的平等主义性质，其典型特征就是主张财产的集体所有制和政治权威*的弱化或根除。女权主义*和生态主义*亦衍生出了各自的乌托邦理论。自由主义*在提出乌托邦思想方面的能力，受到了它对于人类自利性和竞争性之强调的限制，但它对自由市场资本主义*的极端信仰也可以被视为一种市场乌托邦主义。其他的乌托邦则是基于对政府和政治权威的仁慈影响的信赖。例如，莫尔的乌托邦社会，尽管以经济平等为背景，但却是一种等级性、权威性和家长制的社会。

意　义

在工业化引发的政治和社会大动荡的总体刺激下，理解政治的乌托邦方法在19世纪最为流行。然而，在20世纪，乌托邦主义却异常地不受欢迎。对于乌托邦思想的批判可以分为两种。第一种批判与人们在日常用语中使用的带有的贬义的“乌托邦”一词相一致，指出乌托邦主义是一种虚妄或空幻的思想，一种对不切实际与不可企及的目标的信仰。例如，卡尔·马克思就曾公开谴责“乌托邦社会主义”（utopian socialism）所提出的道德愿景是毫无历史和社会现实依据的。与此相反，“科学社会主义”（scientific socialism）则力图解释社会主义社会如何实现和为什么能够实现，尽管马克思主义的乌托邦特征也能从其终极目标（即建立没有阶级的共产主义社会）的性质中看得出来。第二种批判则认为乌托邦主义是一种没有明言的极权主义，因为它提倡一套单一的毋庸置疑的价值要素，从而也就容不下自由辩论和多样性的存在。

> **赫伯特·马尔库塞**，当代德裔美籍哲学家和社会理论家、政治思想家，法兰克福学派和弗洛伊德主义的马克思主义的重要代表人物，被西方誉为“新左派哲学家”。他生于柏林一个有教养的犹太家庭，一生都在美国从事社会研究与教学工作。他对现代社会持极端批判态度，但同时强调它的压抑性特征和它解放人类的潜能。代表作有《理性与革命》、《爱欲和文明》、《单向度的人》、《论解放》。

然而，自20世纪60年代以来，随着新左派*的兴起和诸如**赫伯特·马尔库塞**（Herbert Marcuse，1898—1979）、厄恩斯特·布洛赫（Ernst Bloch，1885—

1977）以及保罗·古德曼（Paul Goodman，1911—1972）等思想家著作的问世，乌托邦主义又开始复兴了。乌托邦主义的长处就在于，它使得政治理论*能够超越现实并挑战“可能的边界”（boundaries of the possible）。建立“具体”的乌托邦，是在现存环境中挖掘增长和发展潜力的一种方式。如果没有一种“什么可能”的愿景，那么政治理论就会干脆地被“什么是”淹没，从而也就失去了它进行批判的利刃。

进一步阅读的书目

Barry，B. and Hardin，R.（eds），*Rational Man and Irrational Society*?（Beverly Hills，CA：Sage，1982）

Burchill，S. and Linklater，A.，*Theories of International Relations*（London：Macmillan，1996）

Chalmers，A. F.，*What Is This Thing Called Science*?（Milton Keynes：Open University Press，1986）

Cohen，G. A.，*Karl Marx's Theory of History*：*A Defence*（Oxford：Clarendon Press，1978）

Dallmayr，F. and McCarthy，T.（eds），*Understanding and Social Inquiry*（Notre Dame，IN：University of Notre Dame Press，1997）

Dunleavy，P.，*Democracy*，*Bureaucracy and Public Choice*：*Economic Explanations in Political Science*（Hemel Hempstead：Harvester Wheatsheaf，1991）

Easton，D.，*The Political System*（Chicago，IL：Chicago University Press，1981）

Finifter，A.（ed.），*Political Science*：*The State of the Discipline*（Washington，DC：American Political Science Association，1993）

Goodin，R.，*Utilitarianism as a Public Philosophy*（Cambridge：Cambridge University Press，1995）

Harvey，D.，*The Condition of Post Modernity*（London：Basil Blackwell，1989）

Held, D. (ed.), *Political Theory Today* (Oxford: Polity Press, 1991)

Held, D., *Political Theory and the Modern State* (Oxford: Polity Press, 1990)

Heywood, A., *Political Theory: An Introduction* (London: Macmillan, 1999)

Hutcheon, L., *The Politics of Post Modernism* (New York: Routledge, 1989)

Johnson, N., *The Limits of Political Science* (Oxford: Clarendon Press, 1989)

Kegley, C. (ed.), *Controversies in International Relations Theory: Realism and the Neoliberal Challenge* (New York: St Martin's Press, 1995)

Kuhn, T., *The Structure of Scientific Revolutions* (Chicago, IL: Chicago University Press, 1962)

Kumar, K., *Utopianism* (Milton Keynes: Open University Press, 1991)

Kymlika, W., *Contemporary Political Philosophy: An Introduction* (Oxford and New York: Oxford University Press, 1990)

Marsh, D. and Stoker, G. (eds), *Theory and Methods in Political Science* (London: Macmillan, 1995)

Merleau-Ponty, M., *Adventures of the Dialectic* (London: Heinemann, 1993)

Ollman, B., *Dialectical Investigations* (London: Routledge, 1993)

Vincent, A., *Political Theory: Tradition and Diversity* (Cambridge: Cambridge University Press, 1997)

Weaver, R. K. and Rockman, B. A. (eds), *Do Institutions Matter?* (Washington, DC: Brookings Institution, 1993)

第五部分
价　值

此部分讨论了作为规范原则或政治理想的概念。在很多情况下，这些概念是各种意识形态传统的基石。

回 应

回应（accountability）的意思是有答复的义务，它意味着某个人有解释自己行为和公开接受别人批评的义务。回应要求政府机构的义务、权力和功能以这样的方式来规定，即“更高”的机构能够对下属机构的表现进行监督与评估。从这个意义上讲，回应只能在宪政*背景下运行，有回应并不意味着要屈从于专断的权威*和随意的惩罚。回应也可以相当于一种不太严格的责任*形式，因为它确立了答复和解释某个人行为的义务，但并未要求一定得承担罪责和接受惩罚。

意 义

回应是有限政府*、有效决策和民主*的一个重要特征。它通过建立可以让一个机构监督另一机构的工作和表现的政治控制机制，限制了政府的权力*。同时，它能够以确保政策*建议被仔细审查和政治行为被严格监控的形式来提高公共政策质量。当回应是通过定期与竞争性的选举来达成时，它就相当于一个公共控制系统，而公共回应也就成了民主统治的具体表现。然而，回应只有在特定的条件下才是有效的。这些条件包括：行为监督机制是严格的；“更高的”机关或实体拥有足够的信息渠道以做出中肯与明智的判断；以及能够对重大失误或敷衍行为进行适当的制裁。回应的主要缺陷在于它可能限制独立的判断和行动。例如，公务员对部长的回应就有可能导致政治化的后果，从而使官僚权力受制于执政当局的需要。

自 治

从字面上看，自治（autonomy）就是自行统治或自行治理。国家*、机构或组织如果享有一定程度的实质性的独立就可以被说成是自治的。这个意义上的自治尽管有时也被用来暗示高度的自行治理，但却不是主权独立意义上的自治。当被用于个人时，自治是与自由*紧密相联的。然而，自由不仅意味着纯粹意义上的“任由”(left alone)，也表示理性上的任意（self-willed），所以把自治归为积极自由（positive freedom）的一种形式是最为恰当的。自治的个人，因其响应了内在的或“本真的”冲动，而被认为达到了真的境界和个人的完满。

意　义

在国际政治中，自治被普遍地看成是主权*的一个指标，自治的国家就是独立并自行管辖的国家。然而，人们普遍认为这个意义上的自治国家即使有，也是非常少的。多元主义理论家更是从相对而非绝对的意义上来使用自治。作为一项与机构或政府层次相关的宪法原则，自治与分权*的关系非常紧密。在这里，自治是通过权力*分散的自由信念来加以合理化的，尽管由此建立起来的制约和平衡既意味着相互依赖也意味着独立。这一术语也被用于对国家的分析中，国家自治表明国家清楚它自身的利益，而不是纯粹听凭社会上的强大集团任意摆布的工具或代理人。自由主义者在传统上一直通过捍卫这样的国家自治形象来反对马克思主义的阶级国家理论，尽管现代马克思主义者也准备接受国家的“相对自主性”(relative autonomy)。最后，个人自治的理想可以被看作意志自由论和无政府主义思想的深层价值，它们认为自行治理的个人几乎不用或根本就不需要政治权威*这种形式的引领。这个意义的自治通常与民主*相联系，可是也仍然会限制民主的管辖权限，因为它强调的是个性而不是集体或多数的统治。

公民身份

公民身份（citizenship）①，是个人与国家*之间的一种关系，在这种关系中双方通过交互的权利*和义务而联系在一起。公民不同于臣民和外国人，因为他们依靠其所拥有的基本权利而成为其所属之政治共同体或国家的正式成员。对公民身份的看法

① 也可译为“公民资格”和“公民权”等，但无论哪种说法，其要义皆无外乎“公民权利”(civil rights)。——译者注

是不同的，这要看它究竟是由个人主义*还是由共同体主义*来确定。前者与自由主义*相联系，提倡“权利的公民身份”(citizenship of rights) 原则，尤其强调私人的权利和个人作为自治的行为体的身份。共同体主义有社会主义和保守主义两个版本，但是二者都提倡“义务的公民身份”(citizenship of duty) 原则，都强调公民责任*的重要性。这类理论倾向于把国家描述成一个伦理主体，并看重共同体*的必要性和社会存在的作用。

意 义

那种认为公民权利是政府的合理目标的观点，可以追溯到古希腊时期的政治思想以及关于个人存在的基本特征就是对公共事务的关心这样一种信念。因此，历史上反复出现的对公民身份的兴趣，反映了人们对人类生活的“公共”方面的持续关注和努力。关于公民身份的争议，集中在它所包含的权利与它作为一项政治原则的价值上。政治上的右派*，只强调民事权利和政治权利，即只在市民社会*内行使的权利与参与的权利，因而倾向于支持狭义的公民身份观念。政治上的左派*却相反，它认为公民应该享有最起码的社会权利，即那些从社会和福利的角度来表述的权利，因而倾向于支持“社会公民身份”(social citizenship) 的观念。意志自由论者直接反对公民身份观，他们否认个人应该拥有更广泛的社会身份和社会责任。马克思主义者也可能批判公民身份，说它掩盖了阶级权力不平等的现实。女权主义者还可能以公民身份没有考虑家长压迫为由来批评它。然而，作为重新确立“权利和责任”议程的一种尝试，作为对新右派*的市场个人主义的一种抵消，共同体主义的兴起与新社会民主主义*的出现，复活了人们对公民身份的兴趣。这通常与“积极公民身份”(active citizenship) 的观念相联系，这种观念尤其强调公民的社会义务和伦理责任。

公民自由

公民自由 (civil liberty) 存在于“私人”领域，它属于公民而不属于国家*。因此，公民自由包含了一系列“消极的”权利*，这些权利通常根植于要求政府*方面不予干涉的人权*学说。典型的公民自由通常包括言论自由、出版自由、宗教与良心自由、流动自由和结社自由。公民自由经常和公民权利相混淆，前者是免于（*from*）政府的自由，而后者一般是“积极的”权利，即参与和获得权力*的权利。因此，公民权利运动呼吁的主要是投票权和政治权利的扩大以及歧视的消除，而不是公民自由的增多。

意　义

通常认为，维持关键的公民自由对自由民主制社会的运行极为重要，因为这些权利为个人提供了抵制专横政府的手段。在许多情况下，公民自由原则是通过书面文件，如权利法案*，在宪法中确定下来的，并被广泛地视为司法独立以及严格划分法律*与政治*的基本依据。因此，从自由主义的角度看，公民自由之界定的明晰性及其维系的有效性，是个人自由*的关键指标。然而，保守主义者和社会主义者还是对公民自由持保留态度。保守主义者认为公民个人自由的增强往往会导致政府控制的削弱，尤其不利于国内秩序的维持。社会主义者则警告人们，公民自由的说教有可能成为社会不平等和阶级压迫的辩护词，特别是当它被适用于财产权的时候。

集体主义

宽泛地讲，集体主义（collectivism）是一种认为人类的集体努力比个人奋斗具有更高的实际价值和伦理价值的观念。它反映了人性*具有社会性内核的思想，意味着无论是社会阶级*、民族*、种族*还是其他社会群体都是富有意义的政治实体。然而，这一概念的用法几乎谈不上什么一致性。**米哈伊尔·巴枯宁**（Michael Bakunin，1814—1876）把他的无政府主义*描述为集体无政府主义，并用集体主义来指代由自由的个人构成的自行治理的联盟。更为普遍地，集体主义被看成是个人主义*的对立面，理由是它蕴涵着集体利益应该高于个人利益的意思。在这种意义上，集体主义通常与

> **巴枯宁**，俄罗斯早期无产阶级革命者，著名无政府主义者。主要著作有《国际革命协会的原则和组织》、《革命问答》、《上帝与国家》、《国家制度和无政府状态》等。他的思想在19世纪的瑞士、意大利、西班牙等国广泛传播，对现代西方无政府主义思潮也有一定影响。

国家*相联系，因为国家机制在支持集体利益的同时就压制了市民社会*中的个人利益。与巴枯宁对该词的用法截然相反，这种观点意味着：国家责任的增强标志着集体主义的进步。这也解释了集体主义常常与集体化*相混淆的原因。集体化是国家在经济控制上的扩展，虽然它也可以被视为促进集体主义目标的一种方式。

意　义

集体主义是社会主义意识形态的重要组成部分。在社会主义者那里，集体主义既是伦理的也是经济的：在伦理上，合作形式的集体努力，能够在我们共同的人性基础上增进社会团结和对人类同伴的责任*；在经济上，与个人奋斗所造成的浪费性竞争相反，集体主义能够使社会的集体力量以合理与高效的方式来利用。对集体主义的强调，在传统社会主义关于平等*、福利*和公有制的信念中都有充分的体现。的确，马克思主义属于方法论集体主义（methodological collectivism）的一种，因为它把社会阶级而非个人视为历史变革的根本动力。但是，集体主义并不能完全等同于社会主义*，民族主义*、种族主义*和女权主义*也可以被认定为集体主义的不同形态。反对集体主义的基本观点通常有两种，而且都植根于自由的个人主义。第一种观点认为，集体主义坚持共同的社会身份和共享的人类利益，从而抹杀了个性和多样性。第二种观点认为，集体主义必然地（并非偶然地）与国家主义和自由*的消蚀有关系，因为除了通过政治权威*外，就再没有别的提升集体利益的有效方式。

共同体

共同体（community）①，在日常用语中指特定地区人们的集合体，它可以是一个

---

① “community”有“社群”、“社区”和“共同体”三种译法。在不同文本中，它们或许都是适当的，很难以对错论之。不过，如果对词义稍做区分，那么“社群”着眼于具有“共同身份”的人群，且特别地与“社群主义”相关联；“社区”强调一群人共同居住的“地域”，且大多与社会学相关联；而“共同体”泛指具有某种“共同性”的人群，小到家庭，大到国家和跨国组织和运动。本书作者主要在最后一个意义上使用“community”，即具有“集体同一性的社会群体”，因此译者采用了“共同体”的译法。关于这个译法的相关理由还有：尽管是同一个词，但“共同体”是一个传统的政治学概念，而“社群”和“社区”则是相邻学科新近的用法；这个词的词根是“共同”(common)而非“社会”(social)，如果把“社群”和“社区”回译成英文，我们首先能想到的词就分别是“social group”和“social region”而非“community”。社会群体（social group）一般被定义为两个或两个以上发生相互作用且具有相似特征与集体感的人。尽管没有关于社会的最佳定义，但大都认为社会群体要显著地小于社会，即通常所言之“大社会，小群体”。——译者注

村庄、城镇、城市甚或一个国家。然而，作为一种政治或社会原则，共同体一词表示的是一个建立在友谊、忠诚和义务等联系基础上的具有很强的集体同一性的社会群体。费迪南德·滕尼斯（Ferdinand Tönnies，1855—1936）对礼俗社会（*Gemeinschaft*）和法理社会（*Gesellschaft*）作了区分。礼俗社会（共同体）主要存在于传统社会，以自然的爱慕和相互的尊重为特征；法理社会则是一种通常见于城市与工业化社会中的更为松散的、不自然的与契约性的关系。埃米尔·迪尔凯姆（Emile Durkheim，1858—1917）强调，共同体是以社会和道德准则的保持为基础的。他指出，如果这些准则被削弱了，就会引发“混乱”，以及隔阂、孤独与没有意义的感觉。迪尔凯姆认为这种感觉和自杀事件有很大的关联。

意　义

虽然共同体的概念依然模糊和难以界定，但它在政治思想领域却一直是一个被反复强调的主题。该主题可以追溯到亚里士多德关于人类在本质上是“政治动物”（political animals）的断言。社会主义者和传统的保守主义者都特别重视共同体。对于社会主义者来说，共同体意味着合作和社会义务，而激进的社会主义者则特别偏爱小规模的自我管理的共同体（communities）或公社（communes）。对于保守主义者来说，共同体为个人提供了一种有保障的社会身份和根源感。在 20 世纪末，共同体主义*着手纠正因自由主义和个人主义价值的扩散而导致的“原子主义”（atomism），在这个过程中共同体的主旨也得到了更加清楚和完整的阐发。

共同体原则的批评者指出，共同体要么在政治上是危险的，要么在理性上是虚假的。共同体的危险性在于，它可能导致以集体的名义对个人权利和自由的侵犯。纳粹主义*对旨在使个性和个人感受消融于整个社会的“民族共同体”（*Völksgemeinschaft*）的强调，就再明白不过地显示了这一点。共同体在理性上的局限，源于其试图将事实上没有的东西包含在集体身份和社会联系这一实际存在之中的倾向。因此，自由主义者或许会说，没有共同体这样的东西，有的只是个人的集合体。有鉴于此，“同性恋共同体”（gay community）和“黑人共同体”（black community）这样的提法就特别容易受到指责。

同　意

同意（consent）的意思是表示赞同或做出应允。同意，作为一项政治原则一般与权威*相联系，是人民答应接受统治并因而服从政治义务*的一种方式。在实际意义上，同意常常与选举*相联系。然而，一般认为选民同意接受统治，并不特别地通过他们投票支持获胜的政党或候选人来体现，而是通过他们参与选举机制并因而把选举当成是选择领导人或建立政府*的合法方式来表现的。

意　义

同意是自由主义*的一个重要原则。从自由主义的观点来看，同意代表着自由个人的自愿行为，因此权威和社会关系应该始终以同意为基础。这既可以确保权威“自下而上”地产生，又始终能使其具有合法性*基础。同意原则的经典表述是：政府必须建立在“被统治者同意”（consent of the governed）的基础上。因此，同意就使得自由主义者站在了偏爱代表*和民主*的行列。但是，他们同时认为社会团体和社会联合也应该建立在同意的基础上，因为它们是经由追求自我利益的个人通过契约性协议自愿地组建起来的。由此看来，政治义务或其他义务是有道德约束力的，因为我们自愿达成协议就意味着我们允诺要遵守协议。对同意原则的反对出于这样的疑问，即同意得以展现的基础是什么以及个人在多大程度上可以被看作有自由的与有自我意志的行为体。例如，我们有理由问，选举行为能够等同于被统治者的同意吗？难道那些参与投票的人就保证要尊重其政府并遵守由它制定的法律*吗？此外，同意原则还忽视了意识形态*和政府宣传在塑造人们思想并因而影响其看似自愿的行为方面的能力。

宪　政

宪政（constitutionalism）[①]，在狭义上就是有限政府*依凭宪法*的存在而发生的

---

① 也有译为“立宪主义”和“宪政主义”的，而在此处宜译为“宪政”。——译者注

实践。从这个意义上讲，只要政府机关和政治过程受到宪法规章的有效约束，就存在着宪政。在宽泛的意义上，宪政指的是一系列政治价值和期望，它们反映着人们希望通过建立制约政府权力*的内外机制来保护自由*的愿望。宪政原则被明文表达在宪法通则中以支撑确立这一目标的条款，主要是那些关于成文宪法、权利法案*、权力分立*、两院制*议会以及联邦制*或分权制*的条款。

意　义

宪政是自由主义*的一个基本政治价值，也是自由民主制*的一个重要组成部分。其重要性出于这样一种深刻的忧虑，即政府总是易于对个人实行暴政，因为权力本身就是腐败的。因此，宪政是对自由的重要保证。但是，宪政所采取的形式通常是很不相同的。自由宪政通常都具备成文宪法、政府机构中的制约与平衡体制，以及对公民自由*的通常是牢固的正式保障。然而，英国的政府体制即便一直以来就不具备上述各项特征，却仍然时不时被看成是宪政性的。宪政的批评者指出：宪政只关注正式的以及通常为法定的政府组织。例如，在维护个人自由上，宪法和机构的分立，可能并不比政党竞争和民主*更为起作用。社会主义者也批评了宪政，他们把宪政视为制约政府权力的工具并进而指出这种制约有碍于资本主义体系的有意义的改革。

民　主

民主（democracy）从字面上看就是由人民（*demos*）来统治，尽管在古希腊语中*demos*一词的最初含义是“穷人”或“多数人”。但是，简单的“人民统治”（rule by the people）观念是含糊的，由此得出的种种解释更是令人困惑不已。的确，民主既可以被视为一种“有争议的”价值，也可以用来表示多种多样的体系。或许，亚伯拉罕·林肯（Abraham Lincoln）的葛底斯堡演讲（1864）确立了一个更为有益的出发点，即他在演讲中极力赞美的他所称之“民有、民治、民享的政府”（government of the people，by the people and for the people)①。这一表述凸显了民主的三个核心特征的重要性。第一，对“人民”的强调，意味着政治平等*，即对政治权力*和影响力的平等分配。第二，政府*“由”（by）着人民，强调了大众参与的重要性。第三，政府“为”（for）了人民，突出了民主是按公共利益来实施的统治的意思。

然而，民主也有许多不同的模式。最重要的区别存在于直接民主和代议制民主之间。**直接民主**（*direct democracy*），与古典民主、激进民主和参与民主的含义大体相同，是以公民对政府工作的直接、不断与持续的参与为基础的，因而也就消除了统治者与被统治者以及国家*与市民社会*之间的界限。可见，直接民主是一种民众自行统治的体系。在古代雅典，直接民主是以公民大会的政治形式（即雅典民主）来实现的，而其最普遍的现代形式是全民公决*。**代议制民主**（*representative democracy*），其最普遍的形式是自由民主制*，是一种有限的和间接的民主。所谓有限的，是指它将民众的政治参与限定在每隔几年举行一次的公民投票中，既不经常，又很短暂。所谓间接的，是指公众并不亲自行使权力，而只是选择能代表其利益的人来实施统治。只有当代表*制建立在统治者和被统治者之间可靠而又有效的联系之上时，这种形式的统治才算是民主的。有时，选民授权*的观念也表达了这个意思。

资料链接

葛底斯堡演说

葛底斯堡演说，美国前总统亚伯拉罕·林肯最著名的演说。1863年11月19日，即美国内战中葛底斯堡战役结束的四个半月后，林肯在宾夕法尼亚州葛底斯堡的葛底斯堡国家公墓（Gettysburg National Cemetery）揭幕式中发表此次演说，哀悼在长达五个半月的葛底斯堡战役中阵亡的将士。这一演说仅有两分多钟长，却是美国历史上最著名、被引用最多的政治性演说之一。

---

① “民有、民治、民享”是孙中山先生修译多次的结果，且已成为流传甚广的经典政治话语，因此沿用于此。其实，将其直译为“归人民所有、由人民统治、为人民服务”也是可以的。另外，林肯的葛底斯堡演讲不到两分钟。“of”、“by”和“for”，作为这篇短演说的结束语中的介词，其所表示的真切意思并不容易译实。比如，“of the people”，可译为“归人民所有”，也可译为“由人民构成”；“by the people”，可译为“由人民统治”，也可译为“靠人民统治”、“通过人民来统治”；“for the people”，可译为“为人民服务”，也可译为“对人民负责”。——译者注

演说全文：

八十七年以前，我们的祖先在这大陆上建立了一个新的国家，它孕育于自由，并且献身给一种理念，即所有人都是生来平等的。

当前，我们正在从事一次伟大的内战，我们在考验，究竟这个国家，或任何一个有这种主张和这种信仰的国家，是否能长久存在。我们在那次战争的一个伟大的战场上集合。我们来到这里，奉献那个战场上的一部分土地，作为在此地为那个国家的生存而牺牲了自己生命的人永久眠息之所。我们这样做，是十分合情合理的。

可是，就更深一层意义而言，我们是无从奉献这片土地的——无从使它成为圣地——也不可能把它变为人们景仰之所。那些在这里战斗的勇士，活着的和死去的，已使这块土地神圣化了，远非我们的微薄的力量所能左右。世人会不大注意，更不会长久记得我们在此地所说的话，然而他们将永远忘不了这些人在这里所做的事。相反，我们活着的人应该献身于那些曾在此作战的人所英勇推动而尚未完成的工作。我们应该在此献身于我们面前所留存的伟大工作——由于他们的光荣牺牲，我们要更坚定地致力于他们曾做最后全部贡献的那个事业——我们在此立志誓愿，不能让他们白白死去——要使这个国家在上帝庇佑之下，得到新生的自由——要使那民有、民治、民享的政府不致从地球上消失。

意　义

政治家和政治思想家普遍转向民主，是政治历史上最富有戏剧性的重大事件。到了 19 世纪，民主都还带有贬义，意思是“暴民统治”(mob rule)。然而，现在，我们都成了民主主义者。自由主义者、保守主义者、无政府主义者，甚至连法西斯主义者都极力宣扬民主的优越性并向人显示他们的民主凭证。的确，“历史终结”论者认为 20 世纪末共产主义*的崩溃意味着自由民主在世界范围内的最终胜利。民主过程和实践取代权威主义*的基本原因是：在复杂的与高度分化的现代社会中，只有把权力*分散了才能维持政治稳定，而这种趋势又因受过更好的教育、拥有更多信息与在政治上更成熟的公民的产生而加强了。在民主获得压倒性胜利的地方，大多都采取较为可行的代议制形式。然而，信息技术的发展也使得直接民主越来越具有可行性，尤其是在小规模的共同体中。

关于民主的大多数争议都来源于不同民主理论或民主类型之间的竞争，关注的主要是民主应当在何种程度上以及应当被如何运用的问题。这些争议中最普遍的议题有：代议民主制的充分性，尤其是民主与选举*的关系，以及民主原则应该被狭隘地局限于政治领域还是应该被广泛地适用于家庭、工作场所和经济权力的分配领域。然而，不管怎么认为，对民主的优点和缺点的争论都具有重大的意义。

资料链接

民主的优缺点

为人们所称道的关于民主的主要优点如下：

- 民主能对权力进行制约并使权力受控于公众的同意*，从而使个人免受来自政府的侵害并进而捍卫自由*。
- 民主允许公民通过政治参与来获悉社会如何运行，从而促进了教育和个人的发展。
- 民主允许所有人对决策过程有发言权，从而使他们与社会形成利害关系并进而增强共同体*和社会团结。
- 民主能确保政府政策反映全体公民的普遍利益，从而扩展社会和个人的福利。
- 民主能使政府的“输出”与民众的“输入”保持一致并形成平衡，从而确保政治稳定。

人们对民主的主要批评如下：

- 由于智慧和知识在社会中分布的不平等，民主会导致无知与教养不足的群众的统治。
- 民主相当于“51%的暴政”(tyranny of the 51 per cent)，这意味着大多数人能够以人民的名义来抹杀个人的自由和少数人的权利。
- 民主会导致过多的政府控制和国家控制，因为它表达的是集体利益而不是个人利益。
- 民主或许会导致独裁*和压迫，因为它允许造谣生事者通过投合大众粗俗的本能需要来获得政权。

平 等

平等（equality）是均匀分配的原则，但它并不意味着一致或一样。我们如果不能回答“在什么方面均匀”的话，“平等”也就没有什么意义。基于什么在被分配着，平等这一术语有非常不同的含义。**根本平等**（*foundational equality*）是这样一种观念，即人类是“生而平等”的，因此每个人的生命都应具有同等的伦理价值。**形式平等**（*formal equality*）是指个人在社会中应享有的形式上的身份平等。这是从权利*和资格而言的，其最明显的形态就是法律平等（即“法律面前人人平等”）和政治平等（即普选权与“一人一票，每票等值”）。**机会平等**（*equality of opportunity*）的意思是每个社会成员都应有相同的起点或相同的生活机会。这区分了两种不平等：一种是由于社会待遇的不公平而导致的不平等（这是不正当的）；一种是由于优点、天赋与工作意愿的不均匀分布而导致的不平等（这是正当的）。**结果平等**（*equality of outcome*）指的是收益的平均分配。它通常表现为“社会平等”，即收入、财富和其他社会物品的平均分配。这些不同的平等观点有时是互不相容的，例如，主张机会平等的人就可能会以能人统治*和激励的必要性为根据来为社会结果的不平等提供辩护。

意 义

平等观念或许是现代政治思想的一个确定性特征。古典的以及中世纪的思想家都把等级制度看成是自然的或不可避免的，而现代思想家却很少有不愿意支持某种形式的平等观的。从某种意义上讲，我们现在都是平等主义者。因此，就平等问题而展开的现代论战，已不是支持平等原则的人与反对该原则的人之间的交锋，而是不同的平等观之间关于在哪里适用与如何适用平等原则的论争。虽然作为哲学原则的根本平等和作为法律及政治原则的形式平等已被广泛接受（至少在自由民主制社会是如此），但是围绕结果平等或收益平等观点的深刻辩论却仍在继续。的确，许多人都将政治领域中的左/右*政治谱系视为对社会平等的不同态度的反映：左派明确支持社会平等，但右派却对此提出质疑或反对。

资料链接

关于平等的主要论点

赞成社会或物质平等的主要论点如下：

- 它能创造共同身份和共享利益，从而加强社会团结和共同体*。
- 它能促进正义*，因为绝大多数的社会不平等形式都是社会不公平对待的产物，而不是自然禀赋不同的结果。
- 它能扩大自由*，因为它可以使人民免于贫困并满足其基本需求。
- 它是唯一有意义的平等形式，因为所有其他形式的平等都有赖于它：真正的法律和政治平等都以人们能获得平等的社会资源为必要条件。

反对社会平等的主要论点如下：

- 它是不公正的，因为它平等地对待（本来就）不平等的人，从而不能使人们获得与其天资和能力相一致的收益。
- 它会导致经济萧条，因为它消磨积极性并限制抱负心，是一个“向下扯平”的过程。
- 它意味着对个人自由的不断侵扰，因为它只有通过国家干预和系统的“社会工程”（social engineering）才能实现。
- 它会导致单调的一致性；社会的生气与活力，也会随着多样性的消损而受到抑制。

自　由

从最宽泛的意义上讲，自由（freedom 或 liberty，这两个词可以互换使用），是一个人根据自己的意愿进行思考或行动的能力。然而，I. 伯林（I. Berlin，1958）却对自由做了“消极自由”与“积极自由”的重要的区分。**消极自由**（*negative freedom*）的意思是不受干涉（non-interference），即没有外部的强制力施加于个人。这样，个人就能按照他或她自己的意愿“随意”行动。消极自由最明显的表现形式是自由选择权、公民自由权*和个人隐私权。**积极自由**（*positive freedom*）是与某些可辨认的目标或利益的实现相联系的。这些目标或利益通常指的是个人发展或自我实现，尽管伯林把自由界定为自主并把它与民主* 联系了起来。对伯林来说，消极自由和积极自由的区别，反映了**免于某事的自由**（*being free from something*）与**去做某事的自由**（*being free to do something*）之间的差异。然而，这种“免的自由”与“做的自由”区分实际上是一种误导，因为任何关于自由的事例都可以用这两种自由形式来描述。例如，免受无知困扰的自由也就是接受教育的自由。G. C. 麦卡鲁姆（G. C. MacCallum，1991）提出了一种单一的价值中立的自由概念，其表达式为：“X若想去做Z或想成为Z的话，就得免于Y的强制”（X is free from Y to do or be Z）。这一表述说明，“我们是自由的吗?”这个貌似深刻的问题是毫无意义的，它应该被替换为一个更完整与更具体的陈述：我们能免于什么样的强制以及我们能随意地做些什么。

意　义

自由在西方自由社会中常常被认为是最重要的政治价值。其优点在于，与人类是理性与自我意志的动物的观念相呼应，它为人们展现了满足利益或实现潜力的希望。简言之，自由是幸福和安宁的基础。然而，尽管自由的影响很广，但不同的政治思想家和传统却从各自的自由观出发得出了不同的结论。古典自由主义者和新右派* 的支持者，从严格的消极意义来看待自由，认为它意味着国家* 的撤退和政治权威* 的减弱。无政府主义者更进而将自由视为一种绝对价值，认为它与任何形式的政治权威都不能相容。但现代自由主义者和社会主义者却倾向于为主张扩大国家责任（尤其是与福利* 和经济管理有关的责任）的积极自由观喝彩。可见，当把国家看成是强加于个人的外在约束时，它就成了自由的敌人；而当国家为个人发展和自我实现提供条件时，它就成了自由的保障。至于保守主义者，他们一贯赞成较为温和的自由观，认为自由就是对责任和义务的自愿认同。这种观点被法西斯主义者发挥到了极致，他们把“真正”的自由描述为对领导人的无可置疑的服从以及民族共同体* 对于个人的完全吸收。

然而，除无政府主义* 外，再也没有一种意识形态把自由当成是一种无条件的幸福。人们对自由和放纵之区分的普遍接受，就反映了这一点。自由指的是在道德上可

> **R. H. 托尼**，英国著名社会哲学家、经济学家、历史学家、社会批评家，支持一种深深植根于基督教社会道德准则的社会主义，这种道德准则与马克思主义的阶级分析无关。代表作有《平等》、《贪得无厌的社会》、《激进的传统》等。

以接受的自主形式；而放纵则是对自由的滥用或过度的自由。正如 **R. H. 托尼**（R. H. Tawney，1880—1962）所说，“梭鱼的自由就是鲦鱼的死亡”（The freedom of the pike is death to the minnows）。因此，最重要的是必须在自由与秩序*之间保持平衡，而这种平衡的本质一直是政治理论*的一个核心主题。在二者的平衡中，那些偏爱自由的人，如自由主义者和社会主义者，认为人类是理性和开明的动物，因此可以根据自己的利益做出明智的决定。相反地，那些强调秩序优先的人，如传统的保守主义者，则往往认为人类是软弱的、有限的、甚或腐败的动物，因此需要被置于权威的掌控之下。

除了关于自由的哲学争论之外，政治思想家有时也讨论自由的心理影响。自由主义思想家如 J. S. 密尔乐观地认为，自由会促成人类的兴盛。但埃里克·弗洛姆（Erich Fromn，1984）等作家的观点截然相反，他们将注意力转向了“对自由的恐惧”。这种观点认为：从选择与不确定性的角度看，自由会给人带来心理负担；在政局不稳和经济危机期间，这种负担会促使人们逃避自由并屈服于一个全能领导人或极权国家以寻求安全。这一看法已经被用来解释法西斯主义*和宗教原教旨主义*的兴起。

人　权

人权（human rights）是人们因为是人而得到的权利*。这些权利是“自然”权利的现代和世俗形式，通常被认为是由上帝赋予的。因此，人权是普遍的、根本的与绝对的。它们是普遍的，因为人权属于任何地方的任何人，而不论其国籍、民族、种族出身和社会背景等如何。它们是根本的，因为它们不可剥夺：人权可以被否定或被侵犯，但是人类拥有这种权利的资格是不可转移的。它们是绝对的，因为人权，作为享受真正的人类生活的基本依据，是不能有任何条件的（尽管有人认为：所有的权利都是相互冲突的因而也都是相对的；权利是一种零和游戏）。人权与公民权利是可以区别开来的，理由是：前者是一种号称具有普遍权限的道德原则；而后者取决于特定社会给予公民的自由和地位。然而，公民权利和公民自由* 概念常常以根本的人权信念为基础，而这些信念又可以被看成是以公民身份* 形式用法律表达出来的道德原则。

意　义

在世界上的某些地区，人权具有与宗教相似的重要性。人权的支持者认为，人权是构成自由*、平等* 和正义* 的基础，并且体现了所有的人类生命都应当受到尊重这样一种观点。在这种意义上，可以说人权用政治方式表达了世界主要宗教共有的道德价值，并超越了传统意识形态的分歧。因此，人权已经被视为国际法* 的一个重要支柱，有时甚至被当成高于国家主权* 的价值，并因而被用来为人道主义干涉甚至军事干预（如 20 世纪 90 年代对伊拉克与塞尔维亚的干预）做辩护。《联合国人权宣言》（*the United Nations Declaration of Human Rights*，1948）对人权下了最权威的定义，尽管其他一些文件如《欧洲人权与基本自由宪章》（*the European Convention on Human Rights and Fundamental Freedoms*，1953），也很有影响。

然而，人权学说也受到了批评。人们提出了各种各样的哲学难题，包括：人权只是一种道德主张，缺乏经验上的合理性；人权很难被说成是绝对的，因为各种权利（如生命权和自卫权）常常是相互制衡的；关于什么时候一个人应当被视为"人"从而有资格享有人权也总是不清楚的（与堕胎相关的人权争议尤为如此）。政治上的反对，来自保守主义者和共同体主义者。他们认为，把个人与其所属的传统、文化和社会背景分开来说个人有权利是荒唐的。至于马克思主义者，他们一直都在声称，自然权利或人权赋予所有人利用其不平等的社会资源的权利并因而保护了私有财产权*。最后，人权常常被认为与政治自由主义* 的观点和假定有内在的联系。在这种情况下，如果把人权描绘成是普遍适用的原则，就会陷入一种意识形态帝国主义，意思是西方的自由价值是优越于其他所有价值的。

个人主义

个人主义（individualism）是一种认为个人的重要性高于任何社会群体和集体的

信念。它通常情况下被视为集体主义*的对立面。然而，个人主义既可以是描述性概念，也可以是规范性概念。作为描述性概念，其表现形式为**方法论个人主义**（*methodological individualism*），它认为个人是任何政治理论或社会解释的核心——任何关于社会的论断都应该以组成社会的个人为根据。正如马格丽特·撒切尔所说："没有社会这种东西，只有个人和他们的家庭。"作为规范性概念，其表现形式为**道德个人主义**（*ethical individualism*），它意味着：个人的权利*、需要或利益应放在优先地位；使个人受益才应该是社会建设的宗旨。

然而，道德个人主义在实践中的含义还取决于人对个人的看法或人性*理论。其最常见的形式，**利己个人主义**（*egoistical individualism*），也称"市场的"、"占有的"或"原子的"个人主义，强调人的自利性与自立；认为个人是他或她自己才能的绝对所有者，既不欠社会什么，也不需要社会回报什么（这种个人主义与方法论个人主义有最明显的一致性）。另外，道德个人主义还有一种可以被称为**发展个人主义**（*developmental individualism*）的形态，它强调个人的发展和人类的兴盛，并以个性理念的形式来表达这个意思。这种个人主义允许社会责任*甚至利他主义的存在，因而也就混淆了个人主义和集体主义之间的界限。

意　义

亚当·斯密，苏格兰经济学家、哲学家。斯密第一次系统地分析了市场经济的运行，对新兴的古典自由主义产生了关键性的影响。他最著名的著作是《国富论》（*The Wealth of Nations*，1776）。

个人主义学说产生于17—18世纪，是市场经济或资本主义社会发展的结果。资本主义社会要求个人做出更广泛的经济和社会选择并对自己的生活承担个人责任。个人主义是自由主义*的基本原则，因而也就成了西方政治文化的一个重要组成部分。方法论个人主义有着悠久而又令人难忘的历史。社会契约论者如托马斯·霍布斯和约翰·洛克，功利主义者如杰里米·边沁，**亚当·斯密**（Adam Smith，1723—1790）以来的经济理论家，以及现代的理性选择*论者都采用了个人主义的方法。作为一种分析模式，个人主义的吸引力在于，它能够使理论建立在一个关于人类行为的看似经验的甚至符合科学观察的基础之上。简言之，如果理解了个人，社会的政治制度与机制也就具有了可解释性。然而，任何方法论个人主义都有一个缺陷，它既是非社会的，又是非历史的。个人主义者将政治理论建立在一种预先规定的人性模式基础上，因而忽略了这样一个事实，即人类行为从一个社会到另一个社会以及从一个历史时期到另一个历史时期都是各不相同的。如果经验和社会环境塑造了人性，那么个人就应该被视为社会的产物，而不是正好相反。

然而，作为一项道德或政治原则，个人主义通常具有强烈的反国家主义的蕴义。对于古典自由论者、新右派*和个人无政府主义者来说，个人主义的要害是以牺牲政府权威*为代价来扩大市民社会*和私人领域的范围。因此，个人主义意味着消极自由*，即个人选择和个人责任的扩大。然而，这种以自我为中心的个人主义却遭到了社会主义者、传统的保守主义者和现代共同体主义者的反对。在社会主义者看来，个人主义促进了贪婪和竞争，削弱了共同体*的联系；在保守主义者看来，个人主义带来了不安全感和无根底感，并损害了传统价值；而在共同体主义者看来，个人主义使社会丧失了建立道德秩序和激励集体奋斗的能力。

正　义

“正义”（justice）是主张从道义上合理地分配奖励与处罚的观念。简而言之，正义就是给予他或她“应得”的东西，这又常常被视为他或她的“应得的报酬”（just desserts）①。在这个意义上，正义可以应用于所有社会“物品”（如自由*、权利*、权力*、财富和休闲等等）的分配。然而，由于实施正义分配的依据千差万别，正义或许也可以被看成是了一个典型的“在根本上有争议的”概念。尽管如此，我们仍然能够把正义区分为程序正义和实质正义。**程序正义**（*procedural justice*），或“形式”正义，涉及达成分配结果的方式，因而也涉及支配人们行为与相互作用的规则。例如，只要一场体育竞赛是根据公平规则独立裁定的，那么这场比赛的任何结果就都可以被认为是正义的。简言之，应当有一个“公平的赛场”（level playing field）。另一方面，**实质正义**（*substantive justice*），或“具体”正义，则关注结果本身的性质，即

① 在英语中“just desserts”通常是“just deserts”的一个错拼。“just deserts”的意思是“无论奖惩，那都是应得的”或者“对于所做之事该付的报酬或代价”。“desserts”的本意是在正餐之后上的最后一道菜，即“甜点心”或“水果”。作者在这里采用的是其错拼的形式，但一语双关，颇有谐意。——译者注

关注“终点”的本质。这种正义主要体现于惩罚应该“合适”于罪行的观点中，换句话说，刑罚本身应当是恰当的与合理的。

最普遍的两种运用“正义”概念的方式是法律正义和社会正义。**法律正义**（*legal justice*）涉及作为不正当行为（特别是违法行为）之结果的惩罚与奖励的分摊。因此，司法系统有时被描述成正义的执行机关。但是，法律* 不应该等同于正义：法律可以是正义的或不正义的，就如执行法律的司法系统一样。**社会正义**（*social justice*）涉及物质和社会收益（主要是财富、收入和社会地位）在道义上的合理分配。许多人用社会正义来表示平等*，甚至将它视为一项具体的社会主义原则。然而，社会正义的概念既可能是平等主义的，也可能是非平等主义的，甚至社会主义者在使用这个术语时也往往只是用它来表示一种温和的平等：常常从机会平等的角度来论证的物质不平等的缩小。

意　义

正义被视为政治思想的首要概念。自柏拉图和亚里士多德时代以来，政治思想家们一直认为“美好”社会就是“正义”的社会。因此，许多政治理论* 都有关于“谁应得到什么”的争论。就法律正义而言，这一问题在很大程度上已经通过被普遍认可的程序规则（如法律建议与代理的增加，司法中立，证据规则以及陪审团的使用等）的发展而得到了解决，尽管自由—民主社会的法律和伊斯兰教国家的法律（*Sharia*）之间可能存在着实质上的不同。

然而，关于社会正义的争论却一直是既深刻又反复的。包括新右派* 支持者在内的一些人，摒弃了社会正义观念。他们的理由是：把诸如正义等道德原则应用于财富和收入的分配是不合适的，因为这些都是严格意义上的经济问题，只能通过诸如效率和增长等标准来判断。从这种观点来看，把穷人视为非正义的“受害者”是荒谬的。社会主义者和现代自由主义者则正好相反，他们被社会正义观念所吸引恰恰是因为他们不愿意把经济和伦理分开，也是因为他们不愿意把与财富和贫穷相关的问题留给变幻莫测的市场*。因此，对社会正义的认同与对政府干预经济和社会生活的支持，通常是携手并进的。然而，自由主义者和社会主义者的社会正义模式还是有很大的差别。自由主义模式源于个人主义*，并以对能人统治* 的信奉为基础；而社会主义模式则源于集体主义*，并显示了对社会平等和共同体* 的更大支持。

领　导

领导（leadership）可以被理解为一种行为模式，一种个人品质或政治价值。作为行为模式，领导是某个人或群体施加于更大的实体以便组织或指导它达成预期目标的一种影响力。作为个人品质，领导是领导者赖以对他人施加影响的个性特征。从这个意义上讲，领导与超凡魅力、诱惑力或个性力量非常接近。作为政治价值，领导就是引导和激励，即通过道德威信或意识形态见识动员他人的能力。

意　义

从某些方面来看，政治领导的话题好像已经过时了。把社会分为领导者与追随者的做法，植根于以敬服和尊重为特征的前民主文化（pre-democratic culture）。在这种文化中，领导者“最为英明”（knew best），而大众则需要带领、动员或指导。民主压力或许仍没能消除领导者存在的必要性，但民主通过要求领导人做出公共回应与建立可以更换领导人的制度机制，肯定已对领导形成了强有力的制约。然而，在别的方面，关于领导的政治学却变得越来越重要了。例如，在某种程度上，民主* 制度本身就迫使政治领导人为寻求选举支持而“设计他们自己”（project themselves），从而增强了个性的重要性。毫无疑问，这种趋势由于现代大众媒体（尤其是电视）而大大强化了。大众媒体倾向于强调个性而不是政策，并为领导者提供了操控其公共形象的强有力的武器。而且，随着社会的复杂化和分化，人们也许会越来越指望某个领导者的个人洞察力能够给予他们生活其间的世界以凝聚力和意义。

然而，政治领导问题仍然被深刻的意识形态争议包围。其主要支持者都是政治上的右派*，影响他们的是对自然不平等的总体信念与对大众的悲观立场。其极端形式体现于法西斯主义的“领袖原则”（leader principle）中。这种原则坚称，存在着能够单独带领大众实现其使命的一位独一无二与至高无上的领袖。这是一种源于弗里德里希·尼采的“超人”（*Übermensch*）概念的理论。

为人们所设想的关于领导的主要优点如下：

- 它能动员和激励那些不那样就没有活力与没有方向感的人们。
- 它能促进团结并鼓舞群体成员向着同一个方向前进。
- 它能通过确立责任和任务的等级制来强化组织。

另一方面，自由主义者和社会主义者则常常警告人们领导人是不值得相信的，并把领导当成是对平等*和正义*的根本威胁。然而，这并没有妨碍社会主义政权也采用领导体制，而且从列宁的先锋党理论（theory of the vanguard party）中可以看出，它们有时还强调了政治领导的必要性。

为人们所声言的关于领导的主要危险如下：

- 它会使权力*集中并进而导致腐败和专横，这样就产生了应该通过回应*来限制领导的民主要求。
- 它会酿成屈从和奉承并进而打消人们为自己的人生承担责任的念头。
- 它会缩小争辩和讨论的范围，因为它强调的是从上面传达下来的意图而不是从下面反映上去的意见。

能人统治

从字面意思来看，能人统治（meritocracy）指的是由那些有能力或天资的人来统治。能耐，就是天赋加上勤勉。然而，这一概念最普遍的用法是被当作一项社会正义*原则，意思是：社会地位和物质收益应该反映能力和努力在整个社会的分布状况。然而，根据人们究竟强调的是天赋还是勤奋，我们还是可以从能人统治中引出不同的含义。主要强调天赋的能人体制，立意要鼓励人们（尤其是让那些有才能的人）在最大程度上实现自己的天然能力。强调勤奋的能人体制则认为努力才是道德上值得赞赏的，其理由是：奖励天才就等于创造一种“天然彩票”（Rawls，1971）。能人统治与等级制不同，因为它允许社会流动性，是一种灵活的不平等模式。这与那种固定的、结构性的社会地位和财富分等模式是对立的。

意　义

能人统治是一项重要的自由社会原则，也可以被视为自由资本主义*的基本价值之一。其捍卫者指出，能人统治具有经济和道德上的双重优点，主要包括：

- 它能通过鼓励人们实现自己的才能并使其勤奋工作获得奖赏来保证激励性。
- 它能确保社会由那些有智慧和才能的人（他们更能够判断其他人的利益）来引导。
- 它是正义的，因为按能力分配给每个人的都是他或她“应得的”，而且又不妨害机会均等的原则。

然而，能人统治原则并没有获得普遍的认可。它的主要批评者是社会主义者，传统的保守主义者也反对能人统治。他们的批评主要如下：

- 它鼓励竞争和自我奋斗，因而威胁了共同体* 和社会的凝聚；R. H. 托尼更将其称为“蝌蚪哲学”（tadpole philosophy）。
- 它是非正义的，因为它意味着不平等是不平均的个人天资的反映；而事实上，不平等通常就是不公正的社会待遇的反映。
- 它是矛盾的，因为它一方面为社会的不平等辩护；另一方面，它又必须通过财富的再分配来建立起一个“公平的竞赛场”（level playing field）才能实现。

中 立

中立（neutrality）就是没有任何党派性或约束性。它包含着对“偏袒”的拒绝。在国际关系中，中立是一个国家* 宣告不卷入冲突或战争、表明其无意于支持或援助任何一方的法律状态。作为一种个人行为原则，中立适用于法官、公务员、军人及其他公共职员等。严格地说，它意味着没有政治情感和意识形态倾向。因此，中立者是政治意义上的宦官。但在实践中，对不偏不倚的要求却并没有那么严格。它允许公职人员有自己的政治情感，只要这种情感不妨害其职业或公共责任即可。

意 义

中立原则对于自由一民主政府* 的理论和实践至关重要。其核心是“国家中立”，即国家* 不存在任何经济的社会的或其他形式的歧视，并因而一视同仁地对待所有个人和群体。当把国家中立原则用于国家机构和官员（主要是司法机关* 、公共服务机构、警察和军队）时，这项原则就表现为宪法的中立原则。这样，中立原则就可以保证国家对政府的分离，意即公职人员不受职业政治家的政治和意识形态热情的沾染。从这个角度看，政治中立有两大益处：它主张平等地对待所有人而不论其社会背景、种族、宗教和性别等，因而可以确保公正性；它要求人们在理性与证据的基础上而不是在非理性的偏见的基础上做出决策，因而可以增强客观性。然而，政治中立也在三个方面受到了批判。第一，马克思主义者、女权主义者等都将其视为一种假象，认为它刻意掩盖了国家（常常是通过政府机关的组成和结构）与社会中有权势或有财产的集团在利益上的吻合性。第二，有些人认为中立只是一个神话，任何人都不能压制经由个人的社会背景与团体成员资格而形成的价值与信念。第三，有些人或许会把中立当成是不可欲的，因为他们相信中立会带来冷漠或纵使公职人员抵制由民主选举产生的政府的意志。

义　务

义务（obligation）是按照特定方式行为的要求或本分。法律义务不同于道德义务。**法律义务**（*legal obligations*），如缴税和遵守其他法律* 的要求，是通过法庭强制实施的，并以惩罚系统作为后盾。“不得已”（being obliged）做某事，意味着有一种强制性因素；因此法律义务得以伸张的根据或许就是谨慎：不管法律是正确的还是错误的，害怕受惩罚就得服从它们。另一方面，**道德义务**（*moral obligations*）的履行不是因为这样做是明智的，而是因为这种行为被认为是正确的或在道义上是正确的。“有义务”（having an obligation）做某事仅表示一种道义上的本分。例如，做出一项承诺，就意味着有兑现它的道德义务，而不管违背诺言会有什么后果。道德义务最重要的形式是“政治义务”，即公民承认国家* 的权威* 并遵守其法律的义务。因此，义务可以被认为是公民身份* 的一个关键组成部分。公民的权利* 和义务是同一枚硬币的正反两面。

意　义

政治义务一直是政治理论* 的核心主题之一。这是因为义务问题牵涉到政治统治的道德基础。对政治义务的经典解释，可见于“社会契约论”。社会契约是公民之间或公民与国家之间订立的一份协议，通过这份协议公民接受国家的权威并由此而获得只有最高权力才能提供的利益。在柏拉图看来，服从国家的义务建立在公民选择留驻在国境之内这一简单事实所造成的一种不言自明的承诺的基础上。在霍布斯和洛克看来，政治义务是以国家维持秩序*和稳定的能力为基础的。在卢梭看来，政治义务产生于国家明确表达“公意”（general will）或集体利益的能力。保守主义者和共同体主义者走得更远，他们指出义务不只是契约性的，而且是任何稳定社会的内在特征。从这一角度看，义务是一种自然的本分，它反映着这样一个事实，即我们的价值和认同在很大程度上源于我们所生活于其中的社会。反对政治义务观念本身的理论家仅有坚持绝对尊重个人自治*的哲学无政府主义者。

财产权

在日常用语中，财产权（property）与无生命的物体或“事物”相联系。然而，财产权最好被看成一种由习俗、惯例和法律*（在多数情况下）所规定的社会制度。作为一项政治原则，财产权使人们注意到存在于被提及之物体与其所属之个人或团体之间的所有权关系。在此意义上，财产权与对被简单使用的物体之占有之间存在着明确的区分。例如，在沙滩上拾起一块鹅卵石，借一支钢笔，或驾驶不管其他什么人的车，都没有建立起所有权。因此，财产权是对一个物体或占有物的一种确定的与可强制执行的要求，它是一项权利*而不是一个“东西”。所以，财产的所有权，表现为对一个物体存在着权利和权力；也表现为对与该物体有关之责任和义务的承认。

财产权可以被设想为私人财产权、公共财产权或国家财产权。**私人财产权**（*private property*）是个人或机构排除他人使用某物或获益于某物的权利。但是，这种“排除”（exclude）权利并不必然地否定动用（access）。别的什么人也可以使用“我的”车，但必须得到我的同意。**公共财产权**（*common property*）建立在集体成员共享对财产的处置权利的基础上，集体中的任何人都不能行使“排除权利”（right to exclude），除非涉及集体之外的成员。**国家财产权**（*state property*）是属于国家*的私有财产权。例如，普通公民没有权利动用警车等国家财产，就如同他们没有权利动用任何其他私人的车辆一样。然而，国家财产权和公共财产权这两个概念常常是相互混淆的。“公众所有权”（public ownership）或“社会所有权”（social ownership）这样的术语，看起来好像指所有公民集体地拥有财产权，而在事实上它却通常被记述为由国家拥有和控制的财产权。类似地，“国有化”意味着民族*所有权，但它一律都是通过一套国家控制体系来起作用的。

意 义

在政治与意识形态的论战中，财产权问题是最深刻和最能导致分裂的争论点。的确，意识形态分歧一直都可以归结为人在财产权问题上所持之立场。左翼和右翼的政治派别都奉行着不同的财产权政治学。于是，资本主义*和社会主义*之间的冲突就被描述为在两种对立的经济哲学之间的不同选择，前者建立在私人财产权的基础之上，而后者则建立在公共财产权的基础之上。

自由主义者和保守主义者通常是私人财产权强有力的支持者；他们的主要论点如下：

- 财产权是一种建立在“自我所有权”（self-ownership）基础上的权利——因为每一个人都对他或她本身拥有排他性的权利，所以这样的人对自己的劳动产品也就拥有排他性的权利；财产权是把人类劳动“混合”于无生命物体而被创造出来的（洛克）。
- 它是劳动的动因，因而也就是经济繁荣和效率的保障。
- 它能扩大个人的自由*，也即促进独立和自立——人们能够“独立自主”（stand on their own two feet）。
- 它能提升重要的社会价值：因为财产所有者在社会中有“股份”，所以就更有可能维持秩序*、遵守法律和尊重他人的财产。
- 它是自我实现的手段，是个人身份的外在表现——人们是从他们所拥有的财产（如车子、房子与书籍等等）来“看”他们自己的。

另一方面，社会主义者和共产主义者则提出了有利于公共财产权的论点：

- 它反映这样的事实：劳动总的说来是一种社会性和集体性的活动，它依赖于合作而不是独自的努力——“凡共同生产的就应共同拥有”（what is produced in common should be owned in common)。

- 它能通过确保社会成员享有共同利益和集体身份来强化共同体* 和社会内聚力。
- 它能通过防止一些人积累财富而使其他人无可奈何的现象来保证平等*。
- 它能根据个人的自我发展而非获得物来定义幸福，从而能够使人们摆脱贪婪和实利主义。

然而，有清楚的迹象表明，所有权政治学的重要性已经下降了。尽管这个议题在20世纪80年代由于新右派* 的私有化热情而得以重现，但是1989—1991年革命中共产主义* 的崩溃和社会主义的去激进化却导致了对私人财产权（至少是对其在经济上的长处）的广泛接受和对公共财产权和国家财产权之缺陷的普遍承认。

代　表

在日常用语中，代表（to represent）的意思是"描画"或"展示"，如当一幅画被认为"代表"了一处场景或一个人时。作为一项政治原则，代表（representation）是一种关系，通过这种关系一个人或一个团体得以为更广大的人群的利益而奋斗或行动。代表不同于民主*，前者承认政府* 与被统治者之间的区别；而后者（至少在其经典意义上）则立志要废除这种区分并实行民众的自我治理。然而，代表民主也可以是一种有限的和间接的民主统治，如果代表能够将政府与被统治者联系在一起从而使民众的意见得以有效表达或使民众的利益得以确保的话。

不过，还没有任何一种代表理论获得广泛认可。代表这一术语的含义可以是下列四个表述中的任何一个。第一，代表可以是受托人（a trustee），即一个对别人的财产或事务担负正式责任的人。**埃德蒙·伯克**曾对此做了经典的阐述，他认为代表是通过他们自己的独立思考并使用他们本身的成熟判断来为委托人服务的。第二，代表可以是代办人（a delegate），即一个挑选出来根据明确的指导或说明为别人行事的人。代

> **埃德蒙·伯克**，出生于都柏林的英国政治家、作家、演说家、政治理论家和哲学家，英美保守主义传统的奠基者和创始人，该传统承认"为了保持而变革"的原则。他曾在英国下议院担任了数年辉格党的议员，反对英王乔治三世和英国政府，支持美国殖民地以及后来的美国革命，批判法国大革命。

表意味着要成为他人意见的传输渠道，而不能表达自己的意见或观点。如销售代理或使节就是如此。第三，代表可以是履行授权* 的人，意思是这类人有义务兑现其在发起选举* 时所做的承诺。该理论意味着，代表的首要行为者是政党* 而不是单个的政治家。第四，代表可以是他或她（通常来自本团体）自称要予以代表的团体的象征或肖像。这种观点在"跨界别代表"（representative cross-section）的观念中得到了体现。它表明：代议制政府或议会* 是更大社会的一个缩影，有来自社会中所有团体和部门的成员，而且在人数上也与社会各团体的规模大体上成比例。

意　义

代表被广泛地看成是现代环境下唯一可行的民主形式。尽管前民主社会的代表形式被认为是通过君主咨询有土地、有神职与有其他利益的人的义务来运作的，但人们对代表制的兴趣却是伴随着普选作为政治录用主要手段的更为广泛的运用而产生的。代表的主要好处是：它提供了这样一种机制，通过它人们可以更换不受欢迎的政治家或不成功的政府；与此同时还减轻了普通公民的日常决策负担，从而使政治* 领域中的劳动分工成为可能。因此，代表使政府得以由那些受过更好的教育、拥有专业知识和经验更丰富的人来掌管。

然而，对代表的实践含义，即它实际上究竟是什么或应该是什么，人们的看法是大相径庭的。例如，伯克的托管模型就把代表视为一种可以托付给受过良好教育的社会精英的道德责任。这个模式的优点在于，它可以使代表不受委托人欠考虑与愚昧的看法的束缚，其缺点则是它有可能允许代表增进自己的利益或维护社会精英的总体利益。作为代办的代表，是在人们以大众主权* 观念的实现来专门抵制这种精英化趋势的过程中出现的。但是，它似乎又剥夺了政府和议会作为"论战与讨论平台"的至关重要的协议功能。授权说的优势在于它只授权政府执行已经得到正式承认的政策，因而有助于使选举具有意义。但是，投票者是否受到各种议题或政策的影响是值得怀疑的；而且，与代办一样，授权也几乎没有给政府留出辩论的自由或机动的空间。肖像模型有点想当然地认为，代表可以与其所代表的团体保持一致，因为他们有相同的背景和共享的经验。但是，诸如"只有女人才能代表女性"或者"只有黑人才能代表其他黑人"这样的观念，或许还是过于偏狭和简单了。还有人对代表思想本身提出了质疑。他们大都会说，代表不过是民主的一个替代品，因为代表总是带有精英主义的色彩：政府是被一小群职业政治家操控着的，而民众却无法接触到政治权力*。

责　任

责任（responsibility）可以用三种相互参照的方式来理解。第一，从为（*for*）某物或某人负责的意义上讲，责任意味着有控制或权威*。因此，个人责任意味着为自己或自己的经济和社会状况负责，而社会责任意味着为他人负责。第二，从对（*to*）某人负责的意义上讲，责任表示的是回应*或答理。这表明在个人或机构之上存在着一个更高的权威，个人或机构是它的下属并受它的控制。在这个意义上，政府是负责的，如果其行为要公开接受有权收回政府权力*的议会*或议院的监督和批评的话。这里还有一个重要的道德维度：它意味着政府愿意接受责备和承受适当的惩罚。第三，责任就是以明智、合理或在道德上正确的方式来行为，而不如此往往会面临压力。因此，当政府抵制选举压力并冒着不得人心的风险来推行致力于满足长期公共利益需要的政策时，它就可以自称是负责任的政府。

意　义

责任，当其被用于个人时就会有不同的含义，取决于公民想为什么负责与对谁负责。然而，联系到选举和民主程序的广泛运用，责任政府理念的用意还是比较明确的。从责任政府就是能回应的政府的意义上讲，它通常与后面两个好处联系在一起。第一个好处是，它将政府与选民（他们被视为更高的权威）绑在一起，从而有助于代表*制的实施。因此，责任政府就意味着政府对公众负责，可以被公众撤换（大抵是通过竞选机制）。第二个优点是，它通过制约政府权力的实施与公开的政策*分析和辩论过程而使政府暴露于严格的检查和监督之下。这项功能通常是赋予议会的，是通过辩论和质询程序并以一种更专业的方式（使用委员会*）来落实的。

在英国的政治体系中，责任政府已经被细致地分解为集体的和单个大臣的责任惯例。集体责任责成所有大臣“同心协力”（sing the same song）。理由是：他们既要集体地对议会负责，又可能集体地被议会罢免。个人责任要求大臣们各自为部门性的过失或政策失效对议会负责。尽管如此，责任政府的充分性仍受到广泛的怀疑。当责任原则失去其政治功用并成为纯粹的宪法原则时，这种怀疑就产生了。例如，但凡控制了下议院的多数席位，英国政府就不会为承担集体责任而担什么心；而个人责任（至少按其一贯的方式来说），也不再会导致大臣的辞职。从责任就是政府按照在道德上正确的方式行为的意义上讲，责任向来就是充满深刻争议的。与回应观念相对，责任的危险在于把政府与人民截然分开，因为它意味着只有政府才有能力判断人民的最佳利益。毫无疑问，由于知道没有其他任何实体能挑战这一自命，所有的政府都会在这个意义上把自己说成是负责任的。

权　利

权利（rights）是采取行动或被以某种特殊的方式来加以对待的资格（尽管它最初代表的是一种权力或特权，如贵族权利或神圣权利）。然而，权利不外乎法律权利与道德权利。**法律权利**（*legal rights*）是由法律*或正式的规则体系来规定的，因而是可以强制实施的。**道德权利**（*moral rights*）却不同，它只是以道德声明或哲学主张的形式存在。人权*及其前身自然权利，本质上都是道德权利，尽管它已经被越来越多地引入国际法（有时是国内法）中。我们还可以进一步将权利分为消极权利和积极权利。**消极权利**（*negative rights*）是那些划出一个不受限制的行为领域进而对他人（尤其是政府*）的行为施加限制的权利。因此，诸如言论自由和迁移自由等传统的公民自由*都属于消极权利。我们对这种权利的行使，要求政府和公民同伴不得进行干预。**积极权利**（*positive rights*）是那些要求他人（特别是政府）提供资源和支持从而扩大他人责任的权利。社会和福利权利，如接受教育的权利与获取收益的权利等，都属于积极权利。我们对这种权利的行使，要求政府提供服务并保证社会的支持。

意　义

权利学说源于17—18世纪的自然权利或天赋权利的思想，特别是由社会契约论者广为运用的权利思想。因此，权利是作为自由个人主义*的一种表达形式而发展起来的，而且在很大程度上依然是这样的。然而，几乎所有的政治传统和思想家都采用了权利语言。这就意味着政治争论中充斥着种种的权利主张，如接受教育的权利、自由演讲的权利、堕胎的权利和动物权利等等。这反映了一个事实，即权利是将政治允诺转变为原则性要求的最方便的工具。因此，在权利问题上最重要的分裂，主要不是围绕权利到底存不存在而产生的，而是围绕什么权利应该优先以及这种优先究竟意味着什么而出现的。例如，消极权利在传统上受到自由主义者的推崇，但却遭到了社会主义者的攻击。前者把消极权利视为个人抵御专横政府的手段；而后者则指出，消极权利支持的可能只是私有财产权*和阶级不平等。另一方面，积极权利受到了希望保住福利供给和经济干预的社会主义者的偏爱，却遭到一些自由人士和新右派*支持者的谴责，因为这些权利会助长依赖并削弱自立能力。

此外，自由主义者将权利认定为严格的个人权利，但其他人却提出团体权利的观念，如社会主义者支持的工会权利和民族主义者强调的民族自决权都属此类。少数人权利的观念，涉及诸如妇女（只从精英代表这个角度来说，当然属于少数）、同性恋者、残疾人、儿童和少数民族等群体的权利，已经引起了特别的争议。在许多情况下，这些权利是关于平等*的权利；换句话说，就是代表那些受到某种歧视或处于社会劣势地位的人们而提出的希望平等对待的要求。但在其他情况下，少数人权利却明确地表达了特定群体的特殊要求，如妇女的避孕权和堕胎权、轮椅使用者的移动权。生态主义者将权利适用于非人类（动物权利最为明显，更为广泛地也包括行星权利）的努力，则引起了更进一步的争论。

然而，一些思想家也反对权利思想本身。马克思主义者一贯将权利描述为资产阶级意识形态*的实例，因为权利确立了一种虚假的平等*从而掩盖了资本主义体系的实际运作。功利主义者将权利斥责为废话，认为它们只是无法验证的哲学主张。保守派和一些共同体主义者警告说，“权利文化”（culture of rights）会滋生利己主义并削弱社会规范；对个人权利的沉迷就是对人们在道德上应该正确这个观念的威胁。

宽　容

宽容（toleration），有忍耐与克制的意思，是接受我们不同意或不赞成的观点或行为的意愿。因此，宽容应该与放任和冷漠相区别。放任是一种允许人们按照其所愿或所选而行事的社会态度；它所体现的或是道德上的冷漠（即相信难以从道德角度对质疑中的行动做出判断），或是道德上的相对主义（即相信道德判断只有根据有关个人的观点来做出）。宽容则建立在两个独立的道德判断的基础之上：一是不同意某类行为或某套观念；二是刻意拒绝把自己的观点强加于别人。所以，宽容的意思并不是"将就"改变不了的事。比如，妻子出于恐惧而与残暴的丈夫住在一起，就难以说成是她对他的行为的"宽容"。此外，宽容也不意味着不干预。尽管宽容不允许干涉他人或限制他人，但它却允许通过道德榜样和理性说服去影响他人。有时，宽容也被区分为"消极"宽容和"积极"宽容：前者是对多样性的被动接受或是"我活也让别人活"（live and let live）的意愿；而倡导百花齐放的后者，则是对多样性与多元主义* 的赞美。

意　义

宽容是自由主义* 的一个核心原则与自由民主制* 的主要价值之一。自由主义者通常将宽容视为个人自由* 的保障和社会繁荣的手段。约翰·洛克捍卫了宽容，尤其是宗教宽容，他指出国家* 无权插手"人对灵魂的料理"（the care of men's souls）。然而，他的核心论点是基于对人类理性的坚信。他认为，"真理"只有在不同思想和观点间的自由竞争中才能出现，因此必须听任"她自己去改变"。J. S. 密尔将宽容视为个人自由的一个方面，说它表现了个人自治* 的目标。他进而指出，宽容能够促进辩论和争论，从而促进整个社会理性的升华和道德的健全。这类观点与人们对多元主义之道德、文化和政治形态的支持是一致的。

然而，即使是自由主义者也承认宽容有限度，特别是在遇到极端偏狭者而需要对宽容加以保护时。这或许就为取缔那些反民主和反宪法的极端政党* 提供了理由：他们如果当政，就会实行独裁统治并取消宽容。其他一些对宽容的忧虑包括：它很相信或许是过于相信理性主义* 和人们抵制"坏"观念的能力；它可能允许持进攻性思想的群体（如种族主义者和法西斯主义者）合法地活动并获得尊重；它会削弱社会，因为它使得社会不可能发展起共享的价值和共同的文化。

传　统

传统（tradition）是指历经岁月而留存下来的并因而也是从更早的时期承袭下来的观念、习俗与制度。但是，很难精确判定某种事物要存在多长时间才能被视为传统。传统通常被认为是代与代之间的连续性，是那些代代相传的东西。然而，传统与流行事物之间的界限常常是模糊不清的。不过，传统与进步、反动之间的区别还是分清楚了才好。进步意味着立足过去并向前推进；反动表示“让时钟倒转”（turning the clock back），是对过去的召唤；而传统则代表着连续或保守，即没有变革。

意　义

传统是保守主义*的一个关键原则，有人甚至会说是确定无疑的原则。保守主义者对传统的最初辩护，是以自然秩序*的观念与传统体现着神赐的制度和习俗的信念为基础的。而到现在，除宗教原教旨主义者外，已经没有人还会信奉这些。在依然坚持保守主义的人眼中，传统有两个层次。第一，传统反映了过去积累下来的智慧与那些经受住了“时间考验”的制度和习俗，因此为了活着的人和将来世代的利益，它应当被保存下来。这种看法，在埃德蒙·伯克的关于社会是“那些还活着的人、那些死去了的人与那些将要出生的人”之间的一种伙伴关系的主张中得到了体现。第二，传统能使个体产生一种基于历史的归属感和认同感，并且能通过为社会建立道德和文化基石的方式来增强社会的凝聚力。因此，传统能使人们（无论是个人还是集体）明白他们究竟是谁。

然而，现代社会的发展已经从总体上削弱了对传统的尊重。传统主义的残存形态，如新保守主义对传统价值的捍卫，也通常被认为是应对后传统社会（post-traditional society）之艰难调整的一部分。这些发展中最重要的是，技术发达社会中变化节奏的加快以及理性主义*的传播。这意味着，检验“价值”的最好方法是理性和批判性理解，而不是简单的幸存。对传统最通常的批评有：传统相当于J. S. 密尔所称之“习惯的专制”（despotism of custom），因为它要使当代人成为过去的奴隶并否定进步的可能性；传统不是为多数人而是为少数人的利益服务，也就是为那些主宰过去社会的精英集团服务。

福　利

埃斯平-安德森，丹麦社会科学家，世界知名的社会福利研究专家。研究领域主要为社会民主、社会政策比较、福利国家以及劳动力市场等。主要著作有《福利资本主义的三个世界》、《转型中的福利国家》等。

福利（welfare），从其最简单的形式看，就是总体上的幸福、繁荣或安宁。它不只意味着肉体上的生存，还意味着一定程度的健康和满意。作为一项政治原则，福利是指社会安康得以维持的一种特殊手段，即政府*通过所谓的福利国家向国民集体地提供福利。“福利国家”一词要么被用来表示为公民的社会安康承担广泛责任的国家*，要么（更为狭义地）被用来指代国家赖以履行这些责任的健康、教育、住房和社会安全系统。福利国家有许多不同的形态或模式。**埃斯平-安德森**（Esping-Anderson，1990）对三种福利国家做了区分：自由主义的或“有限的”福利国家（如美国和澳大利亚），旨在向那些急需帮助的人提供不超过“安全网”的福利；保守主义的或“全民的”福利国家（如德国），提供范围广泛的服务，这些服务主要依靠“缴纳”原则并将利益与工作密切地联系在一起；社会民主主义或“贝弗里奇”福利国家，具有一个普遍的利益系统并以国民保险和充分就业为基础，它在传统上存在于瑞典和英国，成型于1942年的贝弗里奇报告（Beveridge Report）。

意　义

人们对福利的兴趣产生于19世纪，当时工业化已导致了可怕的城市贫穷和社会分化，而这些问题又以不同的方式困扰着保守主义、自由主义和社会主义的政治家们。人们对社会改革和福利的早期支持，反映了精英们对社会革命*的恐惧和对提高国家的经济和军事效益的期望，以及更为激进的消灭贫穷与回击资本主义制度种种非正义的愿望。这种情况，又促使不同的国家形成了不同形式的福利支持。在1945年以后的最初一段时间内，家长式保守主义者、现代自由主义者和社会民主主义者在支持福利的问题上至少达成了原则共识*。但尽管如此，在 20 世纪八九十年代却出现了福利的大撤退，甚至连社会主义者也有这样做的。导致这种现象出现的部分原因是经济全球化*的压力。不过，福利仍然是意识形态争论的主要阵地之一，在这里对阵的分别是支持福利主义的社会民主主义者和现代自由主义者，与反对福利主义的意志自由论者和新右派*支持者。

支持福利的主要观点如下：

- 福利能促进社会凝聚和民族统一，因为它使所有公民都成为社会"股份"的拥有者并能得到最基本的社会资助。
- 福利能扩大自由*，因为它能保证使人们免于贫穷并能为其发展和潜能的实现提供条件。
- 福利能通过抵制社会剥夺的影响和帮助无力自助者从而确保繁荣。
- 福利作为社会再分配机制，能促进平等*并增强社会责任感。

反对福利的主要观点如下：

- 福利会造成依赖文化并进而在个人责任和自立方面对自由形成限制。
- 福利相当于合法化的小偷因而是不正义的，因为它无须征得同意就能把成功者的资源转移给懒惰者。
- 福利在经济上是破坏性的，因为福利开支会增加税收并引发通货膨胀。
- 福利是无效能的，因为它是由垄断性的公共官僚机构来提供的，而这些机构又不受利润动机的驱使。

进一步阅读的书目

Arblaster, A., *Democracy* (Milton Keynes: Open University Press, 1994)

Barbalet, J. M., *Citizenship* (Milton Keynes: Open University Press, 1988)

Barker, J., *Arguing for Equality* (London and New York: Verso, 1987)

Barry, N., *Welfare* (Milton Keynes: Open University Press, 1990)

Bellamy, R. (ed.), *Theories and Concepts of Politics* (Manchester: Manchester University Press, 1993)

Birch, A. H., *Representation* (London: Macmillan, 1972)

Freeden, M., *Rights* (Minneapolis, MN: University of Minnesota Press, 1991)

Goodin, R. E. and Pettit, P., *A Companion to Contemporary Political Philosophy* (Oxford: Blackwell, 1995)

Gray, T., *Freedom* (London: Macmillan, 1990)

Held, D. (ed.), *Political Theory Today* (Cambridge: Polity Press, 1991)

Heywood, A., *Political Theory: An Introduction* (London: Macmillan, 1999)

Horton, J., *Political Obligation* (London: Macmillan, 1992)

Kingdom, J., *No Such Thing as Society? Individualism and Community* (Buckingham: Open University Press, 1992)

Mendus, S., *Toleration and the Limits of Liberalism* (London: Macmillan, 1989)

O'Neill, J. (ed.), *Modes of Individualism and Collectivism* (London: Gregg Revivals, 1993)

Rawls, J., *A Theory of Justice* (London: Oxford University Press, 1971)

Ryan, A., *Property* (Milton Keynes: Open University Press, 1987)

第六部分

制　　度

此部分审视了涉及政治权力的组织或更为宽泛的政府制度安排方面的概念。

绝对主义

绝对主义（absolutism）是绝对政府的理论或实践。说政府* 是“绝对的”（absolute），就是说它拥有不受限制的权力*：政府不受政府本身之外的实体的约束。绝对政府最显著的表现形式是绝对君主制*。但是，君主制和绝对政府之间并不存在必然的联系。虽然不受限制的权力可以操控在君主手中，但也可以把它授予一个集体机构（如最高立法机关）。绝对主义与各种现代的独裁制*（尤其是极权主义*）也有区别。绝对主义政权渴望垄断政治权力，且一般通过将大众排除在政治* 之外来实现；而极权主义则要通过对社会与个人存在的各个方面的政治化来掌握“全部的权力”（total power）。可见，绝对主义与独裁制（如法西斯主义*）有着重大的区别。

意　义

在 17—18 世纪的欧洲，绝对主义是占统治地位的政治形式。它通常与这样一种主张相联系，即作为不可挑战与不可分割的法律权威* 的主权* 是属于君主的。理性主义和神学理论都为绝对主义的统治做过辩护。理性主义理论，如让·博丹和托马斯·霍布斯的理论，提出了只有绝对政府才能保证秩序* 和社会稳定的理念。因此，被分割的主权或可以挑战的权力，都无非是混乱和无序的处方。绝对主义的神学理论建立在神圣权利教义的基础上。据此，君主对他或她的臣民的绝对控制，是从上帝对其创造物的权力衍生而来的，并且是与这种权力相类似的。

然而，现在人们普遍认为，绝对主义理论在政治上是多余的，在意识形态上也是令人厌恶的。说它在政治上多余，是因为：宪政* 与代表* 制的推行已经使权力变得分散并导致了制约和平衡的加强；而在独裁制得以幸免的地方，绝对统治也呈现出了相当不同于过去的政治特征。说它在意识形态上令人厌恶，是因为：绝对主义是暴政和绝对政府的庇护所；而且从定义上来看，也与个人权利* 和民主回应等观念不相容。尽管如此，在以尊重议会主权原则为基础的政治体系中，我们仍然能看到某种幸存下来的立宪绝对主义。

权威主义

权威主义（authoritarianism）① 是对“自上而下”的政府的信仰和实践。在这种政府统治下，政治统治是被强加给社会的，而不管社会是否同意*。因此，权威主义不同于权威*，后者建立在合法性*基础上，从这种意义上讲其产生是“自下而上”的。权威主义是一种非常宽泛的政府类型。它可以与绝对主义*君主制、传统的独裁制*和绝大多数的军人统治相联系；左翼和右翼的权威主义版本也可以分别在共产主义*和资本主义*中找到，或分别与之有关系。但是，权威主义也常常有别于极权主义*：它着眼于对反对派和政治自由的压制，而非消除国家*与市民社会*之间的差异这一更激进的目标。因此，权威主义体制或许能够容忍范围很广的经济的、宗教的和其他形式的自由。

意 义

> **约瑟夫·德·梅斯特尔，**法国贵族、政治思想家。德·梅斯特尔对法国大革命持强烈的批判态度，而对绝对君主制则不遗余力地加以支持。他的主要政治著作是《出自教皇》（*Du pape*，1817）。

权威主义是前立宪和前民主社会占统治地位的政治形态，并通常采取君主统治和贵族特权的形式。权威主义理论可以追溯到**约瑟夫·德·梅斯特尔**（Joseph de Maistre，1753—1821）等思想家。他们认为，崇尚权威原则（与个人自由*相对）是维持秩序*的唯一可靠的手段。但在现代政治学中，权威主义通常被认为是不同于民主*和极权主义的一种政权类型。然而，权威主义这一概念的价值受

① “authoritarianism”有“权威主义”和“威权主义”两种主要译法，相应的“authoritarian regime”也就有了“权威体制”和“威权体制”等对应的译名。此外，也有一些学者将其译为“专制政体”或“独裁政体”的，理由是“authoritarianism”与“权威”无关。译者在此处采取了“权威主义”和“威权体制”的译法。理由是：1）“权威主义”与专制主义（despotism）、独裁制（dictatorship）和极权主义（totalitarianism）有联系，但毕竟也有明显区别，不宜混同起来；2）“authoritarianism”在英文中大都用来表示处于极权和民主这两个极端之间的政治制度和政体形式，隐含着这类制度“低于”或“劣于”民主制（democracy）和民主体制（democratic regime）的意思，但基本上还算一个描述性概念，贬损意味并不太强；3）权威主义虽不同于权威，但并不意味着它与权威无关，或者说它只与赤裸裸的权力有关而与合法性无染。——译者注

制于这样一个事实，即尽管权威主义体制都依赖于指挥和服从，但也显示出了很复杂的政治和意识形态特征。例如，所谓的“旧”权威主义体制（如佛朗哥治下的西班牙）通常是保守的，其出发点是保护传统的精英集团并且力图使群众非政治化；而常见于发展中国家的“新”权威主义体制却旨在发起经济动员，并在某种程度上依赖于政治鼓动。的确，此类体制可能会呈现出类似于“波拿巴主义”或“庇隆主义”的“权威—民粹主义的”（authoritarian-populist）特征。“波拿巴主义”，出现于路易·拿破仑（Louis Nopoleon）之后的法国政权（1848—1870），是一种融合了个人领导和保守民族主义*的政府类型。“庇隆主义”，出现于胡安·庇隆（Juan Peron）之后的阿根廷政权（1946—1955），是一种基于贫苦大众的支持和对经济、社会进步的承诺的独裁统治。

> **西奥多·阿多诺**（Theodor Adorno，1903—1969），德国哲学家、社会学家、音乐学者。阿多诺是法兰克福批判理论学派的主要成员，他最有名的著作包括《独裁人格》（*Authoritarian Personality*，1950）和《最低限度的道德》（*Minima Moralia*，1951）。

然而，权威主义与民主的严格区分常常让人误解，因为在民主体制中也会发现权威主义的迹象。这样的例子包括：美国20世纪50年代麦卡锡分子（McCarthyite）的“捕巫行动”（witch hunts）和英国的撒切尔主义。撒切尔将新自由主义的经济原则和新保守主义的社会政策相结合，这种结合被认为是一种“权威民粹主义”（authoritarian populism）。最后，由于权威主义与不假思索地服从命令的现象或严格要求下属服从的倾向有关，它也被认为是一种心理学或社会学现象。**阿多诺**等人（Adorno *et al*.，1950）提出的“权威人格”（authoritarian personality）概念是对权威主义研究方法的经典贡献。这一概念从“对模棱两可的极端不容忍”的角度解释了绝对服从和人格刚性。换句话说，这种极端性是对不确定性和选择所导致的深刻不安全感的一种反应。

资本主义

资本主义（capitalism）既是一种经济体系，也是一种财产所有制。其核心特征如下：第一，它以普遍化的商品生产为基础，“商品”是为交换而生产的产品或服务——它与其说有使用价值还不如说有市场价值；第二，在资本主义经济中，生产资料支配性地掌握在私人手中；第三，经济生活是依据非人的市场力量，尤其是需求（消费者愿意和能够消费的东西）和供给（生产者愿意和能够生产的东西）来组织的；第四，在资本主义经济中，物质自利和利润最大化是兴办企业和努力工作的主要动力。

然而，“纯粹的”资本主义体系是不存在的。而且，所有的经济体系都是由它们运行其中的历史、文化和意识形态背景塑造出来的。因此，在现代世界中至少可以区分出三类资本主义体系。**企业资本主义**（*enterprise capitalism*）或自由市场资本主义，见于美国和20世纪80年代以来的英国，是以对市场竞争的无羁绊运行、最低限度的公有制、“安全网”式的福利措施和弱工会的坚信为特征的。**社会资本主义**（*social capitalism*）或莱茵—阿尔卑斯资本主义，遍及欧洲大陆（尤其是德国），是以社会市场观念为特征的；也就是说，它试图达成市场竞争规制相对于社会凝聚与团结（由经济和社会干预来保障）的平衡。**集体资本主义**（*collective capitalism*）或“小虎”资本主义，见于东亚，而中国也越发如此。它被刻画为“关系市场”（relational markets），即工业和财政之间、生产者和政府之间的紧密联系；由于强调协同努力，有时也被谐称为“重人主义”（peoplism）①。

意 义

资本主义经济形式，最早出现在17—18世纪的欧洲，是从封建经济占优势的社会内部发展起来的。资本主义的实践最初来源于以市场*为导向的商业性农业，但后来则越来越依赖于工薪劳动者而非受束缚的农奴。19世纪中期以来，伴随着以机器为基础的工厂生产的出现和人口离开土地向扩展中的城镇的转移，成熟的资本主义或工业的资本主义开始出现。它首先形成于英国，但很快就扩展到了美国以及整个欧洲。由于打破了社会主义者关于资本主义必然灭亡的预言，并在20世纪与共产主义*的意识形态论战中经受住了考验，资本主义自1989—1991年东欧革命以来已经成为一种

① “peoplism”有“人民主义”、“人本主义”和“人主义”等译名。为了区别于其他与“人”有关且已成为通用语的种种“主义”，同时又体现出该词所特指的那种制度现象或社会事实，译者将其译成了“重人主义”。“peoplism”是日式集体资本主义的一个要素，说的是第二次世界大战后日本企业（特别是大型企业）广泛采取的重视工人（特别是男性工人）作用和福利的制度安排。包括把工人视为企业的“一员”；重视团队建设与协同努力；作为对工人忠诚与合作态度以及过度辛劳和奉献精神的回报，企业为他们提供终身雇用、养老金、社会保障以及休闲和娱乐等机会。可见，“重人主义”是一种企业管理哲学，一种在对待“人”上明显区别于西式企业的态度和方法。“peoplism”是评论家的用语，既有褒的——特别重视人的价值和作用，也有贬的——过于重视人以致使人非人。——译者注

没有重要对手的全球体系。资本主义的成功有两个秘密：一个是它的灵活性，这使得它能够吸收非资本主义的“杂质”并且适应各种不同的文化；另一个是它在促进技术发展方面似乎无休止的能量，这使得它能够带来普遍的（即使是不平衡的）繁荣。

很少有什么问题能像资本主义这样有效地使政治争论分化为两极。的确，左派和右派 * 意识形态的分歧一般都被理解为是反资本主义和亲资本主义两种立场之间的论战。人们对于资本主义所采取的主要立场有三种。第一种立场，主要为原教旨主义的社会主义者所采纳。他们全力拒绝资本主义，认为资本主义不过是一个大众剥削体系。毫无疑问，卡尔·马克思是这一观点的主要倡导者。他指出，资本主义社会同其他所有的阶级社会一样是注定要灭亡的，因为它建立在压迫者（资产者）和被压迫者（无产者）之间根本对立的基础之上。第二种立场，被议会社会主义者、现代自由主义者和家长式的保守主义者以不同的方式采纳。他们的观点可以被概括为这样一个断言，即资本主义是一个好的仆人，但却是一个坏的主人。这种观点承认资本主义是创造财富的最可靠的（也许还是唯一可靠的）机制，但同时又强调无节制的资本主义具有与生俱来的不稳定性而且很容易造成高失业率和广泛的物质不平等。这一观点，与 **J. M. 凯恩斯**的看法相联系，认为问题不在于资本主义本身如何，而在于应当怎样和在多大的程度上使资本主义体系得到改革或得以“人性化”。第三种立场，其最极端形态为古典自由主义者、新右派 * 以及无政府资本主义者所采纳。他们认为，资本主义是一种自我调节机制，因此应该尽可能地减少外部控制因素的干扰。一言以蔽之，就是自由放任——这个术语的字面意思即“听之任之”（leave to do）。亚当·斯密是这一观点的最早和最有影响力的倡导者，他认为市场是由“一只看不见的手”（an invisible hand）来调节的，因此会自动导致长期的平衡。

J. M. 凯恩斯，英国经济学家。凯恩斯对新古典经济学提出了批判，并强调了由政府实施“需求管理”的必要性。他的主要著作是《就业、利息与货币通论》（*The General Theory of Employment*，*Interest and Money*，1936）。

集体化

集体化（collectivisation）是一种由集体（通常是通过国家 * 机制）享有和控制财

产权* 的制度。因此，集体化是一种综合的国有化形式，它使国家控制了全部的经济生活，而不只是某些特殊的行业。集体化经济是根据计划而不是市场* 来组织的，因此它试图在与明确规定的目标相一致的理性基础上来配置资源。

意　义

最好的集体化实例存在于正统的共产主义国家，如实行中央计划体制的苏联。在斯大林时期，苏联通过一系列五年计划引入了集体化，其中第一个五年计划是于 1928 年宣布的。苏联所有的企业——工厂、农场、商店等——都由国家计划委员会（Gsplan）最终制定计划目标，并由一系列强有力的经济部门来管理。集体化的吸引力在于它承诺要实现重要领域的社会主义目标。与追求私人利润相反，集体化的主要目的是使经济能够满足更为普遍的社会需要，并确保消除或实质性地减少物质财富的不平等。然而，由于 1989—1991 年的东欧革命，集体化实际上已经崩溃；而且在共产主义得以幸存的地方，例如中国和古巴，也部分地放弃了集体化。对集体化的批评主要是：它天生就是无效率的，因为它不是利润导向的，几乎不允许物质激励的存在；它具有极权的意味，因为国家控制经济对于市民社会* 就是一种根本的威胁，且经济自由的缺失也是对政治自由的一种不可避免的危害。

协和制

协和制（consociationalism）是与威斯敏斯特体制（Westminster-style system）之多数决定制相对的政府* 形式，尤其适合分裂社会或多元社会的需求。李帕特（Lijphart，1977）确立了他所称之“协和民主”（consociational democracy）① 的两个主要特征。第一，它通常是由一个代表社会所有重要方面的大联盟来分享行政权力的，尽管在总统制* 中权力分享是通过对其他高级官职的分配来实现的。第二，社会中各

① “协和民主”还有“协商联合民主”和“共识民主”等译法。值得注意的是，李帕特所倡导的“协和民主”（consociational democracy）与哈贝马斯所主张的“协商民主”（deliberative democracy）既有相关性又有差异性。其相似之处是：两者都强调在法律制定和决策过程中通过协商达成共识的重要性。其区别在于：“协商民主”采纳了共识决策和多数决定制的要素，或与之无悖；而“协和民主”与多数决定制相悖，更强调在分裂社会中如何实现利益相关方之间的权力分享。——译者注

方面享受着相当大的自治权，并由诸如联邦制* 或权力下放* 等领土划分制度来保障。同时“协和民主”还有两个不太重要的特征：一是代表机制，它能确保按比例分配权力并保证少数人享有政治上的发言权；二是少数人的否决权，它能防止社会中少数阶层的关键利益受到多数人意志的侵犯。

意　义

自 1945 年以来，协和制实行得很广泛，欧洲大陆尤其如此。这类实例主要包括：1945—1966 年的奥地利，1918 年以来的比利时，1917—1967 年的荷兰和卢森堡，在某些方面还包括现时的以色列和加拿大。特别有利于协和制实施的条件是：存在着数目相对较少（最理想的数额是 3～5 个），规模大致相当，地理上集中的部分；有追求以全体忠诚为基础之民族共识* 的安排；没有严重的社会经济不平等；总人口相对较少。

协和制的优点在于它为解决分裂社会的问题提供了一种既稳定又民主的制度性方法。这种方法是通过在妥协和自治* 之间达成平衡来实现的：共同的或全国性的事务由所有主要方面的代表共同决定，同时给予各方面在处理其他事务上的最大限度的独立。对协和制的批评主要有两点。第一，有利于协和制的条件如此复杂，以至于它仅仅适合于非常特殊的社会和有限的历史时期。换句话说，它或许并不是一种适合于所有分裂社会的解决方法。第二，协和制被认为天生就不稳定，它强调权力分享和保护少数人的利益，从而为对立的各方提供了斗争的场所，而不是妥协的基础。

组合主义

在较宽泛的意义上，组合主义（corporatism）① 就是一种把有组织的利益纳入政

---

① “corporatism”有多种译法，如“法团主义”、“社团主义”、“合作主义”、“组合主义”和“统合主义”等。比对一下，就可以把它们归并为两种基本类型：一类着眼于“团”，不论其为“法团”还是“社团”；另一类聚焦于“合”，无论其为“合作”、“组合”还是“统合”。这两类译法都有各自的根据。聚焦于“团”的，就是在强调有组织的利益所形成的那种团体本身。在西方政治中，这种利益团体的原形是中世纪的行会（guidls）或公会（corporations）等组织形式。聚焦于“合”的，就是在强调有组织的利益与国家政策过程之间的关系。在这里，作者在意的是“合”而非“团”，因此采取了第二类译法。至于如何“合”，译者认为：“统合”偏重于统治集团要把社会力量“合”起来的意向和能力，有“国家本位”的意味；“合作”似乎偏重于社会团体要与统治集团“合”起来的意向和能力，有“社会本位”的意味。“组合”似乎更为中性一些，看上去也更容易从宽泛的意义上把老的和新的 corporatism 中有不小距离的观点都大致包括进去和表达出来。至于“合”的意思，似乎也应该更多地从国家和有组织的社会力量在既定制度框架下“紧密互动”这个主题去理解，也就是说“合”包括但不限于通常意义上的“合作”，这一点在“社会”组合主义或新组合主义中都表现得尤其明显。——译者注

府*过程的手段。因此，组合主义的核心基础，一是对社会中的职能或社会经济分化在政治上的重要性的承认；二是关于这些分化可以通过旨在规划一种更高的国家利益的机构的协调而达成一致的观念。组合主义有两种形式：权威组合主义和自由组合主义。**权威组合主义**（*authoritarian corporatism*），有时也叫做国家统合主义，是一种与意大利法西斯主义*紧密相连的意识形态*或经济形式。它旨在建立墨索里尼所谓的“统合国家”（corporate state），这个国家宣称要体现意大利社会的有机统一，但在实践中却是通过对企业的政治恫吓和对独立工会的摧毁来实施的。**自由组合主义**（*liberal corporatism*），有时也叫“社会”组合主义或新组合主义，指存在于成熟的自由民主制*中的一种趋势：给有组织的利益提供参与政策制定之专有的与制度化的门路。实现这种团体政治的机制差异很大，正如各团体与政府之间的一体化程度存在着差异一样。自由组合主义，与其权威主义的变种不同，常常被认为是一种“倒置”的组合主义，它旨在加强团体对于政府的关系，而不是相反。

意　义

组合主义思想起源于墨索里尼执政时期的意大利，并与法西斯主义版的天主教社会理论相联系。这种思想强调团体而非个人的重要性，强调社会平衡或和谐的必要性。但在实践中，法西斯组合主义不过是墨索里尼的国家用来控制意大利经济的一种手段而已。萨拉查（Salazar）时期的葡萄牙，或1964年以后的巴西，以及墨西哥和秘鲁都曾试图把组合主义的这种权威模式移植到本国。但事实证明，这些努力都是短命的和不成功的，至少在促进经济增长方面是这样。

另一方面，自由组合主义被证明在政治上要重要得多，尤其是在1945年后的最初一段时间。一些评论家认为，组合主义是国家所特有的一种现象，是由特殊的历史和政治环境塑造而成的。因此，他们将组合主义与奥地利、瑞典和荷兰等国家联系起来，在某种程度上还有德国和日本（两国的政府在习惯上都对经济进行某种形式的管理）。然而，另一些人却认为组合主义是经济和社会发展的内在趋势所导致的一般现象，并因而相信在所有的发达工业国家都能见到它的某种形式。从这一观点来看，组合主义倾向可能仅仅反映了存在于团体与政府之间的共生关系。团体所寻求的是“内部人”身份，因为这种身份使它们获得了政策表达的渠道，而这些渠道又能使它们更好地保护其成员的利益。对政府而言，它需要把团体作为知识和信息的一个源头；而且如果它要使其政策*发挥作用，主要经济利益的应允也是必不可少的。因此，组合主义的支持者指出，团体和政府之间的紧密联系既有利于社会稳定又有利于经济发展。

然而，自20世纪70年代以来，随着组合主义思想和结构遭到的批评日益增多，发达资本主义国家中组合主义的总体发展趋势发生了逆转。对组合主义的担忧很多，并且各不相同。首先，人们批评它缩小了代表制的基础，因为它导致了一种三方主义，即将政府、企业和工会绑在了一起，而把消费者和促销团体晾在一边并堵住了他们通往所谓“高峰”联合的制度化渠道。第二个问题是，自由组合主义和权威组合主义的真实区别可能并没有那么明显，因为团体领袖获准进入政府提供的特许渠道的代价，（只）是他们将其成员的服从移交出去的意愿。第三，组合主义可能会削弱代表制的正式过程，因为它允许在民主控制的范围之外通过根本不受政治监督的讨价还价来做出决定。最后，新右派理论家指出，组合主义应该对政府“超载”问题负责。在这种情形中，政府事实上已经被顾问团体所“俘虏”，无法抵制它们的要求。因此，组合主义助长了干涉主义，这反过来又抑制了竞争和市场*的自然活力。

独裁制

严格地说，独裁是一种由单独的个人掌握绝对权力*的统治形式。在这种意义上，它与专制是同义的。最初，这一术语与早期罗马共和国的最高行政官员被授予的在紧急状态下不受限制的权力相联系，这种权力造成了一种宪法规定的独裁。然而，在这一术语的现代用法中，独裁者被认为是高于法律*的，可以采取超越宪法制约的行动。更一般地讲，独裁制（dictatorship）是以任意地、不受约束地使用权力为特征的，正如“军事独裁”（military dictatorship）和“个人独裁”（personal dictatorship）等观念所表明的那样。传统的独裁制和极权主义的独裁制有时是有区别的。**传统独裁**（*traditional dictatorships*）旨在垄断政府权力，并与权威主义*原则保持一致；而**极权主义独裁**（*totalitarian dictatorships*）则寻求“全部的权力”，并且将政治控制延伸到社会和个人存在的所有方面。

意　义

在整个政治史中都可以发现独裁者的身影。经典的例子包括：古罗马的苏拉（Sula）、尤利乌斯·恺撒（Julius Caesar）和奥古斯都·恺撒（Augustus Caesar），1653 年英国议会解散后的克伦威尔（Cromwell），19 世纪的拿破仑·波拿巴（Napoleon Bonaparte）、拿破仑三世（Napoleon III）和俾斯麦（Bismarck），以及 20 世纪的希特勒（Hitler）和萨达姆·侯赛因（Saddam Hussein）。虽然所有的独裁者都依赖恐怖并通过强制性权力来运作，但是现代的独裁政治现象常常与魅力型领导和领袖在某种意义上能体现人民的命运或“公意”这一观念相联系。因此，极权主义的独裁政权可能会伪装成“完美的民主制”（perfect democracies），并且通过严格控制大众传播工具来保持相当高的群众支持率。但是，独裁的个人方面是不应被过分强调的，因为绝大多数的现代独裁统治通常都是军事独裁或通过一个垄断性政党来进行的。在有关案例中，不受限制的权力被赋予了军队或党—国组织（或者是这两者的联合）。其领导权有时由一群人分享，其典型例子就是军人执政团（military junta）。然而，有证据表明，独裁制作为民主*制的主要替代物的重要性正在下降。它对 20 世纪的影响主要与现在已基本耗尽力气的法西斯主义*和共产主义*的意识形态力量相联系，这就意味着独裁现在主要是一种发展中国家的现象。独裁制最明显的道德缺陷是它与压迫和暴政相联系；其主要的结构性缺陷是没有能力动用和应对社会经济发展所产生的压力。

精英主义

“精英”（elite）一词的最初含义是最高级的、最好的或最优秀的人，现在仍可以这样解释。然而，从中性或经验的意义上讲，它指的是在其手中集聚着权力*、财富或特权的少数人，而不论这是否正当。精英主义（elitism）是关于精英统治或少数人统治的观念或实践。它至少有三种形式。**规范的精英主义**（*normative elitism*）是这样一种政治理论，它认为精英统治是值得向往的，其通常的理由是：权力就应当被授予贤明或开明的少数人（在这一意义上，精英主义可以被视为一种价值，甚至是一种

罗伯特·米歇尔斯，德国政治家、社会理论家。米歇尔斯注意到所有组织中存在的精英趋势，他将之称为“寡头统治铁律”。他的主要著作是《政党》(*Political Parties*，1911)。

意识形态)。这意味着民主*是不值得向往的，这可以在例如柏拉图关于应当由一群仁慈的哲学王来统治的信念中得到了印证。**经典的精英主义**(*classical elitism*)自称是经验性的(尽管常常受到规范信仰的侵蚀)，它把精英统治看成是不可避免的与不可改变的社会存在事实。这就意味着诸如民主和社会主义*等平等观念是无法实现的。这一观点的主要倡导者包括维尔弗雷多·帕累托(Vilfredo Pareto，1848—1923)、加埃塔诺·莫斯卡(Gaetano Mosca，1857—1941)和**罗伯特·米歇尔斯**(Robert Michels，1876—1936)。**现代的精英主义**(*modern elitism*)也提出了一种经验性分析，但它对精英统治原因的探讨却更具批判性和分辨力。它通常认为，与其说精英统治的原因存在于社会的必然结构，还不如说存在于特殊的经济、政治结构。现代的精英主义者，如C·赖特·米尔斯(C. Wright Mills，1916—1962)在强调精英统治时，就常常怀着一种既解释它又挑战它的渴求。被不同的人称呼为“多元主义的”、“竞争性的”或“民主的”精英主义，是现代精英主义内部的一种发展。这类精英主义承认：现代精英是非常分散或分裂的，而不是团结一致的；精英之间的竞争，在某种程度上能够使非精英群体也得到政治上的发言权。

意　义

尽管代议民主制可以被认为体现着残存的精英主义假定(因为它要确保政府决策由受过教育与见多识广的职业政治家而非公众来直接做出)，但是随着民主价值和实践的推进，规范的精英主义在很大程度上已经被抛弃了。古典精英主义曾经对社会与政治理论*产生过重大的影响，而且被特别地用来抵制马克思主义关于无阶级的共产主义社会的观点。莫斯卡指出，统治所需的资源和品质总是分配不均的，少数人组成的内聚力强的群体总是能操纵或控制群众，甚至在议会民主制中也是如此。帕累托将精英统治与两种心理类型相联系：一类是“狐狸”(foxes)，以狡诈和操纵来实施统治；另一类是“狮子”(lions)，以强制和暴力来实施统治。米歇尔斯提出了“寡头统治铁律”(iron law of oligarchy)，其含义是：在所有组织中权力都集中在由领导人组成的小集团的手中。然而，上述论断也受到了批判，因为它们是以关于人性*和组织的假设为基础而概括出来的，也因为它们很难与现代的民主实践相吻合。

然而，现代精英主义对多元主义* 和民主制都进行了重要的批判。约瑟夫·熊彼特（Joseph Schumpeter，1883—1950）的民主精英主义提出了一种"现实的"民主制模式，该模式强调：尽管选举能够决定由哪一个精英进行统治，但却不能改变权力始终由一个精英操控的事实。这就引出了"关于民主的经济理论"（economic theory of democracy），它将理性选择* 理论引入政治* 中并因而将选举竞争视为一个政治市场（political market）。尽管由米尔斯等理论家提出的"权力精英"模式背离了马克思主义，因为它否定了从经济角度定义的"统治阶级"观念，但仍然留心于军事—工业复合体（military-industrial complex）的不相称的影响。各种有关共同体权力的研究都试图为精英理论提供经验支持。尽管精英主义仍然有影响（特别是在美国），但该立场本身也存在缺陷。主要包括：它在理论上不如马克思主义* 或多元主义那样精细，而且支撑精英主义结论（特别是关于国家层次上的权力分配的结论）的经验证据也还不能令人信服。

自由民主制

自由民主制（liberal democracy）是一种平衡有限政府* 原则和大众同意* 理想的民主统治形式。它的"自由"特征体现在为保障公民自由和保护公民免受国家* 侵犯而设计的对政府的内外制约网络上。它的"民主"特征则表现为一种定期的与竞争性的选举体系，这种体系的运作是以普选权和政治平等* 为基础的。尽管自由民主制也可以被用来描述一种政治原则，但它通常表示的却是一种特殊的政权类型。

自由—民主政权的基本特征如下：

- 以正式的统治（通常是法治）为基础的立宪政府。
- 对公民自由和个人权利* 的保障。
- 机构的分立与制约和平衡系统的存在。
- 定期举行尊重普选权与"一人一票"原则的选举* 。
- 以选举人自由和政党竞争为形式的政治多元主义* 。
- 健康的市民社会* ：其中有组织的群体和利益团体享有相对于政府的独立。

- 按市场* 路线组织的资本主义经济或私营经济。

意　义

自由民主制在发达国家已经是支配性的政治力量，在发展中世界也日益趋向于如此。的确，共产主义* 的瓦解以及 20 世纪 80 年代亚洲、拉丁美洲和非洲的“民主化”（通常理解为自由民主改革，即选举民主和经济自由化）的推进，使以弗朗西斯·福山（1989）为代表的“历史终结”论者得以宣告西方自由民主制在世界范围内的胜利。在福山看来，自由民主制是“人类政府的最终形式”（the final form of human government）。自由民主制的胜利主要根源于两个因素。第一，自由民主制是高度负责的，因为它在统治者和被统治者之间建立了大量的沟通渠道。第二，自由民主制总与资本主义* 携手而行，因此也就与大行其道的消费者繁荣有联系。自由—民主论者指出，它是唯一能够既传递政治自由* 又传递经济机会的政治制度，而且自由—民主的过程也能够有效地回应和明确地表达社会所有重要部门的关切。多元主义理论家是自由民主制最坚定有力的支持者，他们对这种制度确保政治权力在竞争性团体之间广泛分配的能力赞叹不已。

然而，自由民主制并没有博得普遍的同意或尊重。精英主义者、马克思主义者、激进民主主义者和女权主义者是其主要的批评者。精英主义者认为，选举民主可以用一个精英替换另一个精英，但不能改变精英统治这一事实。从这种观点来看，以政治平等* 原则和竞选过程为基础的自由民主制只不过是一种伪装而已。传统的马克思主义者对自由民主制的批评聚焦于民主和资本主义之间内在的矛盾。他们指出，政治民主的平等主义只是掩盖阶级权力不平等这一事实的假面具；在经济上处于支配地位的阶级通过其控制的财富和其他资源“统治”着民主政府。激进的民主主义者则反对自由民主制的有限性和非参与特性。他们指出，每隔几年的投票行为不能充分体现民众统治，也不是确保真正回应* 的手段。至于女权主义者，他们主要关注的是自由民主制度的父权制特征，认为它只把民主运用到传统上由男性控制的领域（例如政府和国家*），却忽略了一直通过家庭和家庭生活来发挥作用的男性权力结构。

军国主义

“军国主义”（militarism）一词可以有两种使用方法。第一，它指用军事力量来达到目的。在这个意义上，任何用军事手段来解决问题的尝试都可以称为军国主义。第二，也更为普遍地，军国主义是被用来表示一种使军事优先、军事理想和军事价值弥漫于整个社会的文化和意识形态现象。其典型是：美化军事力量，强化国民的爱国主义*意识，把战争认可为合法的政策*工具，以及对英雄主义和自我牺牲的崇尚。在某些（但不是所有）情况下，军国主义的特征是：军队对本身的合法功能的滥用与对那些通常归属于平民政治家的责任的篡夺。

意　义

在文化或意识形态的意义上，军国主义是军事政权和极权主义独裁*政权的一个共同特征。军事统治的确定性特征是由武装部队的人员代替平民政治家，也就是按照军事指挥链条上的个人职位来分配政府中的主要职位。但是，军事统治也可能采取不同的形式，包括：集体军事政府，其典型形式是军事执政团（来源于西班牙语 *junta*，意为“委员会”或“董事会”）；由单独的个人（如 1974—1980 年希腊的帕帕多普洛斯上校，1973—1990 年智利的皮诺切特将军，1993—1998 年尼日利亚的阿巴查将军）支配的军事独裁政权；此外，还有一种军队在“幕后操纵”同时又允许平民政治领袖保留形式上的职权的情形。

在上述环境中，军国主义都是使军队控制政治生活合法化的一种直接手段。在极权主义的独裁政权下，个人魅力型领导人（如墨索里尼、希特勒和萨达姆·侯赛因），出于巩固权力的需要，还曾以更加微妙的形式来运用军国主义。他们穿着军人制服，把他们自己与军队联系起来；讲着尚武与好战的言辞，并试图通过这些行为将那些常常与沙文主义的民族主义*相联系的军事价值（如纪律、服从和强化了的集体目标感）灌输到他们的政权和社会中。但是，作为一种巩固政权的机制，军国主义多半只有在战争或日益尖锐的国际冲突背景下才能见效，正如军国主义总是伴随着恐怖统治和广泛镇压这一事实所表明的那样。马克思主义者有时也强调军国主义和资本主义*之间的联系（但只在这二者都倾向于战争和使用军事手段这个有限的意义上），其根据是：只有高水平的国防开支（以频繁地使用武力来证明其合理性），才能确保国内需求的上升并使利润水平维持在高位。

议会制政府

议会制政府（parliamentary government）是这样一种制度，即政府在议会中并通过议会*或议院来实施统治，因此把立法机关和行政机关“融合”在了一起。尽管议会和行政机关*（通常被视为政府）在形式上是不同的，但实际上二者却以背离权力*分立原则的方式结合在一起，从而使议会制政府明显地区别于总统制政府*。

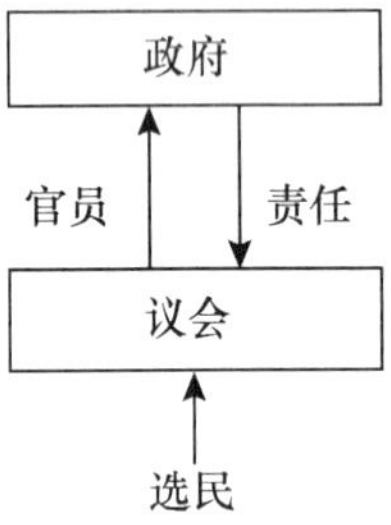

图 6—1　议会制政府

资料链接

代议制政府的特征

议会制政府的主要特征如下：

- 政府是按议会选举的结果组成的，其基础是政党代表的数量——没有单独选举出来的行政机关。
- 政府人员都来自于议会，通常来自于控制多数议席的一个或几个政党的领袖们。
- 政府对议会负责，就是说它有赖于议会的信任。如果失去议会的信任，它就会被议会（通常是下院）解散。
- 在绝大多数情况下，政府可以通过召集大选来“解散”议会。这意味着选举期限拥有最大限度的灵活性。

- 议会制的行政官员一般是集体性的，因为他们至少都接受内阁政府的正式原则。
- 政府首脑职位（通常为一名首相）和国家元首是分离的，后者或者是一位立宪君主或者是一位非行政的总统。

意　义

大多数自由民主制*国家都采取了某种形式的议会制政府。这样的政府形式通常被视为"威斯敏斯特模式"（Westminster model），因为它们是以英国议会（有时被称为"议会之母"）为样本的。然而，完全的"威斯敏斯特模式"还有诸如两党制、议会主权*和集体责任*等特点，而这些在诸如德国、瑞典、印度、日本、新西兰和澳大利亚等其他议会制度中或许并不存在。议会制政府的主要优势是，它有助于形成一个强有力而又负责任的政府。说它强有力，是因为它能指望议会的信任，因此在绝大多数情况下可以保证其立法议案被通过。简言之，政府能够把事情做成。说政府负责任，则是要强调，它一旦保持不住议会对它的信任，就不能实施统治。在理论上，议会占着上风，因为它拥有总统制体系中的议会所没有的权力，即解散政府或行政机关的能力。此外，议会制政府通常被认为能促进民主*。议会民主制，作为责任政府和议会政府的一种形式，是公众对于政府的一种制约。在这种制度中，议会作为国家论坛发挥着至关重要的协商作用。

然而，议会制政府的运作还依赖于其他一些因素，特别是政党制度和政治文化*的性质。例如，当议会制政府由一个在意识形态和组织上团结一致的单一政党组成并在选民直接授权*而非议会权威*的基础上运作时，该政府就可能成为一种"政党政府"。议会制政府也常常与行政主宰问题相联系，海尔什勋爵（Lord Hailsham，1976）将英国体制中的这种现象称为"选举性独裁"（elective dictatorship）。如果政府控制议会的多数席位，而且能够维持政党纪律的严明（在单一政党政府中更为容易），议会就会沦为"清谈馆"（talking shop），而议员则会变成"走廊政客"（lobby fodder）①。最后，也有人把

① 走廊政客，即为院外游说集团效力的政客。——译者注

议会制体系与弱政府和政治不稳定联系在一起。这种现象通常出现于政党体系发生分化之时，而且常常与高度的比例选举制相关联。例如，法兰西第四共和国（1945—1958）在12年多一点的时间里就有25届政府进出，而意大利在1945—1996年间也有不少于52届政府进出。因此，具有讽刺意味的是，议会制政府要么会导致行政权力过度，要么会导致立法权力过度。

父权制

从字面意思来看，父权制（patriarchy）就是由父亲（拉丁文 *pater*）实施的统治，也指一种在家庭内部丈夫或父亲居于支配地位而妻子和孩子居于从属地位的现象。然而，为了引起人们对妇女所受压迫和剥削之整体性的关注，这一术语在更多情况下指的是“男人的统治”（rule by men）。因此，父权制的用法意味着，整个社会中的男性权力体系既反映了家庭中的父亲统治，也根源于这种统治。这一点在激进的女权主义口号中得到了印证：“个人的就是政治的”（the personal is the political）。凯特·米利特（1970）指出，父权制包含着两项原则：男性应该统治女性；年长的男性应该统治年轻的男性。这就意味着父权制社会是以性别压迫与代际压迫的连锁体系为特征的。

意　义

20世纪60年代，随着所谓的女权主义*第二浪潮的出现，父权制概念被引入了更为广泛的政治讨论之中。其价值就在于它把人们的注意力引向了性别*的政治意义和女性与男性的政治关系方面。常规的政治理论*将性别关系视为理所当然，而女权主义论者却从父权制概念出发将性别关系视为男权政治制度的组成部分。但是，不同的女权主义流派对父权制的理解也各不相同。对激进的女权主义者来说，父权制是一个重要的概念，因为它强调性别不平等是有系统的、制度化的和普遍存在的。许多激进女权主义者都指出，父权制存在于所有社会制度和每一个社会之中，而不论其为当代的还是历史上的。因此，父权制表达了这样一种观念：与根据国籍、社会阶级*、人种*或种族*等标准进行的划分相比，性别划分更深刻，也更有政治意义。社会主义的女权主义者不同，他们强调性别不平等和社会不平等之间的联系，把父权制和资本主义*看成是相互依赖的统治体系。另一方面，自由主义的女权主义者有时候不太情愿使用“父权制”一词，因为他们不太可能将性别划分置于其他各种形式的不平等之上；而且，他们是根据权利*和资格的不均衡分配而非系统的、制度化的压迫来理解性别划分的。后女权主义理论家进而指出，女性（至少在发达社会中）已经取得的进步表明，父权制已不再是一个有用的或合适的术语，而且人们对父权制度及其实践也已进行过实质性的改革。

多元主义

多元主义（pluralism）可以宽泛地定义为对多样性或多重性（有许多事物存在）的信仰或赞许。然而，这个术语是复杂的，因为它既能在规范意义上使用也能在描述意义上使用（有时还混合了描述性的观察和规范性的承认），也因为它有多种不同的用途。作为规范性术语，它暗示着多样性本身就是健康的和值得向往的，这通常是因为它能捍卫个人自由*并促进论战、辩论和理解。作为描述性术语，它可以具有多种多样的形式。**政治多元主义**（*political pluralism*）表示选举人自由和竞争性政党制度的存在。**道德多元主义**（*moral pluralism*）指的是伦理价值的多重性。**文化多元主义**（*cultural pluralism*）则意味着生活方式和文化规范的多样性。

然而，作为有关政治权力分配的理论，多元主义的用法就狭窄得多了。**经典多元主义**（*classical pluralism*）认为，权力*广泛与均匀地分布于社会，并非集中于某位精英或某个统治阶级的手里。在这种形式下，多元主义通常被认为是团体政治的一种理论。在团体政治中，个人主要是通过他们在其中有成员身份的组织化了的团体来代表的，而且所有这些团体又都拥有进入政策过程的渠道。

多元主义观点的主要假定如下：

- 所有的公民都属于各种团体，许多人还拥有多重的团体成员身份。
- 各团体之间大致平等，因为每一个团体都有进入政府*的渠道，没有哪个团体享有支配性的地位。
- 团体之中存在高水平的内部共鸣，团体的领导人要对其成员负责。

● 国家* 在各团体之间保持中立，政府机器要被分散到足够为各团体提供多个切入点的程度。

● 尽管各团体有竞争性的利益，但在团体之间也存在着对政治体系的本质以及开放与竞争价值的比较广泛的共识*。

改良的多元主义（*reformed pluralism*）或新多元主义对经典多元主义进行了修正。它承认，现代社会中的权力分配是不完善的，在团体竞争这一更为宽泛的背景下，精英和享有特权的利益集团仍然存在。因此，西方的民主制度被视为一种“畸形多头制”（deformed polyarchies），在其中主要的团体发挥着不成比例的影响。

意义

詹姆斯·麦迪逊，美国政治家、政治理论家。麦迪逊是多元主义和政府区分思想的一个主要拥护者，他极力主张以联邦制、两院制和权力分立作为美国政府建立的基础。他最著名的政治作品就是他在《联邦党人文集》（*The Federalist*，1787—1788）中的文章。

多元主义思想可以追溯到早期的自由主义政治哲学*，尤其是约翰·洛克和 C. L. 孟德斯鸠的思想。但是，首先对多元主义进行系统阐发的则是《联邦党人文集》（*The Federalist Papers*，1787—1789）中**詹姆斯·麦迪逊**（James Madison，1751—1836）的文章。在这篇文章中，麦迪逊主张以权力分立*、两院制*和联邦制*为基础建立分权的政府制度，以抵制多数决定制，并为少数利益派别提供有保障的政治发言权。罗伯特·达尔（Robert Dahl，1956）等现代多元主义论者强调了多元主义和民主*之间的联系。政治多元主义被广泛地视为自由民主制*的重要特征，因为它既允许选举人表达独立见解，又为他们提供了一种撤换不得人心的政府的机制。然而，多元主义思想家大都仍然强调：现代社会中的民主，通过正式的或选举的机构来运行的较少；而依靠政府与有组织的团体或利益派别之间的相互影响来实现的则较多。在这种意义上，多元主义民主可以被视为议会民主主义和任何一种多数决定制的替代物。随着后现代主义*的出现，多元主义的思想和价值在许多方面又恢复了生气。后现代主义抵制所有铁板一块的社会理论，而对争论和话语*的优点赞美有加。

然而，多元主义也遭到了各种各样的批评。作为一种权力分配理论，多元主义受到了精英主义者、马克思主义者和新右派*的攻击。精英主义者指出，失业者、无家可归者或消费者等利益群体缺乏有意义的政治发言权，因为他们要么根本没有组织起来要么组织得不好；而那些在社会上控制着就业和投资决策的商业集团，则总是居于支配地位。至于马克思主义者，他们强调了资本主义*社会的所有制导致的结构性不平等，并指出国家对商业利益集团的偏袒是不变的。新右派对多元主义的批评主要关注的是“多元停滞”（pluralistic stagnation）问题，即竞争性集团对政府压力的增长会导致“超负荷”，以及公共支出和国家干预的螺旋式上升。在许多方面新多元主义就是作为对这些批评的一种回应而出现的。

尽管自由民主价值的传播表明政治多元主义获得了近乎普遍的赞同，但同样的评价却并不适合于道德多元主义和文化多元主义。自由主义者相信，道德和文化生活中的多样性是宽容*的实质性体现；而传统的保守主义者却指出，这种多样性会削弱社会（其稳定性取决于共享的价值和共同的文化）的根基。宗教原教旨主义者也对西方的多元主义进行了类似的攻击，认为它既滋长了道德相对主义又无法给个人提供伦理上的指引。

民粹主义

民粹主义（populism）[①] 一词，来源于拉丁文的 *populus*，意思是“人民”。它被人们用来描述一种特殊的政治思想传统和一种特别的政治运动和统治形式。作为一种政治传统，民粹主义反映了这样一种观念，即民众的直觉和愿望应该确定为政治行为的主要的合法性指南。因此，被描绘为民粹主义的运动或政党的特征就是：他们都声明要支持普通民众并反对“腐败的”经济与政治精英。民粹主义的政治家不信任所有的中间机构，因此都直接向民众提出呼吁并宣称要表达民众最深刻的愿望和恐惧。

意　义

民粹主义的政治传统可以追溯到卢梭的“公意”观念，他认为公意是不可分割的

---

① “populism”可译为“民粹主义”、“人民主义”、“平民主义”、“民众主义”、“人民党主义”等，此处沿用了它最通常的译法——“民粹主义”。其实，该词的词根是“人民”或“民众”的意思，如果再考虑到它与精英主义的对应性，将其译为“民众主义”或“人民主义”或许要更为恰切一些。——译者注

社会集体利益。因此，民粹主义试图在领导人和他或她的人民之间建立起直接联系，并通过这种联系使领导人得以表达民众最内心的愿望和梦想。我们可以在通过魅力型领袖的吸引力来运行的极权主义独裁*统治中看到充分发展了的民粹主义领导*，但在某些民主制度中我们也能见到民粹主义的领导。在这些民主制度中，领袖们树立了与政党、议会*和其他政府机构相分离并位于它们“之上”的个人形象和意识形态幻影。的确，焦点团体被广泛地使用，政治表现和沟通也日趋人为化了（尤其是与所谓的“编撰博士”的活动相联系），而这些又都为现代政治中的民粹主义提供了更大的推动力。

如果要为民粹主义做辩护的话，那么理由就是：因为中间机构倾向于歪曲和误传民众的意愿，所以民粹主义是一种真正的民主*形式。然而，对民粹主义的批评要更为普遍一些。人们的主要批评有二：第一，民粹主义被认为隐含着极权倾向，因为当领袖自称表达了民众的真正利益时，并没有为挑战这种自称提供什么依据；第二，民粹主义贬损了政治*，因为它表达的是群众最不成熟的愿望和恐惧，又没有为深思熟虑和理性分析留下余地。这样，“民粹主义民主”（populist democracy）就成为了多元民主和议会民主的敌人。

总统制政府

总统制政府（presidential government）是以政府的立法和行政机关在宪法和政治上的权力*分立为特征的。因此，行政权力*被授予独立选举产生的总统*。他不直接对议会或国会负责，议院或议会*也不能直接罢免他。

资料链接

总统制政府的特征

总统制政府的主要特征如下：

- 行政机关与立法机关是各自单独选举产生的，并被分别赋予一系列独立的宪法权力。

- 在立法机关和行政机关之间存在着人事上的正式分离。
- 行政机关在宪法上既不对立法机关负责也不能被其免除（除非经过特殊的弹劾程序）。
- 总统或行政机关不能“解散”立法机关，这意味着两个机关的选举期限都是固定的。
- 行政权威集中在总统手中，内阁*和部长只是作为顾问对总统负责。
- 国家元首和政府首脑两个角色都被汇合到总统办公室——总统戴着“两顶帽子”。

总统制政府很容易与议会制政府*区别开来。但是，也有一些结合了这两方面要素的混合型体制，其中最为显著的是半总统制。**半总统制政府**（*semi-presidential government*）运行的基础是“双重行政制”（dual executive）。在这种体制下，独立选举产生的总统与由议会产生并向议会负责的首相*及内阁联合行政。在某些情况下，总统和内阁分担决策义务，以确保前者主要关注对外事务，而后者主要处理国内的问题。

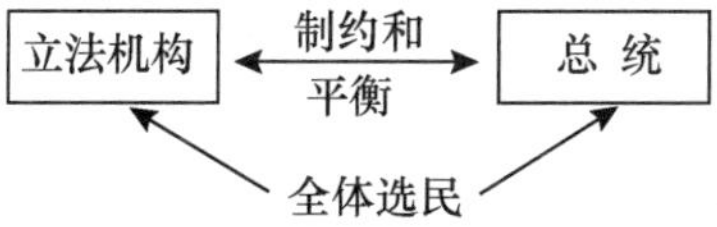

图 6—2　总统制政府

意　义

在自由民主世界，总统制政府是议会制政府的主要替代物，但总统制比议会制要少一些。总统制的典型代表是美国，也是不少拉美国家沿用的模式。半总统制可以在如芬兰和法国这样的国家*看到。总统制政府的主要优点是，它通过立法权和行政权的分立创造有助于保护个人权利*和自由的内部张力。的确，这就是所谓的美国宪法“奠基人”的意图，他们力图防止美国总统披上英国君主制*的外衣。在美国，行政机关主宰的危险是通过赋予国会一系列的权力来避免的。例如，国会有宣战和增税的权利，参议院可以签署条约和批准总统的任命，二者还可以联合起来指控和弹劾总统。另一个优点是，总统，作为国家元首与政府首脑，作为单独由全民选举产生的政治家，能够发挥爱国主义忠诚和民族团结的强大焦点的作用。权力在立法机关和行政机关之间的分置，也能使政府更加的民主（从它对竞争中的少数派别的回应上来说）。

然而，总统制也可能是效率低下和麻烦丛生的，因为它把“斗争请帖”（invitation to struggle）发到了行政和立法部门。例如，对美国总统制的批评者就指出：既然是“由总统提议而由国会处理”，那么这种体制就只不过是引起机构性僵局或“政府阻隔”（government gridlock）的处方而已。当白宫（总统）和国会大厦（国会）分别被对立的政党控制时，这种可能性就更大。但是，当两个部门由同一个政党来掌控时，这种情况也会发生，正如卡特政府（Carter administration，1977—1981）所显示的那样。在某种程度上，半总统制的创设就是为了克服这个问题。然而，当法国总统被迫与来自一个或多个对立政党的首相和内阁共同执政时，也会产生类似的机构性紧张，从而形成一种“同床异梦”的现象。

共和主义

最简单地说，共和主义（republicanism）是指相对于君主制*而言的对共和国的偏爱。但是，共和国（republic）一词不仅意味着没有君主；而且根据其拉丁词根（*res publica*，意为“共同的”或“集体的”事务），它还意味着独特的公共领域和大众统治。如今共和主义已经发展为一种提倡特定的道德箴言和制度结构的广泛的政治理论*学派。它的道德关注表现为一种对公民美德（被认为包括对公益的热心、荣誉感和爱国主义*）的信仰。尤其是，它也强调公共活动高于私人活动。然而，共和主义对制度的关注焦点是随着时间的推移而不断变化的。古典共和主义通常与混合政府相联系，纳入了君主制、贵族制和民主制等要素。但美国革命和法国革命重塑了共和主义，不仅把它应用于全民族而非小共同体，而且吸收了现代民主政府的精髓。这种改造的美国版，意味着接受建立在联邦制*和权力分立*基础上的分权政府；而其法国版，则更紧密地与共和主义、激进民主制和“公意”思想联系起来。

意　义

共和主义的政治思想可以追溯到罗马共和国。它的最早版本是**西塞罗**（Cicero，106—43 BC）在《论共和国》（*The Republic*）一书中对混合政体的辩护。在文艺复兴时期，共和主义作为一种可以平衡公民自由*与政治稳定的城市国家的组织模式在意大利复苏。再后来的共和主义形式脱胎于美国、英国和法国的革命。对政府的共和形式（特别是其中的反君主制形式）所作的主要辩护，就是它们强调公民自由。共和的自由不仅可以保护公民免受专横和暴虐政府的迫害，而且可以使公民充分、积极地参与公共政治生活。20世纪60年代，一些人（特别是组合主义思想家）开始大力倡导“公民共和主义”（civic republicanism）。以这种形式，他们试图重建作为个人实现之主要源泉的公共领域，并因而抵制新右派*所主张的向着私有化和政治领域“后撤”发展的趋势。因此，共和主义是与积极的公民权利*观念联系在一起的。对共和主义的批评主要是：它在政治上是无条理的，因为它和太多的政治形式相联系；它是不自由的，因为它抵制作为隐私权和不干涉权的自由观念，并被用来替政府责任的扩大作辩护。

西塞罗，古罗马著名政治家、演说家、雄辩家、法学家和哲学家，古典共和思想优秀的代表。以善于雄辩而成为罗马政治舞台的显要人物。早期倾向平民派，以后成为贵族派。

革　命

“革命”（revolution）这个术语的最初含义是周期性的变换（来自动词“循环”，即 to revolve），正如1688年英国所谓的光荣革命对“正当的”政治秩序的恢复一样。然而，法国大革命（1789）确立了现代的革命概念，即革命是一个破坏与取代旧秩序的戏剧性与深远性的变化过程。尽管如此，革命还可以具有政治、社会或文化的特征。**“政治革命”**（*political revolution*）是群众起义，包含着不受法律限制的大众行动；它们通常，虽然不是必然地，带有暴力的色彩。这就将革命与政变（*coup d'état*）——一个小团伙对权力*的摄取——区分开了。革命不同于反抗和叛乱，因为革命导致根本性的变革，即政治制度本身的变革，这与纯粹的统治精英的更换或政策的变化并不一样。

“社会革命”（*social revolution*）是所有制和经济制度的变革。在马克思主义的理论中就是“生产方式”的改变，例如资本主义*代替封建主义，共产主义*代替资本主义。对于马克思主义者来说，社会革命要比政治革命更为根本，后者是更深刻、更长远的阶级体系变革在政治上的体现。**“文化革命”**（*cultural revolutions*）要根除维护旧秩序的价值、原则和信仰，并且以一套新的价值、原则和信仰来取代旧的。所有革命都具有决定性的文化维度，这说明了一个道理，即任何一个稳定的统治体系都必然在某种程度上扎根于文化和意识形态之中。许多政治革命都是通过有意识地再教育过程（旨在建立一套全新的用以支撑本体系的价值和期望）而巩固起来的。

意　义

现代世界是通过一系列重要的革命而形成的。这些革命以 17 世纪四五十年代的英国革命为开端。这次革命推翻了绝对君主制*并确立了早期的宪政*原则和议会制政府*。美国革命（1776）建立了一个独立于英国的宪政共和国并在实践上体现了代表原则。法国大革命以“自由、平等、博爱”为旗帜摧毁了旧秩序，促进了民主理想的实现，并导致了 19 世纪早期欧洲“革命时代”的来临。俄国革命（1917）是第一个共产主义革命，它为后来 20 世纪的其他许多国家的革命树立了榜样。这包括中国革命（1949）、古巴革命（1959）、越南革命（1972）和尼加拉瓜革命（1979）。

关于革命的争论集中在它们的起因和影响上。革命的一般理论主要有如下几种：马克思主义的革命理论认为，革命在根本上是社会现象，是一切阶级社会存在的矛盾所引发的；系统论者声称，革命起因于政治系统内部的“不均衡”，而导致这种不均衡的原因是系统本身不能对经济、社会、文化和国际变化做出反应，即政府的“输出”和“输入”出现了结构上的不一致；“期望值上升的革命”理论指出，当一个时期的经济和社会发展突然发生逆转，从而造成大众的期望与政府能力之间的差距不断扩大时，革命就会发生；社会结构论的解释则意味着，当政权因国际脆弱或国内无效而丧失了通过强制性力量来维持控制的能力或政治意愿时，这些政权往往就只得听任革命的摆布。

革命的结果也引起了深刻的争议。革命者自己都说革命本质上是一种受欢迎的现象，是民主压力的尽情释放。他们还倾向于把革命描绘成纯洁与高尚的斗争，是对腐败、不公正和压迫的彻底消除。正因为如此，革命运动还常常被归结为某种形式的乌托邦主义*。但是，革命的批评者却指出，革命实际上常常达不到那些信口开河的人所期望的理想境界。这是各种原因造成的，包括：尽管革命给人以大众造反的印象，但它们常常都是由一些极不愿放弃新获得的权力的小派系领导的；任何用武力和暴力建立起来的政权，都不得不继续使用武力和暴力，并因而最终被推上权威主义*的道路；革命摧毁或致命性地削弱了各种制度和政府结构，而留给革命领导人的却多半是不受制约的权力。

极权主义

布热津斯基，美国当代著名政治理论家、地缘政治学家、国际关系学者、国务活动家、外交家。卡特政府的国家安全顾问，美国国家安全事务助理（1977—1981年），重量级智囊之一。主要著作有《大棋局》、《大博弈——全球政治觉醒对美国的挑战》等。

极权主义（totalitarianism）是通过无所不在的思想控制与公开的恐怖及暴行而建立起来的无所不包的政治统治体系。极权主义与独裁制和权威主义*不同，因为它试图通过对社会和个人存在的各个方面的政治化来追求“全部的权力”（total power）。因此，极权主义意味着对市民社会*的根除，即对“私”（the private）的取缔。弗里德里希和**布热津斯基**（Friedrich and Brzezinski，1966）根据“相互联系的迹象和特色所构成的综合症状”对极权主义进行了六点界定：

- “官方”意识形态*的存在。
- 一党制国家（通常由全能的领袖来领导）。
- 恐怖的治安系统。
- 对大众传播媒介的垄断。
- 对武装斗争工具的垄断。
- 国家对经济生活的全面控制。

意　义

通常认为，极权主义现象产生于20世纪，因为无所不在的意识形态控制和有组织的恐怖统治都需要现代工业化国家* 的资源来支撑。极权主义思想源于法西斯主义的意大利。作为一种信仰，它把国家视为一个反映其成员利他主义和同甘共苦情怀的全面“道德共同体”（ethical community）。这种信仰进而形成了一个教条，即“一切为了国家，一切属于国家，一切服从国家”。后来，这一词语还被用来描述 20 世纪的独裁* 统治（尤其是希特勒治下的德国和斯大林治下的苏联）所具有的或许是独一无二的压迫性特征。在 20 世纪五六十年代，对极权主义的分析达到鼎盛，人们广泛用它来凸显法西斯主义* 与共产主义* 在极权方面的相似性，并把世界划分为相互对立的民主（自由民主）国家和极权国家。

但是，这种极权国家的分类也存有缺陷。第一，它成了冷战意识形态的一部分，有时还被当作一种浅薄的反共宣传来使用。第二，它试图模糊法西斯主义和共产主义之间的界限，特别是混淆它们在意识形态倾向和对资本主义* 的宽容程度方面的区别。第三，“总体”国家权力的观点是误导性的，因为甚至在科技最发达与最野蛮的国家中也始终存在着某种形式的抵制或反对* 。然而，即使表面上精确的极权主义六点症状的表述是误导性的，该概念对于强调现代独裁制和传统独裁制之间的区别，对于将注意力转向“魅力型”领袖的重要性，仍然是有帮助的。对“魅力型”领袖的讨论导致了“极权民主”（totalitarian democracy）观念的产生。极权民主是这样一种现象，即领导人通过宣称他对观念性智慧的垄断性占有以及他对人民“真正”利益的清楚表达来为他所拥有的不受限制的权力作辩护。赫伯特·马尔库塞（1964）提出了一种非常不同的极权主义理论，他认识到了发达工业国家中的极权趋势并把这些国家看作“单面社会”（one-dimensional societies），指出这些社会与日俱增的财富有利于缓解争议与论战并有利于吸收各种形式的反对意见。

进一步阅读的书目

Beetham，D.（ed.），*Defining and Measuring Democracy*（London：Sage，1994）

Birch，A. H.，*Representative and Responsible Government：An Essay on the British Constitution*（London：Allen and Unwin，1964）

Bottomore, T., *Elites and Society* (London: Routledge, 1993)

Bottomore, T., *Theories of Modern Capitalism* (London: Allen & Unwin, 1985)

Calvert, P., *Revolution and Counter-Revolution* (Buckingham: Open University Press, 1990)

Friedrich, C. J. and Brzezinski, Z. (eds), *Totalitarian Dictatorship and Autocracy* (Cambridge, MA: Harvard University Press, 1966)

Holden, B., *Understanding Liberal Democracy* (Hemel Hempstead: Harvester Wheatsheaf, 1993)

Lijphart, A., *Democracy in Plural Societies: A Comparative Exploration* (New Haven, CT: Yale University Press, 1977)

McLennan, G., *Pluralism* (Buckingham: Open University Press, 1995)

Millett, K., *Sexual Politics* (London: Virago, 1970)

Pettit, P., Republicanism: *A Theory of Freedom and Government* (Oxford: Oxford University Press, 1997)

Pinkney, R., *Right-Wing Military Government* (London: Pinter, 1990)

Saunders, P., *Capitalism: A Social Audit* (Buckingham: Open University Press, 1995)

Schmitter, P. C. and Lehmbruch, G. (eds), *Trends Towards Corporatist Intermediation* (London: Sage, 1979)

Tormey, S., *Making Sense of Tyranny: Interpretations of Totalitarianism* (Manchester and New York: Manchester University Press, 1995)

Verney, D. V., *The Analysis of Political Systems* (London: Routledge & Kegan Paul, 1959)

第七部分

结　　构

此部分考察了表示特定机构和治理实体的概念。它们通常是构成政治体系的要件。

两院制

两院制（bicameralism）是对立法权力*的分割，是通过在议会*中分设两院而形成的。两院制的分类，通常是依据“第二院”（second chamber）或“上议院”（upper house）的角色、权力和构成来进行的。大多数第二院在宪法和政治上从属于第一院，因此第一院通常被视为大众权威*之所在。议会制*体系尤其如此，在其中政府通常都对下议院负责，且其成员大部分或完全地来自下议院。第二院也经常实施有限的立法权，这意味着它们在本质上是作为“修正”的议院来发挥作用的。这类不充分的两院制版本反映了上院限制性的代表基础：上院可以通过间接选举、部分选举、任命或者继承（虽然很少见）等方式来选拔。更严格的两院制版本可见于两个议院都由大众选举产生并享有大致平等之权力的议会中。美国的议会，可能是拥有占据主导地位之上院的唯一立法机关（虽然所有的税收提案都必须由众议院提出，但批准和认可的权力却由参议院单独行使）。

意　义

两院制通常被视为自由宪政*的一个核心原则。两院制的主要优点是：第二院可以制约第一院的权力，进而防止多数统治（majoritarian rule）；两院制议会能更为有效地制约行政机关的权力；两个议院的存在能扩大代表*制和利益表达的基础；两院制能减轻第一院的立法负担并使立法受到更为彻底的审查；第二院可以发挥宪法保护者的作用，防止或推迟有争议之法案的通过。两院制的代表优势，在联邦制*和权力下放*制度运行的体系中尤为重要，在这种情况下，第二院可以在国家层次上代表省或地区的利益，从而有助于克服中心和外围的冲突。

然而，在1945年以后却出现了明显的一院制趋势。在新西兰、丹麦和瑞典，第二院都被撤销了。人们指责两院制出于多种理由：一院制议会可能更为高效，因为第二院的存在会使立法程序变得不必要的复杂和困难；第二院可以发挥作为民主统治制约因素的作用，特别是当其成员是非选举或间接选举产生时；两院设置，可能是导致机构冲突的一个处方，它使强大或高效的政府成为不可能；当两院之间有不同意见，而联合委员会又不得不做出决定时，两个平等的议会的存在，会缩小政策制定的渠道；最后，第二院或许会因为支持既定的宪法安排和间或支持社会精英的利益而产生保守的政治偏见。

资料链接

两院制和一院制

世界上大约有2/3的议会制国家是两院制，有一个上院（美国的参议院、英国的贵族院、法国的参议院、德国的上院）、一个**下院**（美国的众议院、英国的平民院、法国的国民会议、德国的下院）。这叫作**两院制**立法体系。在实际中，上院的权力往往要小于下院的权力。尤其是当上院反对下院要求通过的法案时，下院可以不管上院的反对，仅凭简单多数即可通过。只有美国的两院是基本对等的，双方都赞成才能通过一项法案。

下院：地位比上院重要。

两院制：拥有上院和下院两个部分的议会体制。

一院制：只有一个部分的议会体制。

上院：重要性不如下院。

贵族院：英国议会中的上院，重要性不如下院。

终身贵族：保留贵族院议员身份的贵族，但不再世袭。

也有一些议会制国家是**一院制**，如瑞典议会、以色列议会。原南斯拉夫还曾经有过五个议院的情况。南非存在过短期的三议院，一个是白人议会，一个是多种族议会，一个是东印度人议会，但占人口绝大多数的黑人仍然没有包括进来。（1994年后，南非有了黑人占绝大多数的两院。）

实行两院制的原因很明显是因为联邦体制。上院代表地方，下院代表基于人口的组成部分。这是美国宪法中伟大的妥协方案：参议院代表各州，众议院代表人民。联邦体制需要有上院的存在。比如，德国的**上院**代表着16个州，在宪法问题上与下院是对等的。不过有时候，它的权力也会被下院侵蚀。

在单一制国家中，上院的作用不是很清晰。英国的**贵族院**——1999年实行了改革，保留**终身贵族**，废除了许多继承性席位——仍然是最古老的辩论场所，有时甚至因为通过法律太快而发生错误，然后再被下院修正。同时，下院也因简单多数原则而能够推翻贵族院的决定。法国的参议院也是如此，它不是通过直选产生，代表的是大农场主的利益。新西兰、丹麦和瑞典——都是单一制国家——认为上院没什么作用，干脆在最近几十年里相继取消了上院。

权利法案

权利法案（bill of rights）是详细说明个人特许、权利* 和自由的法律文件。因此，它规定了公民与国家* 的关系，并确定了公民自由* 的法律范围。权利法案既可以是因袭的，也可以是法定的。**因袭的权利法案**（*entrenched bill of rights*）具有“更高”的或宪法的法律地位，通常是成文宪法* 的构成部分。美国宪法的前 10 个修正案，详细规定了一系列个人权利和自由，因而以“权利法案”而著称于世。随后的第 14、15 和 19 修正案也被赋予了同样的地位。因袭的权利对立法机关是有约束力的，通常只有通过复杂的宪法程序并经由最高法院或宪法法院，才能被最终确立下来。**法定的权利法案**（*statutory bill of rights*）拥有和立法机关制定的其他任何法律* 同样的法律地位，因而可以通过正常的立法程序来改变。这种权利法案有时也叫法规权利，它可以在没有成文宪法和宪法法院的情况下起作用，英国的人权法案（the Human Rights Act，1988）就是如此。它将《欧洲人权公约》（European Convention on Human Rights）纳入了英国法律。在其他情况下，**忠告性权利法案**（*advisory bill of rights*）也可以起作用，它正式地责成政府* 在系统表达政策的过程中要考虑个人的权利，尽管它并不一定尊重这些权利。

意　义

权利法案通常被认为是保证有限政府和保护个人自由的宝贵的（或许也是根本的）手段。它不仅为人们提供了抵制专横的公共权威* 的工具，还具有教育价值。它在政府内部、司法机关* 之间、最重要的是在全体民众之中，增强了对个人权利的敏感度。这一论点的潜台词通常就是对人权* 原则的信仰，即坚信所有人都享有某些根本的与不可侵犯的人权；这些权利应该得到国际法和国家法律的保护。这种观点的反对者不是对人权观点的有效性提出质疑，就是认为权利已经得到公法和与因袭的权利法案相联系的成文法的充分保护。别的批评还有：权利法案有损于法官的中立* 性，从而会不可避免地将他们拖进政治纷争；权利最好赋予选举产生的政治家而非未经选举产生的法官；权利法案被合法地嵌入了难以消除的意识形态偏见（如有关财产权的法案），因而可能会引发冲突。

官僚制

在日常用语中，官僚制（bureaucracy）是一个贬义词，其字面含义是“官员统治”（ruled by officials）。它意味着无意义的行政常规或“官僚习气”（red tape）。但在社会科学中，官僚制这一概念是在更具体、更中立的意义上被使用的。它涉及许多不同的现象，如由并非选举产生的官员来实施的统治、政府*的行政管理机器以及一种关于组织的理性模式。尽管对其定位和性质还存在争议，但其作为抽象组织和受规则调控的职业管理的基本特征却得到了普遍的认可。在比较政府研究中使用官僚制一词困难要少得多。在这里，官僚制指的是国家*的行政管理机器，而官僚则是非选举产生的官员或公务员。

意　义

官僚制的核心功能是履行或贯彻法律*与政策*。因此，政府责任的拓展总是会伴随着全球范围内官僚制在规模上的普遍扩大。然而，官僚制在政治上的重要性则主要缘于其作为政府政策信息和建议之主要来源的作用。因此，官僚权力的主要来源包括：公务员控制信息流动并因而决定其政治主子所能知晓的内容的能力；他们作为终身、全职的公共官员，不仅没有后顾之忧，还享有作为专家和被认定了的国家利益保护者的地位。对于20世纪行政权力的膨胀，人们通常是这样来解释的：现代社会的政策制定任务越来越复杂与急迫，这一事实导致了押在专业意识和专家见解上的赌注的不断加大。于是，对官僚机构的控制，也就成了所有政治体系的一个重要任务。实施这种控制的主要方式包括：落实官僚对部长、对议会、对法院或对巡视官（有时需要）的回应机制；实施高级官僚职位的正式或非正式的政治化；建立反官僚机构（counter-bureaucracies）来作为向政治家提供替代性建议的来源。

马克斯·韦伯，德国政治经济学家、社会学家。韦伯是现代社会学的创始人之一，而且赞成通过科学的、价值中立的方法来获得知识。他最有影响力的著作包括《新教伦理与资本主义精神》(*The Protestant Ethic and the Spirit of Capitalism*，1902)、《宗教社会学》(*The Sociology of Religion*，1920) 和《经济与社会》(*Economy and Society*，1922)。

官僚制的政治作用和影响一直都是引起许多争议的源头。**马克斯·韦伯**（Max Weber，1864—1920）在其对官僚制的经典解释中将它描绘成一种可靠的、有效的与理性的（这点最重要）社会组织工具，其特征是：受规则支配的行为，井然有序的等级，书面文件和档案体系的应用，以及基于职业标准来进行任命和提升的非人格的权威体系。另一方面，社会主义者（特别是马克思主义者）则把官僚制看成是一个权力集团，认为它可以通过高级公务员的社会构成或政府部门与商业利益的结构性联系来抵制政治控制并反映更主要的阶级的利益。然而，正如共产主义政权所显示的那样，官僚制不能被狭义地理解为一种资本主义现象。公共选择论者就是从公务员本身的职业私利来解释官僚制的。在这种观点看来，政府干预的增加，本质上就是官僚权力和高层官僚能够抵制政治控制的表现。

内　阁

内阁（cabinet）是由代表政府不同部门（departments）或部（ministries）的资深部长组成的委员会*。它不应与法国和英国的幕府（*cabinet*）相混淆，后者被用来表示支持个别部长的政策顾问团。在总统制*中，内阁通常是作为政策顾问而非政策制定者服务于总统*。这类内阁在很大程度上是作为一种行政工具和“传声筒”（sounding board）来发挥作用的，但它在宪法上的地位低于垄断了正式的政策制定责任的总统。相反地，在尊重内阁政府原则的国家里，内阁至少在理论上是行政机关*的制高点。内阁政府有两个特征。第一，内阁构成了政府*行政机关和立法部门之间的主要联系通道；其成员来自议会*并对议会负责，同时也作为政府各部门的政治首脑发挥作用。第二，内阁是高级行政机构，制定政策的责任由内阁集体分担，首相*（总理）只在名义上是“第一位”的。这种体制一般以集体责任为基础——所有内阁部长（有时是非内阁部长）都被要求“唱同一首歌”，并支持正式的政府决策。

意 义

内阁的广泛使用，反映了行政机关内部的集体决策程序在政治和管理上的必要性。第一，内阁使政府能够向议会和公众展现出一种集体的面貌。没有内阁，政府就似乎成为单个人所支配的私人工具。第二，内阁是为了确保政府政策*有效协调而设计的管理设施。简言之，如果没有内阁，政府就会成为一系列相互对立并寻求自我扩张的官僚帝国。因此内阁政府的优点就在于：它鼓励内阁会议在民主*的范围内进行充分、坦诚的政策辩论，从而使各项提议都接受广泛而有效的检查；而且由于内阁集体制定并支持某项政策，因而保证了政府的统一和团结。然而内阁政府也遭到了批评，因为它通过迫使那些持异议的部长公开支持议定的政府政策，以便作为首相权力的伪装而发挥作用；还因为它使得政府的政策不能保持连贯和一致。在这种情况下，政策的制定往往以相互对立的部长和部门之间的利益妥协为基础。

无论内阁是否被赋予正式的政策制定责任，它们都艰难地维持着自己的政治角色和地位，这在很大程度上是政府最高首长（无论是总统还是首相）的地位日益突出的结果。政府最高首长地位的突出，是媒体（特别是电视）趋向于关注总统或首相个人品格的结果；也是在政府干预与全球相互依赖如此复杂和广泛的时代人们需要明确的政策领导*的结果。此外，政府各部以及其他代理机构在规模上的扩大及其重要性的增强，意味着政策提议是“预先包装”的，重大的争论和检查都在内阁之外的地方进行。这也削弱了内阁的作用。然而，内阁作为一种政策协调的工具，仍然发挥着其剩余的但却不可或缺的作用。特别是当其成员来自重要政党或获得群众支持时，或是当政府最高首长的权威*被削弱时，它们都会对决策产生决定性的影响。

联 盟

联盟（coalition）是竞争性政治主体之间的结合，它们由于认识到共同的威胁或是认为不能单独达成各自的目标而走到一起。**选举联盟**（*electoral coalitions*）是几个政党*为了最大化它们的共同代表*权而约定不相互竞争的同盟；**立法联盟**（*legislative coalitions*）是两个或更多的政党之间达成的支持某项特定的法案或项目的协定；**政府联盟**（*government coalitions*）是两个或更多的政党之间关于部长职位跨党分配的正式协定；“大联盟”或“民族政府”是由所有主要政党组成的，通常出现在民族危机或有紧急经济事件的情况下。

意 义

关于联盟政治影响的争论多数集中在政府联合的运行方式上。政府联盟是为了确保对议会* 多数的控制而建立的，因此通常见于使用比例代表制或政党体系支离破碎的政治体系中。联盟遭到批评的理由是，它们不能掌握议会中的统一多数从而会引起政府* 的无力和低效；联盟伙伴之间的冲突容易导致不稳定；联盟还阻碍大胆的（如果是有争议的）政策动议的形成。但是，联合政府（coalition government）也有它的优点，它能推动政治范围内的妥协和共识的建立；它能把握住广泛的（如果是多样化的）群众支持；它能对政策提议进行更严格、更有效的审查。成功的联合政府通常在广泛的意识形态共识* 的背景下运行。在这种背景下，政党发挥着特殊利益“经纪人”的角色，而且习惯于妥协和变通。联合政府通常被认为特别适合于分裂的社会。

委员会

委员会（committee）是由来自一个较大实体的一些负有特殊责任的成员组成的一个工作小组。临时委员会是为了特定的目的而建立的，当任务完成时就会被解散；而永久或常设的委员会则具有持久的责任并扮演着制度性的角色。委员会被委以的责任范围广泛，包括正式决策（如内阁* 中的某些委员会）、政策分析与辩论、行政协调和信息交流。委员会通常是在一个由专家委员会、协调委员会和分委员会组成的更大的委员会体系内运转的。

意 义

在政府的行政和立法部门中，委员会作为审议、咨询的论坛和决策实体的作用越来越突出。随着现代政府* 规模的扩大和复杂性的增强，人们已经普遍认识到，在行政管理中有必要更广泛和更正式地运用委员会。委员会的主要优点包括：能使各种看法、观点和利益都表达出来；为更充分、更长远与更细致的辩论提供了机会；能推动更高效与迅速的决策；可以使专业分工成为可能，进而推动专业技能和专门知识的积累。但是，委员会也受到了批评，例如：容易受到建立委员会并为其调配人员的人们的摆布；允许委员会主席在商量的面具下控制有关事项，而这可能导致权力的集中。更重要的是，委员会可能会缩小决策过程中考虑到的意见和利益的范围，特别是当其成员脱离更大的实体，从而造成一种虚假的代表*形式时。

宪 法

广义的宪法（constitution）是一套规则，它试图为种种政府*机构确定职责、权力和功能，协调它们之间的关系，并限定个人与国家*之间的关系。因此，宪法为政治系统确立了某些元规则（meta-rules），事实上就是那些统辖政府的规则。正如政府在整个社会中建立了有序的统治一样，宪法使政府的行为具有了稳定性、可预见性与秩序*。最普遍的宪法分类是将其分为编撰的与非编撰的，或成文的和非成文的。**编撰宪法**（*codified constitutions*）将重要的宪法条款合在一个单独的法律文件中，这就是广为人知的“成文的”宪法或“宪法”。这类文件是权威的，因为它们构成了“更高的”法——确切地说是国家的最高法。这反过来又使宪法的条款得到了巩固，因为修订或废除这些条款所适用的程序，比废除（一般的）成文法律*的程序要复杂得多。最后，法典编撰的逻辑表明：由于宪法以“更高的”法的名义规定了政府机构的义务、权力和功能，它就必须是受法院管辖的（justiciable），意思是所有的政治实体都必须遵从法院的权威，特别是最高法院和宪法法院的权威。

非编撰宪法（*uncodified constitutions*）现在只见于两个自由民主制*国家（以色列与英国）和少数不民主的国家。在缺乏“成文”宪法的情况下，非编撰宪法有多种来源（在英国就有：成文法律、习惯法、惯例、权威性著作和欧洲法）。因此，具有宪法意义的法律不是固定的，它们可以通过一般的立法程序加以更改。最重要的是，这意味着主权*（或不可挑战的法律权威*）被赋予了议会*。议会有权制定或不制定不管什么样的法律，没有任何实体包括法庭能够藐视或不理会它制定的法律。划分宪法的另一些方法涉及：宪法可能被修改的难易程度（它是刚性的，还是活性的），在实践中被人们遵守的程度（它是有效的，还是名义上或表面的），或宪法内容的基础（它是君主制的还是共和制的，是联邦制的还是单一制的，是议会制的还是总统制的）。

意　义

虽然英国宪法的演进有时可以追溯到1689年的权利法案（the Bill of Rights of 1689）甚或1215年的大宪章（Magna Carta），但是把宪法看作18世纪晚期的创造也许更为有益。“宪法时代”（age of constitutions）是从第一批“成文的”宪法（1787年的美国宪法和1789年的法国人权宣言）的颁布开始的。宪法在现代政治体系的运行中发挥着很多关键性的作用。其中最根本的是，宪法勾画出了国家*存在的界限并宣告了国家拥有独立权威的领域。宪法还清楚（或不清楚）地确立了一套广泛的政治价值、理想和目标（在成文宪法中，这通常被写在序言中以作为对国家理想的陈述）。而且，宪法，作为“组织图式”（organisational charts）或“制度蓝本”（institutional blueprints），也使得政府运作具有了一定程度的稳定性和可预见性，并且使冲突能够得到更迅速与更有效的解决。

然而，宪法受到推崇的原因在于，它是一种约束政府和保护自由*的工具。它确定了国家与个人的关系（一般通过权利法案*），从而划分了政府权威和个人自由各不相同的范围。但是，仅仅有宪法的存在并不能保障宪政*。只有当宪法分裂了政府的权威并在整个政治体系中建立起有效的制约和平衡时，而且也只有当宪法不管用什么方式使公民自由*得以明确界定并受到法律维护时，它才是有限政府的一种设计。

关于宪法的其他争论都聚焦于如何理解宪法编撰的含义上。编撰的或成文的宪法被认为有以下长处：

- 宪法的主要原则和关键条款是固定下来的，因而能免受现行政府的干预。
- 立法机关不享有主权，因而也就不能随意扩张它自身的权力。
- 非政治性的法官能监护宪法以确保其条款得到其他公共实体的遵守。
- 牢固确立的权利法案能使个人自由得到更为安全的保护。
- 编撰好的文献具有更广泛的教育价值，因为它突出了政治体系的中心价值和总体目标。

但是，编撰好的宪法也有缺陷，其最主要的短处如下：

● 成文宪法是刚性的，因而它可能在应对和适应环境变化方面不如非成文宪法。

● 宪法的最高权，与其说归于有民主回应义务的政治家，还不如说它最终落到了非选举产生的法官之手。

● 宪法文献不可避免地带有偏见，因此它们要么会助长意识形态霸权，要么会引发比它们所能化解的还要多的冲突。

● 确立成文宪法需要所有主要政党就政治体系的重要特征达成一致，而实际情况却可能并非如此。

资料链接

1689 年权利法案

1689 年权利法案，全称《国民权利与自由和王位继承宣言》(An Act Declaring the Rights and Liberties of the Subject and Settling the Succession of the Crown)，是英国政治性法律中重要的一部法案，由威廉三世于 1689 年签署，威廉三世被宣布为“光荣革命”之后英国国王的前提就是必须接受由议会所提出的这部权利法案。它规定了英国人民拥有不可被剥夺的民事与政治权利，包括：国王不得干涉法律；和平时期未经议会同意国王不得维持常备军；没有议会同意，国王不得征税；人民有向国王请愿的权利；人民有佩戴武器以自卫的权利；人民有选举议会议员的权利；国王不得干涉议会的言论自由；人民有不遭受残酷与非常惩罚的自由；人民有在未审判的情况下不被课罚金的自由；国王必须定期召开议会；詹姆斯二世的一些行为已经违反上述约定，因此被认为是非法的；因“光荣革命”而逃离英国的詹姆斯二世被宣布退位；罗马天主教徒不得成为英国国王；威廉与玛丽是詹姆斯二世的继承人。

1701 年，英国议会又通过了一部《王位继承法》，被看作 1689 年权利法案的补充，这两个法案确立了“议会至上”原则，标志着君主立宪制的基本确立，议会成为国家的最高权力机关。对王权的限制和对公民权利保障的不断加强，使得英国成为近代第一个君主立宪的国家。

1689 年权利法案是英国历史上自大宪章以来最重要的一部法案。它既是英国宪法的重要组成部分，也被认为是美国宪法的前身。

选 举

选举（election）是一种根据一群被指定的人（全体选民）的选择来安排某个职位的机制。选举既可能是民主的，也可能是非民主的。民主选举依照以下原则进行：所有成年人都有投票权（无论“成年人”如何定义）；一人一票，每票等值，秘密投票；选民根据候选人以及政党*之间的竞争来进行选择。非民主选举可能具有以下一些特征：投票权受到财产所有制、教育、性别或种族出身的限制；要么实行一人多选区投票制，要么各选区的规模相差悬殊；选民容易受到压力或恫吓的影响；或是只有单一的候选人或单一的政党可供选举。

然而，民主的选举制度也有很多种，而且它们在很多方面还各有不同。选举人会被要求在候选人之间或政党之间做选择；他们可以只选一个候选人，也可以做优先选择，也就是对他们希望支持的候选人进行排序；选民可能会（也可能不会）被组合到选举单位或选区；选区可能会选出单独的或若干的候选人；选出一个候选人所需的支持程度可能会因选举办法的不同而有所不同。这些办法，从简单多数（一票绝先或“相对”多数）到总体多数或“绝对”多数，再到某种定额，各不相同。然而，区分各种选举制度的最普遍的方法是看它们如何将选票换算成席位。

多数代表制（*majoritarian systems*）能够使较大的政党赢得比它们在选举中的得票比例高出许多的议席比例。这就增加了单一政党获得议会多数席位并单独执政的机会。多数代表制的例子包括简单多数制（first-past-the-post）、二轮投票制（the second ballot）和交替投票制（alternative vote，AV）。**比例代表制**（*proportional systems*）保证了席位和投票之间的平等（至少是比较平等的）关系。在纯粹的比例代表制中，一个获得45%选票的政党可以正好获得45%的席位。比例选举制的例子包括政党名单制、单独转换投票制（single transferable vote，STV）和额外成员制（additional member system，AMS）。

意 义

人们常常认为，选举就是实践中的民主*。通常的看法是：选举，当其具有公平性和竞争性时，就是一种人们可以据此要求政治家回应并迫使其制定从某种角度反映公众意见的政策的机制。这种观点强调选举“自下而上”的功能。依此看来，选举是吸收政治新成员的主要途径，是组建政府* 和交接政府权力* 的一种方式，是代表* 制的一种保障，也是政府政策* 的一个主要决定因素。另一方面，“激进”的选举观点认为，选举在很大程度上是政府和政治精英赖以对其人民实施控制的一种机制。该观点强调选举的“自上而下”功能。也就是说，选举能够为政权建立合法性*，使政府“教育”选民并影响公众意见，并通过将政治不满和政治反对引向宪法的方向而使其中立化。但事实上，选举没有单一的特征：它们既不是简单的公共回应* 机制，也不是确保政治控制的工具。像所有其他的政治沟通渠道一样，选举是“双行道”（two-way street）：可以为政府和人民，精英和大众提供相互影响的机会。

关于选举的许多争议都集中于不同选举制度的优点上，尤其是在多数代表制和比例表制的选择上。多数代表制的优势在于：它能使政府建立在选民正式授权* 的基础之上；也可以增大强有力政府出现的可能性，因为单一的政党往往有控制议会* 多数的机会并能产生稳定的政府（由单一政党组成的政府很少由于内部的不统一而倒台）。相反，比例代表制则“更公平”，因为政党代表与选民支持之间有着可靠的联系，并能保证政府在选民中享有广泛的、通常也是多数的支持。而且，比例代表制还能通过增加联合政府的可能性，使权力* 制约制度化；并能促使政策制定经由讨价还价与共识建构的过程来完成。然而，所谓“最好”的选举制度是根本没有的。选举制度争论，在实质上是关于政府性质的合意性的争论，也是关于“代表”政府与“有效”政府所分别具有的优点的争论。最后，特定选举制度的影响，是因国家* 的不同而不同的，也可能会因时而异。这取决于诸如政治文化* 、政党制度的性质以及政治得以运行其中的经济与文化背景等因素。

行政机关

行政机关（executive），从其最广泛的意义上讲，就是负责实施议会* 制定的法律和政策的政府* 分支机构。行政分支机构从政府首脑或政府最高首长一直延伸到诸如警署、军队等执行机构的成员，并且既包括部长也包括公务员。现在，这个术语更多地被用来在狭义上表示一小群决策者，他们对政府政策的指导和协调负有全面的责任。这个由高层人物组成的核心机构通常被称为**政治行政机关**（*political executive*），它大致与"当局"（government of the day）或总统制的"行政班底"（the administration）相同，与**公务管理机关**（*official executive*）或"官僚机构*"（bureaucracy）相对。"行政核心"（core executive）一词有时候被用来表示：位于中央政府的核心层，且横跨"政治/公务"界限的协调和仲裁机制。它包括政府最高首长、内阁*成员、重要政府部门和安全情报部门的高级官员以及由政治顾问们构成的网络。

但是，政治行政机关的组织是非常不同的，这取决于它究竟是在议会制政府*中还是在总统制政府*中运行（见表7—1）。**议会制行政机关**（*parliamentary executive*）具有以下特征：

- 行政机关的人员来自议会，其起作用的基础通常是他们在领导性政党（一个或数个）中的地位或职位。
- 行政机关直接对议会负责（或者至少要向下议院负责），从这个意义上讲，它只要能保持住议会的信任，就能留在政府之中。
- 内阁*通常被视为行政机关的最高正式机构，因而须遵循集体领导*的观念。
- 首相*是议会制政府的官员，因此还需要有独立的国家元首（以立宪君主或非行政总统的形式）来履行礼仪性的义务和执行国家的职能。

总统制行政机关（*presidential executive*）具有以下特征：

- 总统*，作为行政首脑，是单独选举（与议会选举无关）产生的，而且立法和行政机关在人员上有正式的分离。
- 行政机关被赋予一定范围的独立宪法权力，并且不可以被议会撤销。
- 行政权威集中于总统之手，内阁和其他部长只是对总统负责的顾问。
- 总统职位结合了国家元首和政府首脑的角色。

半总统制行政机关（*semi-presidential executive*）是由单独选举产生的总统来领导的政府，即一个在他主持下工作的来自于议会并对议会负责的政府。在这种情况下，总统和首相之间的权力*平衡依赖于一系列因素，例如总统的正式权力（这可能包括解散议会的权力），以及这两个机构的政党构成等等。

表 7—1　　议会制、总统制、半总统制、委员会制的比较

	议会制	总统制	半总统制	委员会制
政治活动中心	议会	总统	总统	联邦委员会集体
政府产生的方式、组成、责任	由议会产生，对议会负责，受议会监督	由当选的总统组织，对总统负责，受立法机关制约	政府由总统任命，政府对总统和议会负责	联邦委员会是最高行政机构，由选举产生
国家元首的产生、权限、任期	议会制君主立宪制国家元首由世袭君主担任，权力按宪法规定受一定限制，拥有虚位，任期无限；议会制共和制国家元首由选举产生，拥有虚位，没有实权，有任期期限。	选举产生，既是国家元首又是政府首脑，有一定任期	由选举产生，有一定的任期，掌握一定的行政权；但政府中的内阁总理不向总统负责	由选举产生的委员会主席对外行使国家元首的礼仪性职责，任期一年，不能连任
典型国家	英国、日本、西班牙、瑞典、挪威、意大利、德国、芬兰、印度	美国、墨西哥、巴西、阿根廷、埃及、印尼	法国	瑞士

意　义

行政机关是政府必不可少的核心。政治体系的运行可以没有宪法*、议会、司法机关*，甚至没有政党*，但是如果没有行政分支，政治体系便不能存活。这是因为政府行政的主要功能是指导和控制政策过程，它既要制定出政府的政策*又要保证其实施。简言之，人们期望行政机关能进行“管理”。人们尤其希望，政治行政机关能够拿出连贯的经济和社会方案，以满足复杂的、在政治上成熟了的社会的需求；并且能够在一个越来越相互依赖的世界上掌管好国家*的种种对外关系。这种情况导致的重要后果，就是行政机关立法权力的增长及其对议会传统责任的侵蚀。政治行政机关的其他重要功能包括：监督政策实施；对政府官僚机构实施战略控制；在国内或国际危机中提供领导；履行各种礼仪性的和外交上的责任，即由国家元首、政府首脑以及资深部长（在更低程度上）所“代表”的国家*责任。而且，政治行政机关的大众支持率，对于政权作为一个整体的特征和稳定性而言，也要比政治体系的其他部分更具有决定性。行政机关动员大众支持的能力，是大众服从与合作的保证；更重要的是，政治行政机关的支持率，还是更为广泛的政权合法性*的决定性因素。

正是行政机关的这种潜在的权力使得政治发展大都采取了试图对它进行制约或者

限制的形式：要么强制它在宪法框架内活动；要么要求它对由大众选举产生的议会或是民主的选民负责。然而，作为政治领导的来源，行政机关的角色已经由于国家在国内和国际上的责任的扩大以及媒体从人格方面描述政治的趋势而被大大地强化了。这反过来导致了行政机关的权力* 位置的矛盾性转变。公务行政机关，作为专门技术和专业知识的来源，已经以政治行政机关的相对衰落为代价而得到了加强，但是无论在议会制还是总统制下，权力都集中在作为现代政治之大众面孔的政府最高首长手中。人们对行政机关寄予那么多的希望和期待，或许也可以证明它们是失败的。在许多政治体系中，领导者都发现要做到“不负所望”（deliver the goods）已经越来越困难。这种情况既与现代社会复杂性的增强有关系，也与在全球化* 影响下民族国家政府解决问题之能力的下降有关。

性　别

性别（gender）指的是男性和女性在社会地位和角色方面的区别。虽然性别（gender）和性（sex）这两个词在日常生活中经常可以交换使用，但在社会和政治分析中二者的区别却显得非常重要。性别，强调男女之间在社会和文化上的不同；性，表示男女在生理上的、从而是不能根除的差异。因此，性别是一个社会建构，并且往往通过“女子气质”（femininity）和“男子气概”（masculinity）的定见来发挥作用。

意　义

在 20 世纪 60 年代妇女运动重新崛起和女权主义* 得以复苏之前，性别问题在很大程度上被政治思想家忽略了。但从那以后，性别就成了女权主义理论的一个核心概念，并在主流政治分析中受到更为广泛的关注。对多数女权主义者来说，性别强调的是这样一个事实：男女生理上或身体特征上的差异（“性的”差异）并不意味着也不能合法化他们在社会角色和地位上不同（“性别”不同）。简言之，对性别平等* 的追求（这是多数女权主义的基础），反映了这样的一种观念：性的差异并不具有政治或社会的意义；生物学不是命运。激进女权主义者认为，性别分裂是所有社会分裂中最深刻、最具政治意义的一种；因此性别是由父权制*强加的一个“政治”类别，是由一个主要通过家庭来发挥作用的调节过程再生产出来的。对激进女权主义者来说，性别扮演的角色与社会阶级*在马克思主义分析中所扮演的角色相同，因此“姊妹情谊”（sisterhood）就相当于“阶级意识”（class consciousness）。另一方面，社会主义的女权主义者则认为，性别分裂在本质上是与资本主义*联系在一起的，因此应该把性别和阶级作为相互联系的社会分裂来对待。自由主义的女权主义者和主流政治分析家，较少采用结构性压迫的观点，而是更多地从权利*和机会的不平等分配的角度来理解性别分裂。他们认为，正是这种不平等阻碍了女性对“公共”领域的充分参与。由此看来，性别政治（gender politics）应该把人们的注意力转到诸如妇女权利、妇女在政治*和普遍的职业与管理中的职位不足等问题上去。

霸 权

霸权（hegemony），源于古希腊词语*hegemonia*，意为“领导人”。从最简单的意义上讲，它就是系统中一个因素相对于其他因素的优势或支配地位。例如在一个联盟、邦联或地区中，占支配地位的国家*就可以被认为享有霸权。在马克思主义的理论中，这一术语是在更为专门和更为特殊的意义上使用的。霸权，在安东尼奥·葛兰西的著述中，是作为强制服从的一种替代来使用的，指的是占主导地位的社会阶级*通过赢得被征服者的“同意”而行使权力*的能力。作为一种非强制性的阶级统治，霸权一般被理解为一种通过资产阶级价值和信仰在全社会的传播而起作用的文化或意识形态过程。然而，该词也有政治和经济的维度：“同意”，既可以通过增加报酬来捞取；也可以通过实施政治或社会改革来操控。

意 义

意识形态霸权这一观念被马克思主义者看作对较为传统的政治文化*观念的一种替代。它建立在马克思意识形态*概念的基础上，承认统治阶级不仅是社会中统治性的物质力量，也是统治性的精神力量。这就意味着所有的价值、观念和信仰，从它们反映了每个阶级不同的社会存在的意义上讲，都具有特殊的阶级性；同时也意味着，统治阶级的观念与其他阶级的观念相比占有决定性优势，因而成了“那个时代的统治观念”（ruling ideas of the age）。因此，资本主义社会受资产阶级意识形态的支配。葛兰西的《狱中札记》（*Prison Notebooks*，1923—1935，1971）将注意力转移到阶级体系在多大程度上不仅受到不平等的经济、政治权力的支持，而且还受到统治阶级在精神和文化上的至高无上地位（被理解为霸权）的支撑。资产阶级的价值与信仰遍及市民社会*（大众媒体*、教会、青年运动与工会等），并扩展到正常的学习和教育之外，成为时代的常识。因此，为了实现社会主义*，就必须进行一场“观念战争”（battle of ideas）。通过这场斗争，无产阶级的原则、价值和理论才能取代资产阶级的，或者至少可以对其构成挑战。对霸权观念的批评主要是：它过高地估计了观念在政治*中的作用，相当于一种“意识形态固执”（ideologism），同时它低估了资本主义社会在文化上的多样性。随着时间的推移，这种多样性已经变得越来越复杂和多元化了。

司法机关

司法机关（judiciary）是被授权裁决法律争端的政府*分支机构。于是，法官的核心职能就是裁定法律*的含义，因为他们是负责法律的“解释”或“建构”的。尽管司法机构的作用因国家*和制度的差异而各不相同，但它通常都能得到不同寻常的尊重，并被当成与其他政府机构有区别的机构。这主要是因为人们认定法律和正义*之间有某种联系，这可以从法官以公正和平衡的方式裁决争端的能力中表现出来。司法机关和法院系统的结构方式具有不可避免的等级性。这种结构反映了法律的不同类型和层次，为上诉过程留下了余地，还能通过最高法院或高级法院的至高权威来确保法律解释的一致性。然而，国家司法机关也已经越来越容易受到超国家法院（如欧洲正义法庭、欧洲人权法庭和世界法庭）之权威的影响。

意　义

关于司法机关的主要争议有二，即法官是否具有政治性，法官是不是政策制定者。某些政治体系从来不伪称司法中立*或公正。例如，正统共产主义政权的“社会主义法律”原则就明确要求法官要根据马克思列宁主义来解释法律，并服从执掌国家*的共产党的意识形态权威。在这种情况下，法官就只是实施政权本身的政治和意识形态目标的工作人员，正如20世纪30年代苏联的“公开审判”（show trials）所体现的那样。类似地，纳粹时期的德国法庭也被用作意识形态压制和政治迫害的工具。

然而，自由民主制国家强调司法的独立和中立原则。司法独立，指的是司法机关和其他政府机关之间应该严格分离的原则，这也是权力分立*原则的具体应用。司法中立，指的是法官应当以不受社会、政治和其他偏见影响的方式来解释法律。这些原则旨在共同确立法律和政治*之间的严格分离，并确保法治的维系。各国用来保证司法客观性的工具，既有职位保有安全与法律职业独立（如在美国与英国），也有专业化的职业培训（如在欧洲大陆国家普遍适用的那样）。但是，司法客观的意象常常具有误导性。司法机关最好还是被视为政治性的，而不仅仅是法律性的。政治影响侵入司法决策的主要途径为：一是违背司法独立，这通常与任命体制或在国家角色这个意义上更宽泛地使用法官联系在一起；二是对中立的威胁，这是由这样一个事实造成的：即法官不管来自何处，从其社会背景与其所受的教育来看，都不足以代表更大的社会。

仅仅作为法律执行者的法官意象，也往往是一个神话。法官不能直接运用所谓的“法律条文”（letter of the law），因为没有任何法律、法律术语或原则具有单一与不证自明的含义。在实践中，法官通过一个“建构”过程来赋予法律以某种含义，这一过程迫使他们在多种可能的含义和解释中去做出选择。在这个意义上，所有法律都是法官制定的。然而，有两个主要因素影响了法官制定政策*的程度。第一个是法律被列举的明确性和详细性。一般来讲，宽泛拟订的法律或宪法原则为司法解释留下的空间要更大一些。第二个因素是编撰或“写成”的宪法*的存在。这些文件的存在赋予司法机关以司法审查的权力，从而大大提高了它的地位。司法审查指的是，当某些法律、命令和其他政府机关的行为与宪法不相容时，司法机关所具有的对其进行斟酌和宣告无效的能力。在其经典的意义上，这意味着司法机关是最高的宪法仲裁者。在非成文宪法体系中，我们可以发现一种更有节制的司法审查。在这里，由于使用了“越权”（*ultra vires*）原则，司法机关对行政行为的审查就只能根据普通法来进行。

授　权

授权（mandate）是更高实体要求服从的指示或命令。政策授权与治理授权不同。**政策授权**（*policy mandate*）是代表选举* 中获胜的政党所提出的要求。赢得选举，就意味着该党公布的承诺已经得到了承认，并使其获得了将这些承诺转变为政府规划的权威。这种授权有时也被形象地称为“公共的”授权或“民主的”授权。**治理授权**（*governing mandate*）实际上就是实施治理的授权。它是一种更为灵活的授权，因为它属于某个领导人（就“个人的”授权而言）、或政党* 或政府*，而与某一套政策* 并无关联。政策授权约束了政治家与政党并且限制了他们的操纵自由，而我们却很难看到治理授权对权力在握的政治家有任何方式的限制。

意　义

授权原则是一种关于代表制* 的重要理论模式。这种模式要求政治家以保持对其所属的政党及其政策的忠诚的方式来为他们的授权人服务，但不允许他们为自己考虑或把职位当作表达自己观点的渠道。授权原则的好处在于：它考虑到了政党标签和政党政策的毋庸置疑的实际重要性；进而提供了一种将某种意义强加于选举结果并使政治家遵守诺言的方法。这样一来，授权原则就能够确保负责任的政党政府的存在，因为执政的政党只能在其获得的选民授权的范围内行动。然而，这一模式也遭到了强烈的批评。第一，它暗示选民基于政策和议题来挑选政党，而不用考虑诸如领导人个性、政党形象、习惯性忠诚和社会约束等“非理性”因素。就此而言，它是建立在非常不可靠的选举行为模式的基础之上的。第二，该原则硬是把紧身衣套在了政府身上，没有为政府留下根据环境变化来调整政策的空间。例如，在遇到国际危机或经济危机时，授权原则能为我们提供怎样的指引呢？第三，授权原则只适用于单一政党赢得权力的多数选举制，但即使在这种体制中，如果获胜的政党不能获得超过50％的选票，那么授权仍然会显得荒唐可笑。第四，政策授权常常存在着转化为治理授权的危险。这种授权容易被滥用，更何况它与代表之间又只存在任期上的联系。

市　场

市场（market）是一种商品交换制度，它把希望获得某种商品或服务的购买者和提供这种商品或服务的出售者联系了起来。在几乎所有的简单市场中，货币而非物物交换都被当作一种方便的交换方式。市场是非人格的机制，因为它是由价格波动这种反映着供需平衡的力量（即所谓的市场力量）来调节的。市场经济和资本主义*这两个术语通常可以替换使用，但是市场形态也可以在其他社会制度（如市场社会主义*观念所揭示的那样）中发展，而且资本主义制度本身也是以或多或少的市场规制作为基础的。

意　义

市场是资本主义经济的核心组织原则。它已被应用于某些社会主义社会的组织以及教育和健康等公共服务中（采用的是“内部市场”观念）。由于计划安排这种替代性制度的失败（这在1989—1991年革命中共产主义*的瓦解过程中最引人注目），也因为全球化*总是与市场化的形影不离，市场形态和市场结构在现代社会中已经变得越来越显著。产生这种现象的原因是，市场具有通过平衡动态与静态的方式来调节人与人之间高度复杂的相互交往的能力。这种能力是理性的人类行为者所不能企及的，不管他们消息有多灵通，技术有多先进。

尽管对市场的支持（有时甚至是勉强的支持），已经扩展到许多社会主义者中，市场问题依然引发了深刻的政治的和意识形态的争议。支持者认为，市场具有如下优势：

- 它能通过利润动机的驱使来提高效率。
- 它能以推出新产品和改善生产工序的形式来鼓励创新。
- 它允许生产者和消费者追求各自的利益，并享受选择的自由。
- 它能通过协调几乎无限的个人偏好与决定的方式来达到平衡。

然而，批评者也指出，市场具有如下的严重缺陷：

- 它会引发不安全感，因为人们的生活是被他们无法控制和理解的力量左右的。
- 它会扩大物质不平等并造成贫困。
- 它会增强贪婪和自私的程度并忽视更为广泛的社会需求。
- 它会通过周期性的繁荣与萧条引发不稳定。

大众媒体

媒体由关注各种知识、信息和娱乐的生产和分配的社会机构组成。大众媒体（mass media）的“大众”特征源于这样一个事实，即媒体利用相对先进的技术将信息传递到大量无差别的听（观）众。大众媒体，无论从语意上还是从政治上说，都是多种多样的。**广播媒体**（*broadcast media*）与**印刷媒体**（*print media*）不同，前者包括电视、收音机，也日益包括电子通信方式（如互联网）；后者包括报纸、杂志和一般的印刷品。类似地，不同信息可以通过不同的渠道发布，如公共的或私人的电视频道、小型或大型的报纸等。

意　义

在 20 世纪，人们对大众媒体影响政治的兴趣迅速升级。这种兴趣，最初是通过通俗刊物来表现的，但后来就特别地倚重于电视对整个现代社会日益增强的渗透力。毫无疑问，现在大多数政治信息都是由大众媒体传播的。如果通信系统受到官方的政治控制（如同在法西斯主义或权威主义等政权中那样），媒体就只不过是宣传的机器。然而，关于它在自由民主制政权中的影响也有相当大的争论。一些人对媒体的影响持明显的积极看法。例如，多元主义论者认为，只要媒体独立于国家*，它们就会通过提供一个允许人们对多种政治观点进行辩论和讨论的论坛来推进民主*和保护自由*。而且，由于多数媒体都是私人所有，对市场需求十分敏感，所以它们从不强加自己的观点，而只是反映观众、听众和读者的观点。

然而，左翼和右翼的批评家都抱怨媒体存有偏见，这源于各种信息传播方式都包括信息的选择、排序和解释的事实。这种观点中最常见的是马克思主义者的看法，他们认为大众媒体或许是宣传资产阶级思想和维护资本主义霸权*的重要工具。这类观点一般都强调源自媒体所有权的政治权力*。另一种关于媒体偏见的版本则认为，大众媒体清楚地表达了那些被不成比例地代表了的高级专业人员群体的价值，而不论这些人是偏左的知识分子，是中产阶级的保守主义者，还是男人。从马歇尔·麦克卢汉（Marshall McLuhan）的著名格言“媒体就是信息”（the medium is the message）中可以总结出媒体的另一个更微妙的但却非常重要的影响。例如，电视的政治影响可能与其内容并没有多大的关系，而更多的是与它所导致的空闲时间的私有化有关，与它所造成的儿童成绩下降并从而引出“后公民”世代的趋势有关。

君主制

君主制（monarchy）是一种由单个人支配的统治体系（其字面意思就是“个人统治”）。然而，在一般用法中，它却是一种通过继承或王位世袭的方式来安排国家元首职位的制度。不过，绝对君主制与立宪君主制还是有区别的。**绝对君主制**（*absolute monarchies*）是君主宣称垄断了一切政治权力*的制度，因此君主实际上就是一个最高的统治者。君主绝对主义*的传统基础是君权神授原则，即一种君主由上帝选择并且依靠上帝的权威*在人世间实施统治的观念。**立宪君主制**（*constitutional monarchies*）是主权*被赋予君主之外的某个机构的制度，君主所发挥的作用在本质上是礼仪性的，且在很大程度上没有政治意义。在某些情况下，立宪君主们也能发挥一些残余的政治功能，例如提名首相*；但在其他情况下，君主只不过是形式上的国家元首而已。

意　义

从16世纪到17世纪，绝对君主制一直是占主导地位的政府形式，但现在只存在于少数国家*，如沙特阿拉伯、尼泊尔和摩洛哥。君主绝对主义的生命力是很难被琢磨透的。虽然君主在理论上是绝对的，但实际上权力通常是由君主、经济精英（一般是土地贵族）和得到承认的教会（君主权威的形式来源）来分享的。绝对君主制承受不了现代化进程所带来的压力。这就意味着尽管君主制仍然存在于诸如英国、荷兰和西班牙等发达国家中，但却是以严格的宪法形式存在的。在英国，虽然君权现在是由首相以及向议会负责的其他部长来行使的，但君主仍潜在地保持着重要的政治影响：在议会“悬空”（即没有一个政党能够控制下院多数）的情况下，她或他就可以选择首相或解散议会。

资料链接

立宪君主制的优点和缺点

与立宪君主制相关的优点如下：

- 它为满足社会对于一位“高于”政党政治的超党派元首的要求提供了一种解决办法。
- 君主体现着传统的权威，因而可以发挥作为爱国忠诚和民族统一象征的作用。
- 君主固有的经验和智慧，特别是与宪法问题相关的部分，是当选政府可资利用的宝藏。

立宪君主制的缺点如下：

- 它违背民主原则，因为政治权威并不以大众同意*为基础，也无须公开地回应什么。
- 君主象征着（可能也支持）保守的价值要素，如等级、服从以及对遗产和社会地位的尊重。
- 君主制把国家束缚在过时的方式和象征上，因而有碍于国家的现代化与进步。

反　对

反对（opposition），在其日常的用义上，意味着敌意或对抗。然而，在政治用义上，反对却通常指具有正规特性并在宪政框架内的敌对。这在采用议会制*的政府中非常明显。在这种体制下，外在于政府的政党*被通称为在野党（opposition paries），而它们中最大的政党有时被称为“反对党”（the opposition）。在两党制中，议会程序往往考虑了分别扮演着政府和反对党角色的两大政党的正规对立。相应地，反对党有时也会仿效政府结构建立一个“影子”内阁，并作为“等待中的政府”（government in waiting）来发挥作用。

“反对党”观念在多党制和总统制*政府中通常发展得并不太正规。在多党制中，政府与反对党之间的对立被这样的事实削弱了，即政府作为一个联盟*并没有凝聚力，其本身就包含着对抗的内部根源；而且也几乎没有一个反对党能够单独靠自己的能力来组成政府。在总统制中，反对党是在技术上未取得总统职位的政党，但该党仍然可以是议会中的多数党并因而能够对政策的制定发挥不可忽视的影响。另一方面，反对还可能具有议会外（extra-parliamentary）反对和反宪法（anti-constitutional）的特征。在这种情况下，反对派指的是这样的政治集团、运动或派别：它们反对已建立起来的政治程序，并挑战（有时还通过革命*）政治体系赖以建立的基本原则。

意　义

反对是自由—民主政府不可或缺的特征。它发挥着三种主要功能。第一，它有助于确保有限的政府，并因而可以通过对现有政府的正式制约来保障自由*。第二，它能够确保检查和监督，从而提高公共政策*质量并促使政府对自己的过错负责。第三，它能通过创建更有活力的选区，并在重要政党之间提出富有意义的选择，来增强政府的民主回应*性。此外，特别是在两党制中，议会反对党能保证顺利与直接的权力转移，因为替代性政府一直就存在着。然而，对宪法内反对党之效力和价值的担心也是有的。有人认为，议会反对党只是象征性的，因为在辩论和对抗的表面下，政府和反对党都支持既有的宪政安排，而且只要权力不断地交替，它们又都能从中受益。于是，很多的反对都只是议会中的仪式，并不能对公共政策的内容产生多少影响。另一个担心则是，反对（尤其在两党制情景中）可能会导致对手政治（adversary politics）的闹剧。这种风格的政治，把政治生活转变成了主要政党间为赢得选民支持而进行的无休止的较量。当反对党为了反对而反对时，政治辩论就被简化成了有时被人谑称的“斗嘴政治”（ya-boo politics）①。

① 在英语中，“ya”和“boo”表示的意思正好相反。“ya”与“yea”同义，是用喊叫声来表示“同意或赞成”，即一种情绪化的“叫好”。“boo”则是用哄闹声来表示“反对或抗议”，即一种带有抵触和轻蔑味道的“说不”。“ya-boo politics”，在这里指的是那种针尖对麦芒并具有情绪色彩的发生在对立党派之间的口舌之争。——译者注

议　会

议会（parliament）、议院和立法机关，这三个术语在使用中常常可以互换，但在某种程度上它们又具有不同的含义。议院（assembly），从其最简单的意义上讲，是一群人的集合或聚集，例如在一个学校的集会那样。但作为一个政治术语，议院与代表制政府和大众政府*相联系，被认为是人民的替身。基于此，该术语有时被用来特指两院制中的下院（即由大众选举的议院），或者是一院制中那个唯一的议院。立法机关（legislature），是一个制定法律的机构。然而，即使当议会被赋予正式的、可能也是最高的立法权威时，它们也从来没有垄断过法律的制定权，而且很少在实际上控制立法过程。议会（parliament），源于法语中的 *parler*，意思是“去发言”。它意味着协商和评议，因而也暗示着议院的首要任务就是起到一个辩论室的作用。在这里，政策和政治议题可以被公开地加以讨论和审查。人们通常是根据议会对政策*制定的影响力来对其进行分类的。政策制定型议会，享有重要的自治*，并能对政策制定产生积极的影响。政策影响型议会，可以改变政策，但只能通过对行政创议做出反应才能见效。行政支配型议会，只能发挥边际性影响或只相当于行政机关的“橡皮图章”。

意　义

议会在政府机构中占有很关键的位置。作为政府的公共甚至民主面孔，议会在传统上受到人们的特殊尊重，并享有很高的地位。议会之所以受人尊重，是因为其组成人员是那些宣称代表人民的普通政治家，而不是那些受过训练或具有专门知识的政府官员。这样，议会就提供了一个政府与人民的联系环节；也就是说，它们是一条沟通的渠道，既可以支持政府和拥护政权，也可以迫使政府对大众的需求做出反应。议会的主要功能包括：制定法规，发挥代表制实体的作用，监督与审查行政机关*，吸收和培训政治家以及帮助维护政治体系的合法性*。

然而，议会常常是现代政治体系中的次要实体。政策制定型议会的例子已经很少见（美国国会和意大利参议院例外）了。多数议会都可以归为政策影响型或行政支配型。议会所拥有之权力*的大小，取决于国家的种种特定因素，包括：议会的宪法权威范围，议会相对于行政机关的独立程度（主要是看政府是在议会制*还是总统制*中运行），政党制度的性质，以及议会的组织一致性程度（尤其是其委员会体系的力量）。

大多数评论家都承认，议会在 20 世纪普遍地失去了权势。这种衰落之所以出现是因为：行政机关系统表达政策与发挥领导*作用的能力得到了提升；政府作用加强了，官僚机构*的规模扩大了，地位也提升了；纪律严明的政党*纷纷脱颖而出；压力集团*的力量不断增强；大众媒体*作为政治辩论和讨论的替代论坛也越发地重要。然而，也有证据表明，议会的权力已经通过诸如专家委员会*的加强和职业化发展趋势的出现而得到了复兴。这反映了人们对议会的有效性与政治体系的合法性、稳定性之间的联系的承认。

政治文化

文化，在最广泛的意义上，是一个民族的生活方式。社会学家和人类学家倾向于把"文化"和"自然"区分开来，前者指的是通过学习一代一代传下来的东西；后者则是通过生物遗传而获得的。政治科学家在狭义上使用该词，指的是一个民族的心理倾向。在这个意义上，政治文化（political culture）就是人们通过信仰、符号和价值表达出来的对政治对象（如政党、政府*和宪法*）的总的"倾向模式"（pattern of orientation）。政治文化与大众舆论不同，它是由长期的价值观念熏陶而成的，而不是人们对特定事件和问题的简单反应。

意　义

在 20 世纪五六十年代，当新兴的行为主义分析方法取代传统的制度研究方法时，政治科学家开始对"政治文化"中的观念产生了兴趣。**阿尔蒙德**（Almond）和维巴（Verba）1963 年合著的《公民文化》——后来又以《公民文化再考察》为名重新出版（1980）——是这

> **阿尔蒙德**，美国政治学家，结构—功能主义的创立者。1938 年在芝加哥大学政治科学系获博士学位，后执教于耶鲁大学、普林斯顿大学和斯坦福大学。他的结构—功能主义是当代政治科学理论中的重要分析模式之一，提出用政治系统、功能、角色等新的概念术语代替国家、权力、职位等传统的政治学术语。

一方面的经典著作。这本书通过民意调查分析了美国、英国、联邦德国、意大利和墨西哥五个国家对于民主的政治态度。“公民文化”模型确定了三种普遍的政治文化类型：参与型文化（participant culture）、顺从型文化（subject culture）和地方型文化（parochial culture）。“参与”型政治文化中的公民密切关注政治，并且认为大众参与既令人渴望又具有实际意义。“顺从”型政治文化中的公民较为消极，而且认为自己影响政府的能力有限。“地方”型政治文化中的公民没有公民身份* 意识，人们的认同具有当地性而非区域性，他们既不渴望也无能力参与政治。阿尔蒙德和维巴认为，“公民文化”（civic culture）是三种政治文化的混合物，因为它调和了政府统治的极端必要性与公民对政治过程的参与。虽然在20世纪七八十年代，人们对于政治文化的兴趣开始随着行为主义* 影响的削弱而下降，但是与之相关的辩论在20世纪90年代又重新活跃了起来。这一现象的出现，既是后共产主义国家为培养民主价值和期望所做的努力的结果，也是成熟的民主国家（如美国）对社会资本和公民参与明显下降的不断增强的忧虑所导致的。

然而，关于政治态度和价值的公民文化分析遭到了广泛的批判。第一，阿尔蒙德和维巴关于民主文化的“睡狗”理论强调了消极和敬畏的重要性，因而遭到了那些认为政治参与恰恰是民主* 之要件的人们的排斥。例如，选举的参与度低可能反映了广为传播的疏离情绪与难以摆脱的种种不便，而不是政治上的满意。第二，公民文化更应该是民主的结果而不是其原因。换句话说，那种认为政治态度和政治价值塑造政治行为（而非相反）的设想还没有得到证实。第三，这一分析方法倾向于把政治文化看成是同质的，即它只不过是民族文化和民族特性的一个暗号而已。如此一来，它不仅不关注政治亚文化，还倾向于掩盖分裂和社会冲突。最后，公民文化模式被认为在政治上是保守的。马克思主义者尤其不接受阿尔蒙德和维巴书中“颠倒”了的推论，并采取了与之相反的政治文化的支配意识形态模式。这一模式强调了意识形态霸权* 的作用，并把注意力集中在不平等的阶级权力与文化—意识形态偏见之间的关系上。

政　党

政党（political party）是为了通过选举或其他途径来赢得政府权力而组织起来的一群人。人们经常把政党与压力集团* 和社会运动* 相混淆，但政党并不同于其他团体，它通常有四个特征。第一，政党旨在通过赢得执政地位来实施政府权力（尽管小型政党可能更在意用选举* 来获得讲台而不是权力）。第二，政党是有着正式的“持证”成员的有组织的实体，因而与更为广泛与分散的社会运动不同。第三，政党关注极为广泛的议题，对有关政府政策的每一项重大议题都要发表意见（小型政党可能只有一个议题焦点，因此与压力集团相似）。第四，政党在不同程度上都是通过享有共同的政治偏好和总体的意识形态认同而联合起来的。

政党也可以分为群众型和干部型政党、代表型和一体型政党、宪政型和革命型政党。**群众型政党**（*mass party*）非常重视扩大成员和建立广泛的选举基础，其最早的例子是旨在谋取工人阶级支持的欧洲社会主义政党，如英国的工党（Labour Party）和德国的社会民主党（SPT）。此类政党把工作重点放在新成员的吸收和组织上，而不是在意识形态* 和政治信念的统一上。基希海默（Kirchheimer，1966）将大多数现代政党归为“抓住一切的政党”（catch-all parties），并以此来强调它们为了取悦最大多数的选民而戏剧性地减轻其意识形态包袱的情形。相反地，**干部型政党**（*cadre party*）是由受过训练的职业党员来掌控的，这些人被要求具有高度的政治责任感和组织纪律，例如共产主义政党和法西斯主义政党。

纽曼（Neumann，1956）将政党分为**代表型政党**（*representative party*）和**一体型政党**（*integrative party*）。前者采取“抓住一切”的策略，重“实用”轻“原则”；后者是前导性而非反应性的，它们并不单纯地对群众的关切做出反应，还试图动员、教育和鼓舞他们。偶尔地，群众型政党也可能表现出动员和一体化的倾向，例如20世纪80年代在撒切尔夫人领导下的英国保守党就是这样。最后，政党还可以分为**宪政型政党**（*constitutional party*）和**革命型政党**（*revolutionary party*）。前者在现有的体制框架内运作，承认其他政党的存在，遵守竞选规则，承认执政党（当今政府）和国家机关（如行政机关*、司法机关* 和警署等）的区别。革命型政党则恰恰相反，它们采取反制度或反宪政的立场。此类政党一旦获得政权，就将一律成为“统治的”或政权型的政党。它们镇压敌对党派，并着手建立其与国家机器之间的永久性联系。

意　义

政党是现代政治的主要组织因素。当政治机器被组织起来赢得（通过选举或其他方式）并行使政府权力之时，就时时处处都能感受到政党的存在。在世界上唯一见不到它们的地方，是那些它们遭到独裁*或军事统治镇压的地方。政党是国家*和市民社会*之间联系的重要渠道，发挥着诸如代表人民、组织和招募政治精英、利益表达和聚集、组建政府等功能。然而，政党的作用和重要性在不同的政党制度中是不一样的。在一党制中，政党有效地取代了政府，建立了党政合一的国家机器。在两党制中，主要政党中较大的政党实际上执掌着政府权力，而另一主要政党则成为了反对党并扮演着“等待中的政府”的角色。在多党制中，政党一般扮演代表较小范围利益的中间人角色，它们通过建立短暂或永久的竞选同盟或正式的联盟*形式来发挥影响。

对政党的批评，要么源于早期对自由的顾虑；要么认为政党生来就是精英和官僚的机构。持前一种观点的人担心：政党会激发冲突并破坏社会团结的基础；政党会使基于个人良心的政治成为不可能。后一种观点，由罗伯特·米歇尔斯（1911，1962）以“寡头统治铁律”的形式做了最为精彩的表述。有一些现代政党，尤其是绿党，以“反政党的党”（anti-party parties）自诩。它们拒绝议会妥协，强调大众动员，并试图通过这类活动来搅乱传统的政党政治。列宁（1902，1968）是政党最强有力的支持者。他提倡以民主集中制为基础建立起一个紧密团结的革命政党来发挥“工人阶级的先锋队”（vanguard of the working class）的作用。然而，在20世纪后期却出现了所谓的“政党政治危机”（crisis of party politics），其表现是：政党成员好像普遍在减少；对政党的忠诚好像普遍在减弱；关注单一问题的抗议集团明显增加；新社会运动不断兴起。对这种现象的解释是：政党作为官僚化的政治机器，无法回应群众不断增强的政治参与和行动主义欲望；政党作为政府工具的形象意味着它们不可避免地与权力、野心和腐败联系在一起；而且，由于现代社会复杂性的增强，以及阶级和其他传统的社会认同的衰落，以前产生政党的那些社会力量现在也已经削弱了。然而，这些因素虽然可能会导致政党作用和政党政治形式的改变，却并不会使它们变得多余。

总　统

总统（president）是国家的正式元首。在有的国家*，这一名位是由一位君主或皇帝来拥有的。宪政总统不同于行政总统。**宪政总统**（*constitutional presidents*）或非行政总统（见于如印度、以色列与德国等国家），是议会制政府*的一个特征，其职责主要限于礼仪性的义务。在这种情况下，总统只是挂名首脑，行政权力是由首相*和（或）内阁*来行使的。**行政总统**（*executive presidents*）有两个“头衔”，因为他们集国家元首的形式责任和政府首脑的政治权力于一身。这类总统构成了总统制政府*的基础，且符合权力分立*的原则。

意 义

美国式的总统制政府引起了全世界的仿效。其仿效者主要在拉美，后来又扩大到后共产主义国家如波兰、捷克共和国和俄罗斯。美国宪法的设计师们早就知道，把行政权力*赋予总统，实际上就是在创设一个“由选举产生的王位”（elective kingship）。总统被赋予了给人印象深刻的一系列权力，包括国家元首、政府首脑、军队最高统帅和首要外交官等的权力，并被授予了广泛的官职任命权力和立法否决权利。然而，在美国和其他一些国家，现代总统却既受到了正式的宪法规则的塑造，也受到了更广泛的政治发展的塑造。在这些发展中最重要的是：政府对经济和社会生活越来越多的干涉，日益相互依赖或全球化了的国际秩序，以及作为政治机构的大众媒体*（尤其是电视）的兴起。因此，处于政治系统约束之中的总统就成了国家繁荣的递送者、世界政治家和民族伟人。到了 20 世纪 70 年代，这种情况（尤其在美国）导致了人们对“帝王总统”（imperial presidency）的警觉，因为总统具有使自己从传统的宪法框架中解放出来的能力。然而，总统们后来遭遇的挫折，如美国的尼克松与卡特总统那样，却再次证明了诺伊施塔特（Neustadt，1980）关于总统权力的经典表述——总统权力是“说服的权力”（power to persuade）——的持久真理性。也就是说，总统权力是讨价还价、鼓励甚至诱惑的能力，而不是发布命令的能力。尽管总统看起来比首相更有权力，但这往往是一种幻觉。将国家和政府两种领导*权集中于一个职位或许会使人们形成这样的政治预期，即它可能会使失效难以避免。而且，总统不能像首相那样直接地行使立法权，这一事实也是无须遮掩的。

总统制有许多明显的优势，最主要的是它使个人的领导成为了可能。由于采取了一种人格形式，政治*变得更容易理解也更为迷人，因为公众更乐意跟个人而非政治机构（比如内阁或政党*）打交道。与此相联系的是总统的能量，其作为国家名义领袖和民族象征（体现为礼仪与政治权威*）的能量。因此，总统可能也就拥有了格外显著的动员力，特别是在经济危机和战争期间。最后，与集体性的内阁政府所做出的令人不满意的、或许还是不讲原则的妥协相反，将行政权力集中于单一的职位可以确保明晰性和连贯性。另一方面，总统制也有其危险之处，其中最明显的就是人格化政治使总统制有贬值的风险。例如，选举有可能变成纯粹的选美比赛，并使人将更多的注意力投放在形象和个人琐事上，而不是放在观点和政策上。总统主义的另一缺陷是，它或许建立在早已过时的领导观念的基础之上，因为它意味着复杂与多元化的现代社会能够被一个人来代表和动员。如果说政治最终无非是调解和讨价还价，那么集体领导（而非个人领导）的体制可能更有利于此。

压力集团

压力集团（pressure group）或利益集团（这两个术语通常但并非总能互换）是旨在影响政府*政策或行动的有组织的结合。压力集团与政党*不同，因为它们力图从外部施加影响而非赢取或行使政府权力*。而且，压力集团的议题焦点特别少，因为它们通常只关心某个特定群体的特殊事业或利益，很少有更广泛的纲领或意识形态特征（这种特征一般都与政党相联系）。压力集团在两个方面区别于社会运动*：一是其正式组织的色彩更浓；二是其运作的方法有特点。那些在国际层面上活动的压力集团（特别是与发展和环境问题相关的集团），已日益被正式认可为非政府组织（NGOs）。然而，并不是所有压力集团都拥有正式意义上的成员，因此一些评论家更喜欢用“组织化了的利益”（organised interests）这个更宽泛的术语来称呼它们。

在类型和规模上，压力集团都显得各不相同。最普遍的两种分类是将其分为部门性的和促进性的，“内人的”和“外人的”。**部门性集团**（*sectional groups*），有时也叫保护的、功能的集团或利益集团，其存在的目的就是促进或维护其成员的利益（通常是实际利益）。这类集团的“部门性”缘于这样一个事实，即它们代表了社会的一部分：工人、雇主、消费者、种族或宗教集团等等。在美国，部门集团通常被归为“私人利益集团”（private interest group），以强调它们关心的主要是其成员而非整个社会的改善和福利。**促进性集团**（*promotional groups*），有时也叫作事业或态度压力集团，是为促进共享的价值、理想和原则而建立的。在美国，促进性集团被叫作“公共利益集团”（public interest group），以强调：它们是为了促进集体的而非有选择的利益；它们旨在帮助本集团成员之外的所有群体。然而，许多压力集团都介于此两者之间，既代表其成员的利益，又关心理想和更为广泛的事业。例如工会，它既关心诸如工资、工作条件和工作保障等问题，又关注社会正义*问题。

另外，还可以根据压力集团与政府的关系将其划分为内人集团和外人集团。**内人集团**（*insider groups*）通过例行咨询和代表政府实体而拥有通往政府的特许的制度化渠道。这类集团要么代表关键的经济利益，要么拥有政府制定政策*所必需的专业知识和信息。而**外人集团**（*outsider groups*）要么得不到政府的咨询，要么只是不定期地接受咨询，而且通常都无法接近政府高层。这类集团缺乏通往政府的正式渠道，因而不得不“走向公众”以图通过媒体和公众运动来对政策形成过程施加间接的影响。

意　义

只有在尊重政治结社权利*和表达自由的自由民主的政治制度中，才能见到压力集团。但是，压力集团发挥的作用和它们施加的压力的重要性却有很大差别。能增强集团影响力的因素包括：存在着一种把压力集团视为合法的行为者，并支持其扩大成员人数与增强参与的政治文化*；存在着一种能够为压力集团介入政策过程提供多种切入点的分散化与分权化的制度结构；存在着一种有助于主要政党与有组织的利益之间建立联系的政党体系；存在着一种要求政府向主要利益集团咨询并与其合作的干预主义风格的公共政策类型（这通常与组合主义*的出现有关联）。

对集团政治最积极的看法，是多元主义理论提出的。这些理论不仅将组织起来的集团视为政治过程的基本构件，还把它们当成是自由和民主*的必要保证。对压力集团有利的论点包括：它们能表达被政党忽视了的利益并提出政党顾及不到的观点，因而能增强代表*性；它们能推动论战和商讨，因而能培育出更有活力的选民；它们能拓宽政治参与的空间；它们能制约政府的权力*，并维持一个活泼与健康的市民社会*；它们能为政府和公民提供沟通的渠道，因而能促进政治稳定。组合主义者、新右派*和马克思主义理论家则提出了更具批判性的看法。组合主义凸显了某些压力集团享有的与政府有关的特权地位，并把它们描绘为一种等级森严、由不直接对其成员负责的领导人掌控的团体。新右派将注意力集中到由团体造成的政府越位与经济低效等威胁。马克思主义者认为：在资本主义社会中，集团政治全面地有利于那些控制着关键的工作机会和重要的投资决定的商业与金融势力；国家是不公正的，它通过发挥对资本主义体系的支撑作用来偏袒支配着这个体系的那类利益。

首　相

首相（prime minister，有时指的是总理如在德国、首席部长如在荷兰、或被冠以一个本地性称号如爱尔兰总理），是一位政府的首脑，其权力*来自他（或她）对议会*或议院中占据多数席位的政党或政党联盟的领导*权。首相是行政机关的正式首长或政府首脑，但其地位在许多方面都与总统*不同。第一，首相在议会制*或半总统制中工作，因此他们处于议会之中并通过议会来执掌政务，而不受宪政性权力分立*的拖累。第二，首相通常在正式的内阁制政府中发挥作用，这意味着，至少在理论上行政权威是由内阁*集体分享的。第三，首相在宪法上被赋予的宪政权力比总统要微弱一些，因而也就更依赖于行使非正式的权力（特别是与其政党领袖角色相关的权力）。第四，首相是议会的官员而不是国家元首，因此后一个职位通常由非行政总统或立宪君主来担任。

意　义

由于对首相的工作只能做一个宽泛的宪政性规定，所以正应了那个古老的说法，即职位是其拥有者想怎么样它就怎么样它的东西，或者确切地说，是他能够怎么样它就怎么样它的东西。实践中，首相权力建立在两套关系的运用上。第一套是首相与内阁、各位部长及政府各部门的关系；第二套是首相与其所在的政党以及通过政党与议会和公众产生的关系。内阁的支持，对于在集体内阁制政府中工作的首相是至关重要的。在这种情况下，首相们的权力反映的是：他们通过任命官员、管理内阁和控制政府机器来确保内阁成员“听命”于他们的程度。尽管如此，首相权力的基石无疑还是在于他（或她）作为政党领袖的地位。的确，现代的首相职务在很大程度上是纪律严明的政党崛起的产物。首相职位不仅以政党领导权为基础来进行分配，而且还为其占有者提供了控制议会的手段和树立国家领导人形象的基点。因此，政党的统一程度，首相所属政党在议会中的力量（尤其是要看它是单独执政还是与其他政党联合* 执政），议会（或者至少是其下议院）所拥有的权威* 等等，是决定首相权力的关键因素。

大多数评论家认为，首相已经逐渐成为更重要的政治行为体。这部分地是因为广播媒体出现了特别关注人格的趋势，意味着首相成了其所属政党的“品牌形象”。国际高端会议和外事访问的增加，也为首相提供了谋求政治家地位的机会和将自己装点成国家领导人的用武之地。这种情况还曾引出了这样的断言，即首相已经成功地从内阁的约束中解放了出来并确立了首相型政府的形态。首相型政府有两个关键特征：第一，首相是政府立法和行政机构之间发生联系的中心环节，因为他不仅能支配议会，也能统制官僚机器；第二，行政权力集中于首相手中，因为他能有效地使内阁和各部部长从属于自己。

这样的进展已经导致了“潜行的总统主义”（creeping presidentialism）现象。首相们在媒体和别的压力下，凭借他们表达自己政治和意识形态见解的本领，形成了个人魅力，并疏远了他们与政党、内阁和政府的关系。有些首相，掌握着稳定的议会多数席位并受到团结一致的内阁的拥戴，因而能够运用比许多总统的权力还要大的权力。但即便如此，他们的权力也总是脆弱的，因为它只有在极为有利的政治环境中才能发挥作用。说到底，首相是政党赖以获得和维持权力的工具，那些不能担当这些任务或对其角色漫不经心的首相，是很难久居大位的。

人种/种族

人种（race）是指人类在生理和基因方面的不同。这些将一群人同另一群人区分开来的不同之处，被认为有生物学上的根据（如皮肤与头发的颜色、体格和面部的特征等）。因此，一个人种就是拥有共同祖先和“同一血统”（one blood）的一群人。然而，这个术语无论在科学上还是在政治上都存在争议。科学证据表明，就人们间的种属差异而言，“人种”这种东西是根本不存在的。在政治上，人种分类一般依据的是文化的印记，但这种分类往最好处说是过分简单了，而往最坏处甚至可以说是恶毒的。因此，人们有时更喜欢用种族一词。

种族（ethnicity）是一种对某一特殊的人群、文化团体或地域的忠诚感。这个术语是复杂的，因为它具有文化和人种的言外之意。通常认为，种族集团的成员是共同的祖先的后裔（无论这种观点正确与否），因而他们是扩大了范围的亲属集团。更为普遍地，种族被理解成一种文化特性，尽管它只在内心深处和情感层面上起作用。“种族的”文化包含着价值、传统与惯例，而且至关重要的是，它还总能通过对出身和血统的关注来为某个人群提供一种共同的身份意识和独特感。

意　义

19 世纪的欧洲种族主义* 率先在人种和政治* 之间建立了联系。这一思潮，宣扬人种优越论（或卑劣论）和种族隔离学说，在 20 世纪又与法西斯主义* 混合而推出了纳粹主义*，并助长了右翼民族主义运动或反移民运动。这类运动背后的中心思想是：只有在人种或种族上统一起来的社会才是有凝聚力的和成功的社会，而多元文化主义和多元种族主义则总是冲突和不稳定的根源。在反对殖民主义的斗争中，曾经出现过一些非常不同的人种或种族政治形态，但在总体上看它们无非是种族歧视和伤害的一种后果而已。不过，种族与社会伤害的结合却生成了风格各异的政治行动主义。

这些政治行动主义范围很广，从 20 世纪 60 年代由马丁·路德·金领导的美国公民权运动，到战争和革命运动——如美国黑人权力（Black Power）运动和黑穆斯林（Black Moslems）运动（现为伊斯兰民族运动），再到一直持续至 1994 年的非洲国民议会（ANC）反对南非种族隔离主义的运动等。然而在“后 1945 年时期”，种族政治却已发展为一种与建立在种族意识和地区认同基础上的民族主义* 相联系的更为普遍的现象。这在诸如英国、比利时和意大利这类国家不断加强的离心倾向中，以及在特殊民族主义（particularist nationalism）的崛起进程中，都有所表现。在前苏联、捷克斯洛伐克和南斯拉夫，这种单一民族主义导致了原有国家的崩溃和一系列新的民族国家* 的建立。引发这类变动的两股主要力量是：世界上被称为“中心”与“外围”部分的不平衡发展，以及全球化* 冲击所导致的“公民”民族主义的不断弱化。

全民公决

全民公决（referendum）是一种公民可以就公共政策*的特定问题发表看法的公民投票。它与选举*的不同之处在于，后者本质上是一种填充公共职位的手段，不能提供直接、可靠的方法来影响政策内容。因此，全民公决是一种直接的民主*手段。然而，它并不是用来取代代表制的，而是对其的补充。全民投票可以是辅助性的，也可以是有约束力的；它也可以提出需要讨论的问题，或者还可以用来决定或确认政策问题（建议或公民表决）。全民投票多由政府召集，所以动议（尤其是在瑞士和加利福尼亚使用）是通过某种形式的大众请愿所得到之总票数来决定的。

意　义

全民公决的使用可以追溯到16世纪的瑞士。然而，全民公决通常都具有双重性。一方面，它是一种大众统治，因为它表达了政治系统内部自下而上的压力。另一方面，它又被当作自上而下的政治控制工具来使用。希特勒和20世纪30年代的其他独裁者曾把全民公决当成了使独裁*统治合法化的工具，就是最显著的例子。然而，全民公决也可以被民主政治家用来中和代议制机构中的反对派意见。

支持全民公决的理由如下：

- 它允许群众为自己说话而不必通过代表们来表达必然扭曲的看法，因而可以加强民主。
- 它能制约当选政府的权力*，使其与选举期间的公众意见保持一致。
- 它能推动政治参与，因而有利于造就更有责任心也更有教养和见识的选民群体。
- 与选举不同，它为公众提供了一种就特殊问题表达看法的渠道。
- 它提供了一种解决主要宪法问题的手段。

另一方面，全民公决也与下列缺陷和危险有联系：

- 它把政治决定置于最缺乏教育和经验又最容易被媒体和其他势力左右的人的

手中。

- 它最多也只能反映在某一时间点上的公众意见。
- 它允许政治家规避由他们自己做出困难决定所应承担的责任*。
- 它使领导者能够操控政治议事日程（尤其是当政府召集全民公决并能利用公共资源和他们的宣传机器来为其首选的政策结果提供支持时）。
- 它倾向于简化和歪曲政治议题，把它们变成只需回答“是或不是”的问题。

权力分立

权力分立（separation of powers）是主张政府的三种主要功能（立法、司法和行政）应该委托给政府*的独立分支机构（分别为立法机关、行政机关*和司法机关*）的原则。从正式的含义上讲，权力分立是要求独立的，即在各机构之间不应该有人员上的重叠。然而，权力分立也意味着互相依赖，即通过分享权力来保证制约和平衡。权力分立原则在总统制政府*中贯彻得最为严格，例如在美国权力分立就是宪法*的基础。但是，在所有的自由民主制*中，这项原则（最显著的是司法独立原则）都得到了某种方式的尊重。完全的权力分立要求有一部成文宪法来确定政府各分支机构的正式权力和义务。

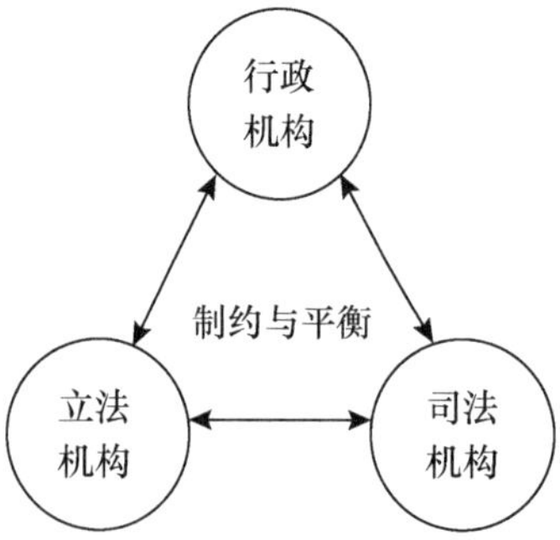

图 7—1　权力分立

意　义

权力分立原则最早出现于洛克的著作，但对其进行更充分阐述的却是孟德斯鸠。

权力分立是分散政府权力*以捍卫自由与防止暴政复活的经典方法之一。作为自由宪政*的一个重要特征，权力分立的优越性在于：它既能将政府各分支机构的权力分割到位，又能支起一张内部的牵制网，从而确保权力的行使永远不会不受监督。里查德·诺伊施塔特（1980）曾经把美国体制描述为“共享着权力的分立机构”（separated institutions sharing power），就体现了这一特征。然而，几乎没有哪个自由民主政府是严格按照权力分立原则行事的。其主要缺陷是，它向政府的行政和立法机构发出了“斗争请帖”（invitation to struggle）。因此，它或许只不过是引发机构冲突或“政府阻隔”（government gridlock）的一个“处方”。由此看来，权力分立只适合于大的、高度分化的社会，如美国。在那里，要实现政治稳定，就必须为相互竞争的集团和利益提供与政府打交道的大量不同的切入点。但在别的国家，通过议会制*或杂交而成的半总统制，立法机构和行政机构之间已经形成了制度化的联系环节。

社会阶级

宽泛地讲，社会阶级（social class）就是拥有相似社会和经济地位的人群。在马克思主义者看来，阶级是与经济权力相联系的，而这种权力又是由每个人与生产资料的关系来界定的。由此看来，阶级分化就是资本和劳动力之间的分化，即劳动成果的占有者（资产者）与那些靠出卖劳动力为生的人（无产者）之间的分化。非马克思主义的阶级定义通常是以不同职业群体之间在收入和地位上的差异为依据的。关于职业阶级区分的最通常的意见是：应该在“中间”阶级、白领（或非体力）工人，与“劳动”阶级、蓝领（或体力）工人之间，做出区分。此外，还有一种被社会学家和政治科学家采用并加以变化了的、基于市场划分的、更为精细的方法。这种方法将阶级划分为：高级职员（阶级 A）、职员（阶级 B）、办事员（阶级 C1）、技术工人（C2）、半技术和非技术工人（D），以及未就业人员、不适合工作的或没有工作能力的人（E）。

意　义

马克思主义者是阶级政治理论的主要倡导者。他们把社会阶级当成是最根本的、在政治上也是最重要的社会分划。在卡尔·马克思看来，阶级是政治舞台上的关键角色并具有创造历史的能力。无产阶级必将成为资本主义*的“掘墓人”（grave digger）。它一旦获得“阶级意识”（class consciousness），懂得自己真正的阶级利益从而认识到自己遭受剥削的事实，就一定会去完成这一使命。这样，无产阶级就将从一个“自在的阶级”（class *in*-itself：一个从经济上来界定的范畴）转变为一个“自为的阶级”（class *for*-itself：一种革命的力量）。马克思相信，这是资本主义危机加深以及工人阶级物质生活条件恶化的结果。然而，马克思主义的两阶级模式却因为马克思的预言未能实现以及阶级斗争逐渐消退（至少在先进的资本主义国家是如此）而受到了怀疑。现代马克思主义者试图改善粗糙的两阶级模式，但他们也同时强调了财产所有制的重要性。例如，他们不仅承认一个由经理和技术人员构成的中间阶级已经出现；还承认在资产阶级和无产阶级内部都存在着分化。

阶级政治的衰落通常与后工业社会的出现有关系。后工业社会是一个不再依赖制造业，而更多地依赖于知识和信息的社会。在这种社会中，那种根植于鲜明的政治忠诚并通常与强有力的工会组织相联系的社会连带主义的阶级文化，已经被一种更具个人主义和工具主义色彩的态度所取代了。对某些人来说，这变化在从“福特主义”（Fordist）时代向“后福特主义”（post-Fordist）时代的转变中，在从一个大众生产与大众消费的体系向一个以社会和政治分裂为特征的体系的转化过程中，都得到了反映。这一变化的一个方面，是出现了去阶级阵线（class de-alignment）现象，即在20世纪70年代以来的英国、美国和其他一些国家所见到的社会阶级与政党支持之间关系的削弱。这一变化的另一个方面，是人们对所谓“次阶级”（underclass）的政治兴趣的增强。“次阶级”，是指那些遭受多重剥夺（失业或低工资、恶劣的居住条件、不充分的教育等等）并被社会边缘化的人，即“被排除者”（the excluded）。然而，在左翼评论家从结构劣势和全球经济平衡变化的角度来定义次阶级的同时，右翼评论家却倾向于主要从福利依赖和个人不足的角度来解释“次阶级”的出现。

社会运动

社会运动（social movement）是在一个松散的组织框架内策动而成的特殊的集体

行动。其行动的动机，在很大程度上根源于成员的态度和渴望。要成为社会运动的一部分，需要的是一定水平的献身精神和政治积极性，而不是正式的或持证的成员身份。最要紧的是，运动就在于“动”。运动与自发的大众行动（例如暴动和叛乱）不同，因为它含有这样的意思，即它在一定程度上是有意识与有计划地追求公认的社会目标的行动。因此，参与社会运动的还有压力集团*，插手其间的甚至还会有政党*，就不足为怪了。例如，工会和社会主义政党就可以被视为更广泛的工人运动的一部分。所谓**新社会运动**（*new social movements*）——妇女运动、生态或绿色运动以及和平运动等等——与较为传统的社会运动相比，在三个方面有所不同。第一，它们刻意地吸引年轻的、受过良好教育与相对富裕的人的支持，而不理会那些受压迫或处于不利地位的人。第二，它们更关注“生活品质”问题而不是物质生活的改善，因此通常具有一种后物质取向（post-material orientation）。第三，传统的运动几乎没有什么共同之处，也很少有串联；而新社会运动却都赞同新左派*的一套价值和信念，尽管它们并不总是被界定清楚了的。

意 义

社会运动可以追溯到 19 世纪早期。最早的社会运动是工人运动（旨在改善成长中的工人阶级的处境）、各种民族主义运动（通常是为了从多民族的欧洲帝国中争取独立而进行的斗争）以及主要发生在欧洲中部的天主教运动（为了使天主教徒的法律和政治权利得到承认而展开的解放斗争），20 世纪的法西斯主义和右翼极权组织也通常被视为运动，而不被认为是传统意义上的政党。然而，两次战争期间对极权主义*的亲身体验却使得诸如埃里克·弗洛姆和汉娜·阿伦特等大众社会理论家从非常消极的角度来看待社会运动。从大众社会的观点来看，社会运动反映了“从自由的叛离”（flight from freedom），即异化了的个人试图通过狂热地投身于某一事业并服从某个领袖（通常是法西斯分子）来获得安全感和认同。

相反地，新社会运动通常将个人理解为理性的和工具性的行动者。他们对非正式的和非传统的手段的运用，完全反映了他们可资利用的方略。新社会运动的出现被广泛地认为是后工业社会权力*日益分散和支离破碎的证据。这样，旧的阶级政治（class politics）就被一种“新政治”（new politics）取代了。这种新政治从“已确立的”政党、压力集团和代表过程转向了一种更具创新精神与戏剧性的抗议政治（protest politics）形式。新运动不仅提供了新的、相互竞争的权力中心，还通过抵抗官僚化和发展更为自发、有力和分散的组织来有效地分散了权力。然而，尽管诸如妇女运动、男女同性恋运动等都有无可置疑的影响力，但是我们仍然很难从实际的角度对其进行评估，因为这些运动的目标是宽泛的，而且它们倾向于采取的文化战略也不怎么实在。

进一步阅读的书目

Baggott，R.，*Pressure Groups Today*（Manchester and New York：Manchester University Press，1995）

Ball，A. and Millward，F.，*Pressure Politics in Industrial Societies*（London：Macmillan，1986）

Blau，P. and Meyer，M.（eds），*Bureaucracy in Modern Society*（New York：Random House，1987）

Bogdanor，V.（ed），*Constitutions in Democratic Politics*（Aldershot：Gower，1988）

Elgie，R.，*Political Leadership in Liberal Democracies*（London：Macmillan，1995）

Gibbins，J.（ed），*Contemporary Political Culture：Politics in a Post-Modern Age*（London：Sage，1989）

Graham，B. D.，*Representation and Party Politics：A Comparative Perspective*（Oxford：Blackwell，1993）

Hague，R.，Harrop，M. and Breslin，S.，*Comparative Government and Politics：An Introduction*（London：Macmillan，1992）

Hennessy，P.，*Cabinet*（Oxford：Blackwell，1986）

Laclau，E. and Mouffe，C.，*Hegemony and Socialist Strategy*（London：Verso，1985）

LeDuc, L., Niemi, R. and Norris, P. (eds), *Comparing Democracies: Elections and Voting in Global Perspective* (London: Sage, 1996)

Lijphart, A. (ed), *Parliamentary versus Presidential Government* (Oxford: Oxford University Press, 1992)

McDowell, L. and Pringle, R. (eds), *Defining Women: Social Institutions and Gender Divisions* (Cambridge: Polity Press, 1992)

Nairn, T., *The Enchanted Glass: Britain and its Monarchy* (London: Picador, 1988)

Negrine, R., *The Communication of Politics* (London: Sage, 1996)

Norton, P. (ed), *Legislatures* (Oxford: Oxford University Press, 1990)

Norton, P. (ed), *Parliaments in West Europe* (London: Frank Cass, 1990)

Pakulski, J., *Social Movements: The Politics of Protest* (Melbourne: Longman, 1990)

Rex, J. and Mason, D. (eds), *Theories of Race and Ethnic Relations* (Cambridge: Cambridge University Press, 1992)

Rose, R., *The Postmodern Presidency: The White House Meets the World* (New York: Chartham House, 1991)

Rose, R. and Suleiman, E. N. (eds), *Presidents and Prime Ministers* (Washington, DC: American Enterprise Institute, 1980)

Sartori, G., *Parties and Party Systems: A Framework for Analysis* (Cambridge: Cambridge University Press, 1976)

Saunders, P., *Social Class Stratification* (London: Routledge, 1990)

Thompson, G., Frances, J., Levacic, R. and Mitchell, J., *Markets, Hierarchies and Networks: The Coordination of Social Life* (London: Sage, 1991)

Waltman, J. and Holland, K. (eds), *The Political Role of Law Courts in Modern Democracies* (New York: St Martin' s Press, 1988)

Weller, P., *First Among Equals: Prime Ministers in Westminster Systems* (Sydney: Allen&Unwin, 1985)

第八部分

层　　次

此部分诠释的概念，与政治权力的领土性组织和政府权威在（或应该在）何种层次上运用有关。

集权/分权

集权（centralisation）是政治权力*或政府权威*在中央机构之内的集中。这些机构通常被视为中央机构，因为它们在国家层次上运作。但集权一词有时也被用来描述权力或权威在国家层次的政府内的集中，例如当行政机关*控制着立法机关或议会*时，或者当内阁*从属于政府最高首长时。分权（decentralisation）通常被理解为国家实体通过把权力和责任转移出去而形成的地方自治*权的扩张。因此，集权和分权凸显了权力*在国家之内的中央（国家）和外围（区域、省或地方）机构之间不同的领土性划分。

意　义

所有现代国家都有地域划分，但这些划分在性质上却有着巨大的差异。构成这些划分的因素有：处理中心—外围关系的宪政框架；各层次政府*间在职能和责任方面的配置；不同层次政府任命和招募人员的方式；中心可以用来控制外围的政治的、经济的、行政的和其他的权力；外围实体所享有的独立程度。但是，有一点很清楚，即不管是中央的还是地方的实体都是不可偏废的。如果没有中央政府，国家就不能作为一个行为主体在国际的或世界的舞台上发挥作用。

资料链接

关于集权和分析的争论

支持集权的论据是：

- 中央政府单独表述整体的利益而非局部的利益，也就是国家*利益而非部门的、种族的或地区集团的利益。
- 只有中央政府才能制定统一的法律*并提供公共的服务，以帮助人们顺利地来往于国内不同的地区。

● 中央也能矫正不平等。这种不平等产生于这样的事实，即社会需求最大的地区总是那些没有能力提高税收以满足这些需求的地区。

● 经济发展与集权总是形影不离，举例来说，只有中央政府才能从确保可持续增长的视角来驾驭统一的货币并调控税收与支出政策，也只有它才能提供经济发展的基本设施。

支持分权的论据是：

● 地方的或地区的政府，能够比中央政府更有效地为公民提供参与其社区政治生活的种种机会，因而也就能使公民群体受到更好的训练并表现得更为活跃。

● 外围的机构通常更为“贴近”人民，因此对人民的需求也更为敏感。

● 在地方层次上做出的决策更容易被看成是可以理解的（因而也是更为正当的），而中央政府的决策（无论是从地理上还是从政治上讲）却都显得有些可望而不可即。

● 外围机构既能监督中央政府又能互相监督，因此分权能够通过分散政府权力和建立制衡网络来保护自由*。

权力下放

权力下放（devolution）是中央政府对下级地区机构的权力移交。“移交”（to devolve）意味着较高级别的当局把权力或义务传递给较低级别的当局。这样，获得放权的实体就构成了中央政府和地方政府*之间的一个中间层次的政府。权力下放与联邦制*不同，尽管它们在地域司法权限上可以是相似的，但获得放权的实体并不能分享主权*；它们的责任和权力均来自于中央，是由中央授予的。**行政放权**（*administrative devolution*）是最不充分的一种权力下放形式，它只意味着地方机构要执行在别处决定了的政策。**立法放权**（*legislative devolution*），有时又称为“在地自治”（home rule）。在这种形式中，权力下放涉及建立由选举产生的、被赋予了政策制定责任与通常有一定的财政自主权的地区议会。

意 义

权力下放（至少在其立法放权的形式下）使单一制政府体系（即由一个国家机关单独享有主权的政府体系）内最大程度的分权* 成为了可能。把权力下放给议会，通常是对一个国家* 内部不断增强的离心力的反应，尤其是为缓解日益旺盛的地区性压力以及有时出现的民族主义压力的努力。西班牙和法国在 20 世纪七八十年代都采取了权力下放的政府形式。在英国，苏格兰议会、威尔士议院和北爱尔兰议院也于 1999 年获得了它们的权力。尽管获得放权的实体缺乏牢固的权力，但是一旦它们获得了属于它们的政治身份并拥有了一定程度的民主合法性*，它们就很难受到削弱，而且在一般情况下也不可能被废除。北爱尔兰的斯托蒙特议会（Stormont Parliament）在 1972 年曾被暂停，但那是在有绝对优势的新教统一党（Protestant Unionist parties）对国会的支配妨碍了它对该省高涨的地方自治暴力潮流进行遏制的情况下才发生的。新创立的北爱尔兰议院同样在 2000 年初被暂停了。

在评价权力下放时，争议的核心是它对国家完整性和离心力强度的影响。支持者认为，权力下放能满足区域、或族群、或构成邦（constituent nations）对于特殊政治身份的渴求；与此同时又能通过维持单一的主权来源（与联邦制不同）来维护国家在更大范围内的统一。然而，批评者却警告说：权力下放会加大离心的压力，因为它既能加强区域性、种族性和民族性的认同，又能导致联邦主义甚或国家的分裂。很显然，权力下放是一个过程而不是一次事变，因为它要把政治身份和政治关系的重新安排准备就绪，而这种身份和关系的最终定型可能需要几年甚或几代人的光阴。此外，还有一个因素，即中央政府和获得授权的实体之间存在着制度性冲突的潜在可能。尽管中央的宪政最高权最终能够使它以对自己有利的方式来解决冲突，但获得授权的实体仍然可以行使重要的立法权和财政权，并依靠其民主合法性来作为政治保障。这就是说，整个体系都会具有准联邦的特征。若如此，扩充联系制度以促进两个层次之间的合作，就是必需的了。

联邦制

联邦制（federalism），源于拉丁文 *foedus*，意为“合同”或“公约”，通常指在国家* 内部按地域分配权力的法律和政治结构。然而，按照其最初的含义，它被用来表示相互的利益或相互的依存，正如皮埃尔-约瑟夫・蒲鲁东的无政府主义观点所表示的那样；或被用来作为更广泛的多元主义* 意识形态* 的一部分，就像亚历山大・汉弥尔顿（Alexander Hamilton，1755—1805）和詹姆斯・麦迪逊的著述所阐述的那样。但是，作为一种政治结构，联邦制要求有两个不同层次的政府的存在，它们中的任何一方在法律上或政治上都不隶属于另一方。因此，其核心特征便是主权* 分享观念。根据这一定义，“经典的”联邦在数量上并不算多，它们是美国、瑞士、比利时、加拿大和澳大利亚。不过，具有联邦类型特征的国家则要更多一些。联邦制与权力下放* 不同，因为获得放权的实体并不能分享主权；联邦制与邦联制（confederation）也有区别，后者是国家的有保留的联盟，在其中每个国家都保持着独立，且这种独立是由一致同意的决策方式来象征性地加以保证的。

联邦制内部也存在差异：既有政府的行政和立法分支之间实行权力分立* 的联邦国家（以美国的总统制* 为代表）；也有行政和立法权力“融合在一起的”的议会* 体制。前者趋向于在领土和功能上都能确保政府权力的分散。这意味着两个层次的政府之间有多重的接触点。然而，议会制体系常常产生所谓的**行政联邦制**（executive federalism），在加拿大和澳大利亚就是如此。在这种制度下，联邦的平衡在很大程度上是由各级政府的行政机关之间的关系来决定的。在德国和奥地利这类国家的所谓**管理联邦制**（*administrative federalism*）的运作中，中央政府是关键的决策者，而省级政府则须承担处理政策执行细节的责任。

资料链接

联邦制的特征

大多数联邦体制存在着某些共同的特征：

- 中央政府（联邦层次）和地方政府（州层次）都享有一些对方不能侵犯的权力，其中至少包括一定程度的立法和行政权威以及征集税收的资格，因而也就享有了一定程度的财政自主权。
- 各级政府的责任和权力都在编撰好的或成文的宪法* 中做了界定，也就是说中心和外围的关系是在正式法律框架（任何一级都不得单方面改变）内处理的。

● 宪法的正式条款是由最高法院来解释的，因此联邦政府和州政府之间一旦出现争端也须由它来裁决。

● 联系制度能促进联邦政府与州政府之间的合作和理解，并能够在中央决策的过程中赋予地区和省级政府一定的发言权（这通常是由两院制国家立法机构中的第二议院来完成的）。

意 义

人们普遍认为联邦制原则在一些国家比在另一些国家更为适用。第一，联邦通常由许多早已建立的政治共同体联合而成，但这些共同体希望保留它们各自的独立身份以及某种程度上的自治*。这显然与世界上的第一个联邦制国家——美国——的情况相一致。这个国家是由从前的殖民地组成的，各个殖民地都拥有特殊的政治身份，但又都认识到了它们对一个新的、更集中化的宪法框架的需要。第二个影响联邦形成的因素是外部威胁的存在，或者是在国际事务中发挥更有效作用的渴望。例如，小的、有战略弱点的国家，就有加入更大的政治联盟的强烈动机。因此，建立"联邦欧洲"（federal Europe）的动向，部分地是因为欧洲人害怕苏联的入侵并察觉到欧洲可能会在当时正在形成的两极世界秩序中丧失影响力。第三个因素是地理规模。世界上许多地域较广的国家如美国、加拿大、巴西、澳大利亚、墨西哥和印度都选择了联邦体制，这并非巧合。最后，文化和种族上的异质性也是推动各国采取联邦制的因素。简而言之，联邦制通常都被认为是对社会分裂和多样性的制度性反应。

联邦制的一个主要优点是，它能够给予地区和地方利益以受宪法保障的政治发言权，而不像单一制（unitary system）那样把主权集中于单独的中央实体。州和省都行使一定范围的自治权，并且在中央政府中有一定的代表权（正如前文指出的那样，这通常由联邦议会的第二议院来代表）。联邦制的第二个优点是，它能够以分散政府权力的方式来建立一个有利于保护个人自由的制衡网络。第三，联邦制能够提供一种可以使分裂国家维持团结和一致的制度性机制。在这个方面，联邦方案可能只适用于有种族多样性和区域分离情况的有限的一些社会。但是，在这些社会中，联邦制可能又是绝对必需的。

另一方面，联邦制并未能遏制出现在 20 世纪的向中央集权*发展的大趋势。例如，从 20 世纪 60 年代中期开始，美国体制就被描述成一种“强制的联邦主义”（coercive federalism），因为联邦政府越来越多地颁布能先发制人地取得各州权力的法律，并且以授权的形式对各个州和地方施加限制，从而使它们越来越服从自己。而且，那些原本打算用来在政府体系中制造健康压力的结构也可能会引发挫折和瘫痪。联邦体制的一个弱点是，由于中央权威受到了限制，中央大胆的经济和社会规划的实施也就更为困难了。最后，联邦制可能引起政府分裂并强化国家内部的离心压力。因此，有人指出，联邦制具有内在的不稳定性。它要么趋向于只有单一制才能提供的有保障的统一，要么趋向于更大程度的分权*与最终的瓦解。

全球化

全球化（globalisation）是指一个复杂的相互联系的蛛网状事物的出现，它意味着我们的生活越来越多地取决于离我们很远的地方所发生的事件和所做出的决策。因此，全球化的核心特征就是：地理距离的相关性日益下降；领土边界，如民族国家*之间的那些边界，也越发地变得不再那么重要。然而，全球化绝不意味着“当地的”和“本国的”必须从属于“全球的”。更恰当地说，它强调的是政治过程的加深和拓宽；也就是说，当地的、本国的和全球的事件（或许也可以说是地方的、区域的、国家的、国际的与全球的事件）总是相互影响的，就如图 8—1 所显示的那样。**经济全球化**（*economic globalisation*）指的是国民经济被整合到更大的全球经济的过程，其表现是国际贸易和资本流动的重要性的增强，以及有时被称为“麦当劳化”（Macdonaldisation）的跨国公司作用的日益突出。

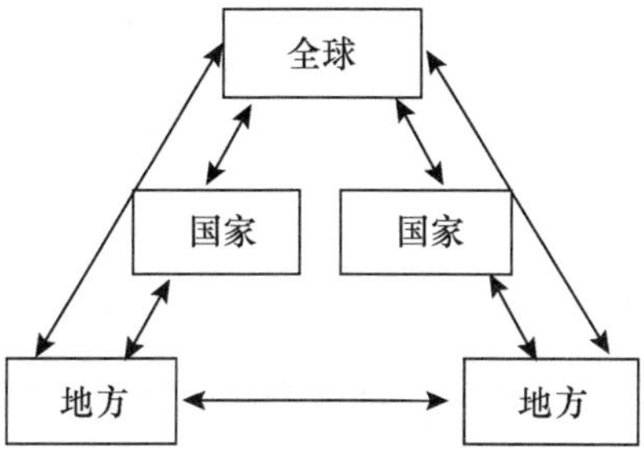

图 8—1 全球相互依赖

意 义

“全球化”一词使人们开始关注 20 世纪下半叶发生的一系列复杂而多面的变化。第一，全球相互依赖是超级大国竞争（这是冷战时期的特征）的结果。1945 年后的超级大国（美国和苏联）的资源和能力是如此的具有压倒性，以至于它们的影响力能够完全地延伸到世界上的每一个地区。第二，国际贸易的扩展和现代商业组织的跨国特性共同导致了全球经济的形成。尤其是，共产主义*的崩溃也为全球资本主义体系的出现提供了动力。第三，全球化是由科技创新推动的。科技创新影响到了人类存在的几乎每一个领域：从核武器的发展和全球污染问题（如酸雨和臭氧损耗）的出现，到国际电话连接、卫星电视与互联网的采用。第四，全球化的发展也有着重要的政治—意识形态向度：一方面是西方自由主义政治价值的扩散，有时也被描绘为自由民主制*的全球胜利；另一方面又与作为跨国政治信仰的伊斯兰教的扩展以及人们急速增长的对绿色思想和哲学的兴趣相联系。

许多关于全球化的争论都集中在它对国家*的冲击和对国内政治的影响上。有人认为，全球化意味着“政治的死亡”（death of politics）与国家的过时。如果国民经济被有效纳入更大的全球经济，如果信息和文化的跨国交流现在已经成为家常便饭，那么民族政府*或许就已成为与时代不合的事物，尽管有效的超国家实体还没有出现。另一种解释是，不是国家变得过时了，而是国家的功能变化了。由此看来，经济全球化促进了“竞争国家”（competition states）的兴起，这些国家的作用主要是推行能使国家在日益激烈的跨国竞争情景中赢得繁荣的战略。全球化的重要性还在于，它释放了种族政治和单一民族主义*形态的反全球化的力量。在一个日益全球化的世界上，种族*性可能会取代民族性而成为社会整合的主要源泉。民族*是通过“公民的”忠诚联系在一起的；而种群和区域性组织却能够引起更深层的“有机的”认同，这就是种族优于民族的地方。

最后，还有一场关于我们是应该拥抱全球化还是抵制全球化的论战。支持者强调了全球化在促进经济繁荣和科技进步方面的前景；反对者则要人们警惕全球化在推广资本主义价值、加深不平等与导致认同丧失方面的后果。的确，也有一些人指出，全球化在很大程度上只是那些希望把经济政策中的市场驱动手段看成是必然或不可避免的政客们夸大而成的一个神话。

帝国主义

帝国主义（imperialism）是一个国家*将权力*或统治扩展到边界之外的政策。在其最早的用法中，帝国主义是一种通常援引民族主义或种族主义学说来支持军事扩张与帝国占有的意识形态*。现在，这一术语被更经常地用来描述借助于对这类目标的追求而建立起来的政治支配或经济剥削的体系。因此，帝国权力与其附属领土或民族之间的不对称关系，就是帝国主义的核心特征。人们常常在帝国主义与殖民主义之间作一些区分。有一些人把殖民主义当作帝国主义的一种特殊形态，因为帝国（虽然）允许附属国统治者延续权力并享有重要的自由裁量权，而殖民地的领土却是由帝国权力来直接统治的。另一些人指出，帝国领土上居住的人可能是同一种族的成员，而殖民地居民却完全不属于与其殖民统治者相同的种族。还有人强调，殖民地已经被人定居或者被“殖民化了”，并不只是服从帝国的征服。所谓的**“新帝国主义”**（*neo-imperialism*）或“新殖民主义”指的是这样一个过程，即工业发达国家在尊重外国领土形式上的政治独立的同时又凭借其在经济上或文化上的优势来控制外国领土的过程。

意　义

帝国主义现象在政治中一直存在着。事实上，帝国是最常见的超国家实体，它既包括古代帝国埃及、中国、波斯与罗马，也包括现代帝国英国、法国、葡萄牙与荷兰。尽管殖民地仍然存在，但苏联在 1991 年的瓦解造成了最后的一个主要帝国（俄罗斯帝国）的终结。因此，现代帝国主义通常采取新殖民主义形式，并且通过经济和文化上的支配而非公然的政治控制来进行。在很大程度上，人们已经遗忘了关于帝国主义“好处”的论战；就连 19 世纪那种从欧洲殖民者能够为非洲和亚洲带来道德和社会进化的角度为帝国主义所做的辩护，在现在也已被揭示为一种纯粹的自我辩解。原因很简单，人们对民主*和国家主权*等现代思想的接受，就意味着对作为剥削和压迫形态的帝国主义的普遍谴责。

关于帝国主义的争论集中在它产生的原因及其采取的形式上。在马克思主义传统中，帝国主义被认为是一种由输出资本的压力所引发的经济现象。列宁是这一观点的主要倡导者，他认为帝国主义是资本主义的“最高”（也就是最终的）阶段。然而，与之敌对的观点却指出：帝国主义往往受政治因素而非经济因素的推动，相对于获取利润的欲望，它更多的是与大众的民族主义*相联系的；帝国主义并不局限于资本主义国家，前资本主义国家和社会主义国家也实践过帝国主义；对那些强大的帝国而言，帝国主义也许原本就是一种负担而不是恩赐，这在“扩张过度”（强制性的军费开支的增加超过国内经济增长的扩张主义趋势）的帝国主义形态中最为常见。主导现代帝国主义争论的新马克思主义者，强调的是全球资本主义的结构与跨国公司力量的日益增强。他们认为，全球生产和交换的结构已经把世界分成了“中心”和“外围”地带。处于工业化北方的中心地带，不仅在技术上领先，也能更好地融入全球经济；而外围地带，如不够发达的南方，则是廉价劳动力的来源，并以不发达与简单产品的结合为特征。

政府间主义

政府间主义（intergovernmentalism）是国家*之间在主权独立的基础上发生的任何形式的相互作用。因此，政府间主义通常区别于超国家主义*（在这里有一个“高于”民族国家*的权威）。政府间主义最常见的形式是条约或同盟，其中最简单的形式是国家间的双边协定。条约的政府间性质体现在：它们是建立在有关方面一致同意基础上的自愿协定。政府间主义的另一种主要形式是联盟或邦联，如国际联盟（the League of Nations）、石油输出国组织（OPEC）、经济合作和发展组织（OECD）和英联邦（the Commonwealth of Nations）。这些都是跨国的或国际的国家间组织。在这些组织中，主权*是通过一致同意的决策方法来保持的。这种方法给予每个成员国以一个否决权，它至少可以在关乎国家地位的关键问题上被使用。

意　义

政府间主义是国家之间进行国际合作的最为常见的方式。其重要性在 20 世纪的增强，既反映了人们对国家间更充分的相互依赖（它已从战略的和经济的问题扩展到了人类生活之政治的、社会的和文化的领域）的承认，也反映了政府间的实体容易结成这样一个事实。条约、同盟、联盟和邦联的好处在于：它们允许有关国家在一起工作，或许还能采取一致的行动，但又不至于牺牲民族独立。在诸如欧佩克（OPEC）有能力调节石油价格（特别是在20世纪七八十年代）等等的例子中，通过政府间的合作而达成的协同行动是非常有效的。

然而，对国家主权的保持也是政府间主义的主要弱点。简言之，它把国际合作局限在了那些存在相互信任与国家利益明显吻合的领域。例如，一国即使违反了国际条约，也可以不受惩罚；而且国际条约的谈判，在武器控制等情形中也是非常艰难的。类似地，当成员国保持着独立又不怎么愿意接受多数决定的约束时，邦联就很少能采取统一而又有效的行动，有时还会沦为单纯的清谈俱乐部。正因为如此，一些邦联，如前苏联共和国于1991年组建的独立国家联合体（CIS），已经变得完全无关紧要；而另一些邦联，如欧洲经济共同体（EEC），则已经逐渐让位于以联邦制*原则为基础的超国家合作。

国际主义

国际主义（internationalism）是基于跨国性或全球性合作的政治理论与实践。作为一种政治理想，国际主义立足于政治民族主义*应该被超越这一信念，因为把世界人民联系在一起的纽带比那些将他们分隔开来的力量还要强大。因此，国际主义的目标就是建立能够博得世界人民（无论其宗教、人种、社会和民族有何不同）忠诚的政治结构。主要的国际主义传统都源于自由主义*和社会主义*。**自由主义的国际主义**（*liberal internationalism*）以个人主义为基础。例如，它表现出了这样的信念，即普遍人权*最终会获得比国家*主权“更高”的权威。**社会主义的国际主义**（*socialist internationalism*）以国际阶级团结（无产阶级的国际主义）的信念为根据，并以共同的人类属性假定为支撑。女权主义*、种族主义*和宗教原教旨主义*或许也会支持不充分的国际主义形态，因为它们强调的性别、种族和宗教的分裂是不分国界的。

意 义

国际主义在谴责民族主义的过程中显露了锋芒，它把民族主义看成是不仅多余而且错误的东西。国际主义者通常认为，国家是统治者和精英集团为了维持社会团结和政治消极情绪而虚构出来的政治概念，并因而否认民族主义关于国家是唯一合法的政治统治单位的基本论断。国际主义在其与全球和平与合作观念的联系中显示了道德的力量。例如，这种“一个世界主义”（one-worldism），就曾为国际关系中的以信仰人类普遍道德为特征的理想主义传统奠定了基础。人们通常把伊曼纽尔·康德视为这一传统的鼻祖，因为他断言“不应该有战争”是理性和道德的共同命令，并在此基础上设想出了一种“国际联盟”（league of nations）。

国际主义的缺陷在于，它从总体上低估了民族主义的潜力，也未能建立起可以与国家激励政治忠诚的能力相媲美的国际结构。因此，国际关系中的主导性传统不是理想主义*，而是强调权力政治和民族国家*作用的现实主义*。自由主义的国际主义还尤其受到了保守主义者和发展中国家的民族主义者的批判。前者宣称，普遍人权的观念简直就没有考虑到不同的民族传统和文化；而后者走得更远并指出，人权在本质上是西方自由主义的体现，因此它的传播就相当于一种隐蔽的帝国主义*形式。社会主义的国际主义在两个方面受到了批判。第一，社会主义者所建立的种种国际（Internationals）要么只是清谈俱乐部；要么就如同共产国际（Communist International）或第三国际（Comintern）那样，变成了苏联帝国主义的工具。第二，社会主义者往往高估了国际主义理想的吸引力，因而错失了把社会主义目标和原则与民族象征和民族文化联系起来的机会。

地方政府

地方政府（local government），在其最简单的意义上，是限定于一个特定地区（如一个村庄、教区、城镇、城市或郡）的政府。更为特殊地，它是一种不能分享主权*的政府形式，因此要完全服从中央的权威*，在联邦制中则要服从州或行政区的权威。尽管各地方当局或政务会的职能和所提供的服务因国家*与时间的不同而有所区别，但通常都包括了一些有关教育、规划、垃圾清理、地方贸易方面的责任，或许也包括运输、休闲与娱乐以及个人社会服务方面的责任。地方政府这一术语，有时被用来表示所有只能在国家的特定区域内行使权威或管辖权的政治机构。若如此，我们就可以分辨出三个层次的地方政府：基层政府（英格兰和威尔士的教区政务会、美国的市政府或镇政府以及法国的市区、村镇自治体）；中层政府（英格兰和威尔士的郡、美国的县以及法国的省）；州或行政区层次的政府（美国的州、德国的州以及法国的区）。

意　义

地方政府在宪法上是从属于中央的，但因此就擅定它在政治上无关紧要，却可能是个错误。首先，所有的政治体系都以某种形式的地方政府为特色。这反映了这样的实情，即地方政府不仅在行政管理上是必需的（中央集权*最终会导致难以承受的规模不经济），而且也是容易被人们了解的（由于它"贴近"于人民）。在处理中央与地方的关系时，通常采取的是某种形式的协商和交涉，而不是自上而下的单方面的苛求和强制。中央政府与地方政府间的平衡受到许多因素的影响。这些因素如下：

- 地方的政治人物是通过任命还是选举来产生的（选举产生者拥有独立的权力基础并享有一定程度的民主合法性*）。
- 地方所提供之服务的范围和重要性，以及地方当局所享有的自由裁量权。
- 地方当局的数量和规模，以及地方当局的内部结构。
- 地方政府的征税权及其财政自主程度。
- 地方政治的"政治化"程度（意思是全国性政党不仅置身于地方政治而且还通过地方政治来运作）。

地方政府有按部就班地递送便利的、或许还是必需的公共服务的权能，但对它的辩护却远不止于此。根据 J. S. 密尔的观点，地方政府受到赞美的原因，既在于它是一种通过制约中央权力的行使来保障自由的手段，又在于它是一种扩大公众参与并因而加强政治教育的机制。这是从地方政府有递送地方民主（一种将地方自治的观念与公众敏感的目标结合起来的因素）的权能的角度来对它提供的一种辩护。从更激进的角度来看，无政府主义者以及委员会共产主义者（council communist）[①] 都赞成将公社作为地方自治的模型。其理由是：公社能成为符合“人类尺度”（human-scale）的共同体，在其中人们可以通过面对面的相互影响来管理自己的事务，而不用采取那些会失去自我的、官僚性的方法。另一方面，地方政府受到批评是由于：它专心致志于地方问题和地方利益，而不是那些具有更为广泛的公共意义的事务；它加剧了国家内部的不团结和分裂；它挑战了国家层次的政治家的民主合法性。

民　族

民族（nation）[②]，源自拉丁文 *nasci*，意为“出身”，是由文化的、政治的和心理的因素共同塑造而成的复杂现象。从文化上看，民族就是由共同的语言、宗教、历史和风俗习惯联结在一起的一群人。然而，民族没有一个客观的蓝本，因为所有的民族都展现着某种程度的文化异质性。从政治上看，民族是一群把他们自己当成一个自然的政治共同体的人们。虽然“确立或维持国家属性的渴望”是这一表述的经典形式，但它有时也采取“公民意识”的形式。从心理上看，民族是以共享的忠诚或情感（以爱国主义*的形式）来加以区分的一群人。然而，这种依恋并不是成为民族成员的必要条件，那些缺乏民族自豪感的人或许也会承认他们“属于”（某个）民族。

但是，这种复杂性也为民族以很不相同的模式发展留出了余地。历史学家有时将民族划分为文化的民族和政治的民族。**文化的民族**（*cultural nation*），如同希腊人、德国人、俄罗斯人、英格兰人和爱尔兰人那样，有一种植根于共同的文化遗产和语言的民族认同。这种文化和语言可能早在国家地位确立之前或甚至是在追求民族独立之

---

① 委员会共产主义是俄国十月革命后在国际共产主义运动中出现的一种具有自由意志论色彩的政治思潮。它以反对国家资本主义与国家社会主义为己任，并倡导一种以工人委员会为基础的工人的民主。——译者注

② “nation”这个名词可以在不同的语境下被翻译为“民族”或“国家”。在一般情况下，它指的就是“民族”，但当它被用来表示一个国家是由民族（包括单一民族和多民族）构成时，它所指的却是“民族国家”（nation-state）或“主权国家”（sovereign state）。相应地，其形容词“national”，在不同的语境中也就有不同的意思：有时就是“民族的”，而有时就是“国家的”。如我们将“national interests”和“national soveriengty”分别翻译为“国家利益”和“国家主权”。此外，“national”还有“整个国家的或整个民族的”意思，如“national government”，就是指相对于区域政府和（或）地方政府而言的代表整体的中央政府（centre government）或联邦政府（federal government）。因此，在本书的不同语境中，我们采用了有所不同的译法。——译者注

前很久就已经出现了。**政治的民族**（*political nation*），如同不列颠人、美国人和南非人那样，主要是由共同的公民身份联系在一起的，而且其中可能还包含着重要的文化与种族差异。类似地，政治思想家也会提出相互冲突的公民的和有机的民族观念。“公民的”民族属性观，受到了诸如自由主义者和社会主义者的推崇。它更强调政治忠诚而非文化的统一，强调民族是由共享的价值和期望塑造出来的，从这种意义上讲它是兼容的。“有机的”民族属性观是保守主义者提出的，而更为极端的是法西斯主义者所倡导的，却是排他的，因为它优先考虑共同的种族身份，最重要的是优先考虑共享的历史。兼容的民族观趋向于模糊民族与国家*、民族身份与公民身份*之间的区别；排他的民族观则趋向于混淆民族与种族、民族性与种族性之间的区别。

意 义

两百多年以来，民族一直被视为最合适的（或许也是唯一适当的）政治统治单位。的确，国际法律*大体上基于这样一种假设：民族像个人一样，有着不可侵犯的权利，主要是政治独立权和自决权。民族对于政治*的重要性，最显著地表现为民族主义*的持久潜力与世界被划分为若干个民族国家*这一基本事实。然而，对于民族是否在政治生活中发挥着必要的或令人满意的作用，则有着相当大的争议。民族原则的支持者把民族描绘成有机共同体。照此看来，人类自然地被分成一系列的民族，每个民族都具有鲜明的特征和各自的身份。民族主义者认为，这正是人们把“更高的”忠诚和更深的政治意义赋予民族而非其他任何社会团体或集体的原因之所在。因此，民族纽带和忠诚见于一切社会。它们持久地存在着，并在本能甚至原生的层次上发挥着作用。另一方面，民族原则的批评者指出，民族是政治的建构，是“想象的”或“虚构的”共同体，而建构它们的目的则是支撑符合统治者和精英集团利益的既有秩序。由此看来，是民族主义创造了民族，而不是相反。那些采纳了这种看法的人们，不仅具有超越民族的特殊眼光，而且还为各种形式的国际主义*提供了支持。

民族国家

民族国家（nation-state）既是一种政治组织的形式，也是一种政治理想。在前一种情形中，它是由公民身份*和民族身份重叠联系而成的一个自治的政治共同体。因此，它是多民族帝国和城邦国家的一种替代。在后一种情形中，民族国家则是一项原则，马志尼（Mazzini，1805—1872）提出的目标——“每个民族都有一个国家，整个民族只有一个国家”——表现的就是这项原则。然而，在现实中民族国家只是一种理想类型，纯粹的民族国家可能在世界上任何地方都从未出现过。没有一个国家在文化上是同质的，所有国家都含有某种文化或种族的混合成分。关于民族国家，存在着两种对立的观点：在自由主义者和大多数社会主义者看来，民族国家大体上建立在公民的忠诚和顺从之上；在保守主义者和民族主义者看来，它却是建立在种族团结或有机统一的基础之上。

意　义

民族国家被人们普遍地当成是唯一可行的政治统治单位，也被广泛地接受为国际政治的基本要素。绝大多数现代国家都是，或者都宣称是民族国家。民族国家的巨大优势就在于，它能提供一种同时实现文化团结和政治统一的前景。当一个具有共同文化身份或种族身份的民族获得自治的权利时，共同体和公民身份就能合二为一。正是基于这个理由，民族主义者相信：创造出由独立的民族国家所组成的世界的那些力量，是自然的和不可抗拒的；除国家外，没有其他社会团体能够建立起一个有意义的政治共同体。这种看法也意味着，类似欧洲联盟这样的超国家实体在建立合法性和控制公众忠诚的能力上永远不可能与民族国家政府相媲美。若如此，欧洲联盟的明确局限应该就在欧洲一体化的进程之中，因为有不同语言、文化和历史的人们将永远不会把他们自己想象成一个统一的政治共同体的成员。

然而，威胁到民族国家并可能使其变得多余的强大力量已经出现了。同时，也有人指出，民族国家理想一直就是倒退的。通常所称之“民族国家危机”（crisis of the nation-state），就是在国家的内部压力和外部威胁的联合作用下出现的。在内部，民族国家遭到了由种族政治和区域政治的兴起而产生的离心力的压迫。这表明种族*或宗教有时已经取代民族而成了政治生活的主要组织原则。在外部，全球化*的出现可以说已经使民族国家显得有些多余。这就意味着经济、文化和外交领域的重要决策正在越来越多地由超国家实体或跨国公司来做出，而民族国家只能对此施加有限的影响力。那些批评民族国家理想的人，不是说“真正的”民族国家只有通过“种族清洗”（ethnic cleansing）才能够建立，就像希特勒和纳粹党所认可的那样；就是说民族国家总是首先关心它们自身的战略和经济利益，因此是国际事务中的冲突或紧张的必然来源。

民族主义

民族主义（nationalism）可以宽泛地定义为这样一种信念，即民族* 是政治组织的核心原则。因此，它建立在两个核心假定的基础上：第一，人类被自然地划分为不同的民族；第二，民族是一个政治共同体（从民族是最合适或许也是唯一具有合法性的政治统治单位的意义上讲）。然而，关于民族主义是一种信仰还是一种意识形态* 存在着争议。民族主义信仰（或被人们视为经典的政治民族主义），是一种坚信一切民族都有资格获得独立的国家地位的观念，它意味着世界应当由一系列的民族国家* 来构成。当这种信仰被吸收到一些政治意识形态之中时，它就会被改写或被重新解释。但是，如果将民族主义本身当作一种意识形态，它包含的形式就是多种多样的：有政治的，有文化的，还有种族的。**政治民族主义**（*political nationalism*）包括利用民族理想来推进特定政治目标的任何努力。正如后面解释的那样，这些目标是高度多样化的。**文化民族主义**（*cultural nationalism*）强调的是民族作为一种独特文明的重建，因此也就重视民族语言、宗教和生活方式的保护或强化而非公开政治目标的实现。**种族民族主义**（*ethnic nationalism*）与文化民族主义部分重叠。但是，由于人们恰当或不恰当地把种族群体看成是共同祖先的后裔，种族民族主义也就暗含着比文化民族主义更为强烈的或许也是更为浓厚的独特性与排外性意味。

政治民族主义是一种复杂多变的现象，其主要形态有自由民族主义、保守民族主义、扩张民族主义和反殖民族主义。**自由民族主义**（*liberal nationalism*）给予国家以类似于个人的道德地位，意思是民族也有权利，尤其是民族自决的权利。自由民族主义坚持所有民族一律平等，因此它宣称民族国家的理想是普遍适用的。**保守民族主义**（*conservative nationalism*）较少注意那种关于民族自决的本质性民族主义，而是更多地关注由一个国家的爱国主义* 情感所体现出来的对社会凝聚和公共秩序的期许。从这种观点来看，爱国忠诚和民族地位意识主要是由共同的过去孕育出来的，因此民族主义也就转变成了一种对那些得到历史验证的传统价值和制度的辩护。**扩张民族主义**（*expansionist nationalism*）是一种侵略性与军国主义的民族主义。它总是和那种倾向于混淆民族主义与种族主义*界限的沙文主义信念和教条联系在一起。其极端形式，有时被称为“完整的”民族主义，产生于一种强烈的甚至是歇斯底里的民族主义热诚。**反殖民族主义**（*anticolonial nationalism*），将亚非拉争取“民族解放”（national liberation）的斗争与对社会发展的渴望结合起来，并一贯以社会主义原则（最常见的是以革命的马克思主义*为载体）来表达。然而，自20世纪70年代以来，发展中世界的民族主义却显出了一种后殖民的特性，这在宗教原教旨主义*中表现得最为明了。

意　义

民族主义对现代政治*的意义是很难被高估的。两百多年来，民族主义帮助世界所有地区塑造或重塑了历史，这也就使它成了或许是最为成功的政治纲领。当欧洲专制的多民族帝国在自由主义和民族主义的压力下崩溃时，上升中的民族主义浪潮重新勾画了19世纪的欧洲版图。这个过程，在20世纪通过《凡尔赛和约》的签订而得以继续，并于1991年随着俄罗斯帝国的继承者——苏联的解体而达到了巅峰。第一次世界大战和第二次世界大战都可以被认为是侵略性的民族主义高涨的结果。而且，绝大多数的地区和国际冲突，在某种程度上也都是由民族主义引发的。自1945年以来，发展中世界的面貌已经因为反殖民主义浪潮的兴起与随后的“民族建造”（nation building）的后殖民过程而发生了巨大的变化。这两种现象在本质上都是民族主义的具体表现。另一方面，20世纪后期以来就一直有人声称民族主义已经不合时宜。他们的断言都各有各的论据：有的说民族主义已经实现了自己的目标，因为现在的世界主要就是由民族国家构成的；有的说全球化*和超国家主义*的发展，已经使民族国家本身逐渐失去了权威；有的则说民族认同正在被种族的和区域的政治认同取代。

民族主义的规范特征向来就是难以判定的。这是因为民族主义有一种像患有精神分裂症的人那样的政治品格。在不同时期，民族主义可能带有进步性和保守性、民主性和独裁性、理性和非理性以及左倾和右倾等两面性。民族主义者认为，与其他社会组织和集体相比，民族携带着“更高”的忠诚和更深的政治意义，因为民族是自然的政治共同体。民族主义只不过是以意识形态方式承认了这一事实而已。民族主义的支持者还进而把民族主义视为一种扩大自由*和捍卫民主*的手段，因为民族主义是以自治观念为根据的。如果把自由民族主义和反殖民族主义联系起来看，这种对民族主义的辩护就更加顺理成章了。然而，反对者却认为：它含蓄地、有时甚至公然地具有压迫性，而且不可避免地与不宽容、怀疑和冲突联系在一起。民族主义是压迫性的：从它将个人的身份和意识淹没于民族整体的身份和意识来看，就是这样；而从它给政治领袖和精英提供了操纵和控制大众的可能性来看，也是这样。那种认为民族主义具有内在分裂性的观点的论据是：它凸显人类之间的差别，并把人们对本种族或本民族的认同与偏爱合法化了；简言之，民族主义会滋生部族忠诚。这种忠诚可能暗含于保守民族主义之中并直白地表现在扩张民族主义之中，但一切民族主义可能都隐匿着一张更为黑暗的脸谱，那就是它本质上的沙文主义和潜在的侵略性。

爱国主义

爱国主义（patriotism），源自拉丁语*patria*，意为“祖国”，其字面意思是“对本国之爱”（love of one’country）。它是一种情感，一种对本民族*的心理依恋。爱国主义与民族主义*在词义上容易混淆。民族主义具有教义性特征并体现为这样一种观念，即民族在某些方面是政治组织的核心原则；而爱国主义则为这一观念提供了感情基础，因而也就支撑了各种形式的民族主义。例如，很难想象一个要求政治独立的民族团体不至少拥有一定程度的爱国忠诚和民族意识。因此，爱国主义有时也被视为一种不充分的民族主义形态。然而，并非所有的爱国主义者都是民族主义者；并非所有认同甚至热爱自己民族的人都把民族视为表达政治需求的手段。例如，在体育赛事上支持本国团队未必就意味着支持民族自决。

意　义

人们大都认为，爱国主义是自然和健康的。它是自然的，因为正如社会生物学家所认为的那样，人们是通过群体成员资格来寻求安全和认同那些与他们具有相似特征的人的。它是合意的，因为它既是促成民族统一与团结的手段，又能为个人确立根源感和归属感。因此，保守主义者，从更极端的意义上来说还有法西斯主义者，都将爱国忠诚视为民族身份的基础，并把爱国主义与公民身份*联系了起来。然而，爱国主义绝没有被所有的人认可。爱国主义的反对者（他们倾向于拥护自由主义*和社会主义*的某种形态），把它看成是一种庇护沙文主义并滋生偏狭行为的非理性的群聚本能（herd instinct）。照此看来，爱国主义是通过区分“他们”和“我们”来发挥作用的：为了让“我们”具有更强烈的忠诚感和身份意识，就必须有一个“他们”来让我们感到恐惧或憎恨。

区域主义

区域主义（regionalism）是指决策权威从中央政府向中间实体的转移。这些中间实体介于中央政府和地方政府*之间，并且对国家*的某一区域或某一部分拥有地域管辖权。因此，区域主义意味着分权*，但又不至于使国家的统一与民族政府*的最终权威*成为问题。然而，区域主义也是一个含混不清与颇有争议的概念。例如，区域主义可以在行政或立法的名义下采取权力下放*的形式，或者也可以纳入联邦制*的形式中（在这种情况下，区域或省级实体有牢固的宪政根基并可以行使一些主权）。区域主义一词，有时还可以借助区域一体化的观念来表示国家间在世界某一特定区域内的合作。因而，在国际层次上，区域主义可能会采取政府间主义*或超国家主义*的形式。

意　义

从总体上看，区域主义越来越受人尊重。自 20 世纪 60 年代以来，它在英国、法国、西班牙、加拿大和印度等国家中还发展成为一种日益强大的政治潮流。支撑区域主义的力量包括种族的和文化的民族主义*的壮大，以及民族国家*在日益全球化的世界中维持高度政治忠诚的能力的下降。在这种意义上，区域主义可以说是全球化*的对立面。然而，也有人认为区域主义仅仅适用于某些国家，尤其是那些领土相对较大与文化多种多样的国家。这样的国家存在着稳固而又意味深长的区域性政治忠诚的传统。对区域主义的批评可以分为两类。它们或者警告说，区域主义以牺牲对国家的效忠与认同来增强对区域的效忠和认同，因而对国家*的领土完整构成了威胁；或者从分离主义的角度说，区域主义是中央政府用来遏制与驾驭国家内部的种种离心力的一种工具。后一观点暗示：区域主义可能会采取“区域化”的形式，即一个中央当局既得以对区域要求做出反应而又无须重新分配决策权的过程。

辅助决策

subsidiarity（辅助决策）一词源自拉丁文 *subsidiarii*，本意为一支增援分队。宽泛地讲，辅助决策①就是由中央向较低层次下放决策权力*。然而，人们却用两种极为不同的方式来理解它。像在德国这样的联邦制国家，辅助决策被理解为一种意味着分权*和大众参与的政治原则。这项原则有利于地方和省级机构，但却通常以牺牲国家机构作为代价。决策应该“在尽可能贴近公民的层次上做出”的意见，就表达出了这一原则。然而，辅助决策也被解释为一项抗拒超国家实体侵蚀国家主权*的宪法原则。它可以表达为这样一个约束，即超国家实体的权限应当被限制在民族国家不能充分取得预期效果的那些行动上。

意 义

辅助决策原则是重要的，因为它引出了这样一个问题：决策应该在政治体系的哪个层次上做出才是最为合适的呢？辅助决策原则主张政治决策始终应该在政府的最低

---

① “subsidiarity”一词，如果直接翻译，可译为“辅助”、“附属”或“补充”之类。国内政治学文献中偶有涉及时，就是这样来使用该词的。译者认为，这些用法不足以反映该词的实质意义，即“由中央向较低层次下放决策权力”（如本书作者所诠释的那样）或“将权威置于制度性等级体系之尽可能低的层次”（如 *Oxford Concise Dictionary of Politics* 的解释那样）；也偏离了该词的原意。该词最初在欧洲使用时表示的是一项原则：一方面要限制作为一个整体的政府的作用，另一方面又要发挥政府的某些作用。天主教社会理论和加尔文主义是最早提倡这项原则的。正是基于这样的理解并结合作者的诠释，译者在这里才以“辅助决策”来表示 subsidiarity 在政治学中的意思。——译者注

层次上做出，这就表明它显然是赞同分权*的。然而，我们最好还是把它想象成是对决策适当性的一个检验：如果较小或较低层次的实体能够有效果或有效率地执行某项政府功能，那么这项功能就应当被下放；否则，较大或较高层次的实体就应当承担起责任。在德国和瑞士等联邦制国家，辅助决策观念已经牢固地确立了起来。在那里该原则是从政治的角度来使用的，即将它用在了联邦政府和省级实体之间（有时候是省级实体和地方政府*之间）权力的适当分配上。然而，自 1993 年在《欧盟条约》(Treaty of the European Union) 中使用辅助决策一词以来，这一术语就得到了更为广泛的传播。欧洲联邦主义的反对者是从狭隘的宪法意义上使用该原则的。他们把它看成是成员国权利的一种体现，是对欧洲发展成“超级国家”(super-state) 的一种防备。

超国家主义

超国家主义 (supranationalism) 是一种“高于”民族国家*并能将本身意志强加给民族国家的权威层次。因此，超国家主义与政府间主义*不同，后者只允许在单个国家*主权独立的基础上进行国际合作。严格说来，帝国也是超国家机构，是由多种文化、种族和民族构成的政治统治结构。但是，超国家主义通常指的却是那些经由国家之间的自愿协议而建立起来的国际机构，它们只发挥有限与特定的功能。超国家机构的最好实例就是国际联邦，如欧洲联盟 (EU)，在联盟中主权*是由中心和外围的机构共同分享的。然而，欧盟也是一个难以归类的机构，因为它是政府间因素和超国家因素的混合物。因此，我们可以更准确地将其视为联邦化中的机构而非联邦机构。

意　义

超国家主义的发展是后 1945 年时期世界政治最显著的特征之一。它反映了国家之间不断增强的相互依赖（存在于环境保护等问题领域，尤其在经济和安全决策领域）；也反映了人们的一种认识，即全球化*或许已经使国家观念变得无关紧要了。从这个观点来看，从政府间主义到超国家主义的转变很可能是一个不断延续的趋势，因为政府间的行动需要一致同意的协议，而不允许对不顺从的国家采取反制措施。例如联合国，严格来讲它是一个政府间机构，但在1991年海湾战争期间却对其成员国伊拉克实施了军事制裁，从而表现出了一种超国家的权能。那些支持这种超国家主义转向的人警告说，对国家主权的尊重，简直就是一种误导（或者说是一种危险），因为它允许国家随意地对待它们的公民；还会导致那种很容易引发冲突和战争的无政府的国际秩序。因此，超国家主义是国际主义*的一个方面。但那些超国家主义的反对者却仍然支持民族国家原则。他们认为，超国家机构不仅还没有也永远不可能在形成政治忠诚和确保民主回应的能力方面达到与民族国家相媲美的水平。

进一步阅读的书目

Anderson，B.，*Imagine the Communities：Reflections on the Origins and Spread of Nationalism*（London：Verso，1991）

Axford，B.，*The Global System：Economics，Politics and Culture*（Cambridge：Polity Press，1995）

Batley，R. and Stoker，G.（eds），*Local Government in Europe：Trends and Developments*（London：Macmillan，1991）

Bogdanor，V.，*Devolution*（Oxford：Oxford University Press，1979）.

Camilleri，J. and Falk，P.，*The End of Sovereignty? The Politics of a Shrinking and Fragmented World*（Aldershot：Edward Elgar，1992）

Gellner，E.，*Nations and Nationalism*（Oxford：Basil Blackwell，1983）.

Hindley，F. H.，*Sovereignty*（New York：Basic Books，1986）

Hirst，P. and Thompson，G.，*Globalisation in Question*（Cambridge：Polity Press，1995）

Kegley，C. and Wittkopf，E.，*World Politics：Trend and Transformation*（New York：St Martin's Press，1995）

King，P.，*Federalism and Federation*（London：Croom Helm，1982）

Meny，Y. and Wright，V.（eds），*Centre-Periphery Relations in Western Eu-*

rope (London: Croom Helm, 1995)

Reynolds, C., *Modes of Imperialism* (Oxford: Martin Robertson, 1981).

Smith, A. D., *Theories of Nationalism* (London: Duckworth, 1991).

Taylor, P. and Groom, A. J. R. (eds), *International Organisations: A Conceptual Approach* (London: Pinter, 1978)

Tivey, L. (ed.), *The Nation-State* (Oxford: Martin Robertson, 1980)

Wilson, D. and Game, C., *Local Government in the United Kingdom* (London: Macmillan, 1994)

Key Concepts in Politics

By Andrew Heywood

图书在版编目（CIP）数据

政治的密码/（英）海伍德著；吴勇译. —北京：中国人民大学出版社，2016.1
（人文社科悦读坊）
ISBN 978-7-300-22002-4

Ⅰ.①政… Ⅱ.①海… ②吴… Ⅲ.①政治学-研究 Ⅳ.①D0

中国版本图书馆CIP数据核字（2015）第239547号

人文社科悦读坊
政治的密码
［英］安德鲁·海伍德（Andrew Heywood） 著
吴 勇 译
Zhengzhi de Mima

出版发行	中国人民大学出版社		
社　　址	北京中关村大街31号	**邮政编码**	100080
电　　话	010－62511242（总编室）		010－62511770（质管部）
	010－82501766（邮购部）		010－62514148（门市部）
	010－62515195（发行公司）		010－62515275（盗版举报）
网　　址	http://www.crup.com.cn		
	http://www.ttrnet.com(人大教研网)		
经　　销	新华书店		
印　　刷	涿州市星河印刷有限公司		
规　　格	185 mm×260 mm　16开本	**版　　次**	2016年1月第1版
印　　张	16 插页2	**印　　次**	2016年12月第2次印刷
字　　数	254 000	**定　　价**	42.00元